U0813439

한국 소개

走进韩国

——赴韩两年见闻录

郑永福　著

中原出版传媒集团
大地传媒

大象出版社
·郑州·

图书在版编目(CIP)数据

走进韩国：赴韩两年见闻录／郑永福著.— 郑州：大象出版社，2016.4
ISBN 978-7-5347-8095-0

Ⅰ.①走… Ⅱ.①郑… Ⅲ.①韩国—概况
Ⅳ.①K931.26

中国版本图书馆 CIP 数据核字(2016)第 057172 号

走进韩国：赴韩两年见闻录
郑永福 著

出 版 人 王刘纯
责任编辑 郑强胜
责任校对 王 敏
书籍设计 钟 骄

出版发行 大象出版社(郑州市开元路 16 号 邮政编码 450044)
发行科 0371-63863551 总编室 0371-65597936
网 址 www.daxiang.cn
印 刷 洛阳和众印刷有限公司
经 销 各地新华书店经销
开 本 787mm×1092mm 1/16
印 张 24.25
字 数 351 千字
版 次 2016 年 7 月第 1 版 2016 年 7 月第 1 次印刷
定 价 48.00 元
若发现印、装质量问题，影响阅读，请与承印厂联系调换。
印厂地址 洛阳市高新区丰华路三号
邮政编码 471003 电话 0379-64606268

内容简介

作者在韩国任客座教授两年，本书是作者在韩国两年间的见闻实录。作者以大文化的视野、零距离的观察、历史学家的严谨，全方位展现当代韩国社会的面貌。诸如韩国人的衣食住行与节令风俗，婚姻家庭与青少年教育，大学的规制与学生学习生活，乡校与儒家文化，汉语汉字热与华人华侨生活，就业与工资，市场与物价，进口与出口，中韩双边贸易，等等，无不涉及。书中既有作者亲身经历或考察的鲜活个案，又有韩国媒体公布的官方数据，文字生动活泼，又言必有据，既可供一般读者全面深入了解今天的韩国社会，又为专家学者研究当代韩国提供了第一手资料。

写在前面的话

2003年3月至2004年2月与2005年2月至2006年1月，笔者只身在韩国庆星大学任教两年。其间除坚持每天写日记外，大体每两天还会写一篇散记。初衷一是占据工作之余的时间以减少孤独，二是为了与在国内的妻子交流解闷儿。往往是见到什么写什么，听到什么记什么，琐屑不说，长短不一，缺乏构思，文笔也不讲究，往往是写完即以E-mail形式发给在国内的妻子吕美颐教授。因为随意，倒不失“真实”，真实的见闻，真实的感受。间或电脑故障，有些篇目已经散失。至2006年春节前回国止，得散记200余篇。这些东西本属自娱自乐性质，不想一些友人和年轻学子颇感兴趣，不时督促整理成书。现将原文中和吾妻闲聊的有关话语剔除，将原记载中需要进一步说明者略加补记，以作交代。在韩期间拍了上千张照片，选出部分附在有关篇目之中。大师张中行先生在《负暄琐话》小引中说：“我这些琐话，虽然是名副其实的琐屑，愿望却是当作诗和史写的。”大师是有资格说这个话的。笔者凡夫俗子，一介再普通不过的教师，只是学历史出身，书中所记力求有所根据，不敢杜撰而已。本次结集，两年的散记按写作顺序分为四个部分，半年一段，以便阅读。本书供有兴趣的读者闲来无事时随便翻翻，或许会对韩国社会有更多的感性认识。如果本书对研究当代韩国社会的学者们有点参考价值，我自然就喜出望外了。写作过程中，在信息资料收集、风情文化理解、韩文资料翻译甚或出行用车食宿等方面，得到了庆星大学中语中文系吴庆第教授、柳莹杓教授、河永三教授、吴衵和教授及助教金守美、李知香等多方面的支持与帮助，韩国学生黄衵起、张瑱守、李东郁、金东珍、吴承勇等，给我的帮助也极为周到细致。谨在此向各位韩国同人和学生们表示衷心的感谢。

郑永福

2015年4月10日

考察日记的价值

20世纪80年代，时值中国改革开放初期，门户初开的国人在封闭了几十年后，对世界上的一切事物都感到新鲜。尤其是在我们的头脑中早就印上“没落的资本主义”的欧美诸国，却是世界上最先进的国家，科技发达、文化进步、教育先进、社会祥和、人民富裕，西方的一切都成了我们仰慕的对象，有人甚至感慨“外国的月亮比我们的圆”——中国人患上了“崇洋媚外”的毛病。

我们之所以患上“崇洋媚外”的毛病，根本原因在于我们闭塞得太久，对外面的世界了解太少，猛然之间一个全新的世界展现在我们面前，不惊慌失措、手忙脚乱、思想混乱才怪。时势使然，任何一个社会、任何一个人在面对这样的情形时，都会有此表现。走出国门，走向世界，了解世界，融入世界成为那个时代的主题，不论是教育界、思想界、文化界，还是社会其他领域，都有这样的思想冲动——渴求了解世界，渴求认识西方。

也就是在这个时候，湖南人民出版社推出了一套丛书——“走向世界丛书”，其一经问世，在学术界反响剧烈。这套书之所以如此受欢迎，就是因为选择了近代中国人走向世界时对世界各国的观察和了解这一视角，尽管时间已过去百余年，但百余年前的境况和百余年后的境况是如此相似，难怪会激发人们探求外面世界的激情。

这套书收录的主要是近代一些政治家、外交家、学者欧游、美游、日游时的游记，如康有为的《欧洲十一国游记》、张德彝的《欧美环游记》、黎庶昌的《西洋杂志》、梁启超的《新大陆游记》、薛福成的《出使四国日记》、容闳的《西学东渐记》、郭嵩焘的《伦敦与巴黎日记》、曾纪泽的《出使英法俄国日记》等。游记体、日记体很长时间不入史家的法眼，所记内容因带有太多的主观色彩而不作为史料，但这套书的出版，改变了很多人的看法。作者独特的视角、细微的观察、详细的描述从另一个层面勾画了百年前的历史画卷，这些游记、日记所载的内容作为史料不断被引用，游记、日记作为史学研究的材料被人们大为关注，并由此而开启了一个新的领域——口述史。游记、日记恰恰是口述史的一种表现形式。

百余年前的游记、日记在今天被作为史料，而今天的游记、日记会不会在百余年后也作为史料？答案当然是肯定的。基于这样的看法，重视游记、日记的出版就显得甚是重要。它记录的那个时代的内容虽然是碎片的，但在某些方面却能弥补历史记载的缺憾，也是人们认识那个时代最直接的材料。

郑永福教授是我多年的良师益友，交往已有20余年。他长我整整20岁，但我们却是无所不谈、一月不见就挂念的老朋友。我们是校友，都是北京师范大学历史系毕业，他的老师也是我的老师，他的同学还是我的老师，所以我们之间既是校友又是师生辈，但郑老师不认，我们一直以校友互称，甚或以兄弟相称。“校友”一词，“校”只是出身，“友”才是真实的内涵。一个学校毕业未必是友，是友同时又出于一所学校，方成为校友。

永福先生从北京师范大学毕业后，同那个时代的所有大学生一样，被下放到偏远的地方“劳动”，接受劳动人民的再教育，在北国边陲一所中学教书。“文革”结束后恢复高考和研究生教育，永福先生以优异的成绩考入河南大学近代史名家胡思庸先生门下，治中国近代史，尤其在近代思想文化史领域建树颇多，在中国近代史学界颇有声望。研究生毕业后，永福先生留河南大学历史系从事教学工作，曾任该校历史系副主任，后调入郑州大学历史系任教授、博士生导师。自从永福先生调到郑大，两人同处一个城市，见面自然就多了，隔一段时间不是他来我处，就是我到他处，一杯清茶、一包香烟，我们可以闲谈数个小时，甚是融洽。在闲谈之余，我们多次提到“走向世界丛书”所蕴含的价值，也对游记体、日记体书籍的史料价值有了共同的认识。

2003年，永福先生作为交流教授前往韩国庆星大学任客座教授，一待就是一年。其间我们不时书信往来，所谓书信也就是电子邮件。永福先生除了教学授课，一天一篇日记，记录他在韩国的生活点滴及所见所闻。据永福先生讲，最初的文字主要是身处海外，以思乡、思妻之绪托诸文字，主要是向其妻吕美颐教授“汇报工作”；时间一长，文字渐多，且内容丰富。许多内容流入坊间，在朋友圈传阅，阅者多为永福先生的见底折服，并希望他多留下些文字，多介绍一些韩国见闻。

2004年永福先生回国后到我处闲聊，整整一天都是谈他在韩国的见闻，席间谈到儒家文化在韩国的影响，涉及婚丧嫁娶、成人礼仪、春节习俗、中秋节习俗、端午习俗、清明习俗等，引起了我极大的兴趣。自2002年主编《寻根》杂志，关注的就是中国传统文化，而中国传统文化在海外的情况也是我们极力想探寻的，与永福教授的一席谈话，让我茅塞顿开，这不正是我们需要的选题吗？我马上向永福教授建议，希望他就“儒家文化在韩国”这一主题，每期刊登一篇，图文并茂，刊登十余篇，一定会在读者中产生良好的效果。永福教授也没有推托，我们商议了题目、文章的风格及字数等。

月余之后，永福教授将文章传给我，4000多字的文章我一口气读完，阅后的第一感觉就是：太有意思了！原本在我们国家行将消失的文化，在东邻韩国却有如此强大的生命力；原本已经陌生的儒家文化，在韩国却表现得如此熟悉。尤其是一些传统的礼仪、习俗，在我们的生活中早就被作为封建余毒“革了命”，想不到在韩国还是被如此执着坚守，甚至深入到了韩国人的骨子里，成为韩国文化的一部分。这样的选题不正是我们天天喊“弘扬传统文化”“光大儒家文化”所需要的吗？于是我马上告诉永福教授：选题甚好，立马刊登。

就这样，我们用一年多的时间，连续刊出了《在韩国感受儒家文化》《源自周礼：成人节看传统成人仪式》《韩国佛教寺院印象记》《孝道——韩国民族文化象征之一》《在韩国过春节》《在韩国过中秋节》《韩国的忠烈祠与忠烈文化》《中国根　山东家：韩国釜山的华侨华人生活》《汉语、汉字与韩国社会》等文章。文章发表后，不出意外地获得好评，也可以说只有历史学者用历史学的眼光才能写出这样的文章，一般的旅游者、观光者没有较长时间深入韩国社会的实践，是很难写出这样有深刻内涵的文章的，如果不是一个文化学者，对本民族文化没有执着眷恋的热情，也是不可能写出这样的文章的，一味迷恋外国文化的人是不可能在外国文化土壤里找寻中国文化的影响因素，更不可能发现中国文化的闪亮之处。

2005年永福教授又被韩国庆星大学聘为客座教授，时间一年。在这一年，永福教授依然坚持自己的习惯，利用闲暇时间，观察、考察韩国社会，并有意把自己融入韩国社会，写下了大量文字，拍摄了大量图片。

一年之后，永福教授回国。闲谈时说到想把这两年的文字加以整理出一本书。永福教授听取我的意见，我甚为赞许，并愿意担任该书的责任编辑，由大象出版社出版。书名取为“走进韩国——赴韩两年见闻录”，洋洋洒洒近40万字，上百幅照片。现在呈现在读者面前的这本书，就是永福教授利用两年时间整理出来的考察韩国社会的游记体著作。它既是一部游记，同时还是一部研究韩国当代社会的史书，作者以大文化的视野、零距离的观察、历史学家的严谨，全方位展现了韩国社会的面貌。内容涉及韩国人的衣食住行和节令风俗，婚姻家庭和教育，大学规制和大学生生活，乡村、乡校和儒家文化，汉字汉语热和华人生活，以及韩国的就业、工资、市场、物价，等等。写作内容和体例颇似“走向世界丛书”，也许这就是本书的价值所在。

在本书出版之际，永福教授一再邀我为此书写序。写序不敢当，也无能力，但永福教授一再邀请，不好推托。故草草写就上述文字，算是对这本书的来龙去脉作个交代。

廉朴

目录

第一部分：
2003年3月12日至7月2日

1.韩国大学的“招请书”

笔者曾于2003—2004年、2005—2006年两次赴韩国庆星大学任教。第一次的“招请书”不慎遗失，第二次的尚留有复印件，全文如下：

招　请　书

郑州大学校长　钧鉴

为了加强两校之间的学术交流和合作关系，今年敝校敬请贵校郑永福教授承任一年教育，期间为自二〇〇五年三月一日止（至）二〇〇六年二月二十八日，并且将提供各种优惠，招聘单位是文学院中文系，除了专担汉语教学外一切不要任何辅导工作即可。

非常感谢贵校的帮忙和合作，希望早日能有互相交谈之机会。

谨祝您身体健康，校务顺安，万事如意！！

二〇〇五年二月七日

庆星大学校长朴镜文印

2003—2004年度的招聘书文字与上述基本相同。需要说明以下两点：其一，为什么点名聘我？韩国方面是非常务实的。我在2002年曾应郑州大学外事办对外汉语教学中心之邀，担

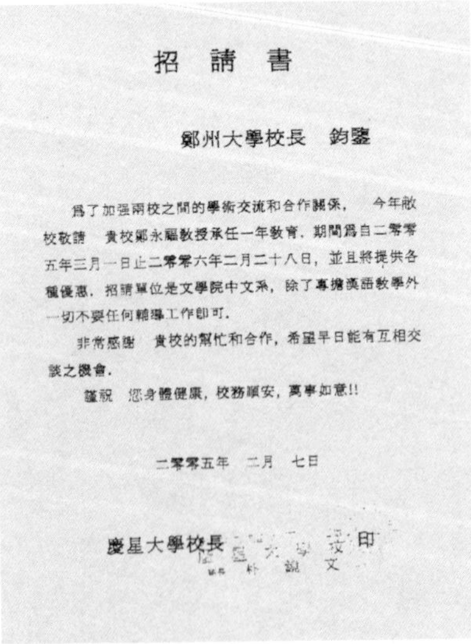
招 請 書

鄭州大學校長　鈞鑒

爲了加强兩校之間的學術交流和合作關係，　今年敝校敬請　貴校鄭永福教授承任一年教育，期間爲自二零零五年三月一日止二零零六年二月二十八日，並且將提供各種優惠，招請單位是文學院中文系，除了專擔漢語教學外一切不要任何輔導工作即可.

非常感謝　貴校的幫忙和合作，希望早日能有互相交談之機會.

謹祝　您身體健康，校務順安，萬事如意!!

二零零五年　二月　七日

慶星大學校長　朴鏡文　印

◎ 招请书

任韩国庆星大学在郑州大学的留学生的“中国文化”课程主讲。学生计百余人。课程结束后，韩方领队教授在学生中进行了全方位的调查，对任课老师一一进行评价。到韩国后我才听韩国教授说，学生对我的评价最好。这也是韩方点名聘我的原因之一。其二，“专担汉语教学外一切不要任何辅导”一句的含义，是我到了韩国与该校签订协议后才明白的。“专担汉语教学”的具体内容是，协助指导中语中文系博士生、硕士生，任相应课程，并担任本科生三、四年级的相关课程。“不要任何辅导”不是说上课之后不辅导，是指不兼任类似中国大学中辅导员的某些工作，比如联系一个年级，参与组织学生文体活动、迎新会等工作，而韩国教授一般要联系一个年级，做一些这方面的“辅导”。接到韩方的“招请书”，郑州大学校长曹策问先生立即回复表示同意。庆星大学方面随即给我发函，要我提供相关材料，以供该校董事会和教授会议研究通过招聘事宜。材料包括小学、中学、大学的毕业证书，研究生的毕业证书、学位证书，教授任职资格证书，等等，且每项必须要有司法部门出具的公证书。我的小学学业是在原北京宛平县四区高佃完全小学（毕业时改名为良乡县高佃中心小学）完成的，毕业证早已不知去向。中学阶段在北京市第十中学读书。经过“文革”，初中毕业证已经丢失，发放高中毕业证时我没有到十中领取，当时我已接到北京师范大学的录取通知书，我以为高中毕业证也就没用了。糊涂至此，令人难以想象。我向韩方说明情况，中小学的相关材料算是免了。大学的毕业证也有问题。我1963年入北京师范大学历史系读书，五年制，1968年毕业。毕业证上的钢印是“北京师范大学革命委员会”。为此，我特意打电话向韩方说明历史背景，以免发生不解甚至误会。所有材料递送韩方后，过了两个多星期，直到2003年3月8日我才收到了韩国庆星大学寄来的正式聘书，接着赴京办理签证，耽误了不少时间。本来庆星方面要我3月1日前报到，因为该校3月1日开学。看来赴韩的时间只能推迟了。

◎ 庆星大学校长朴镜文

2.来到韩国

2003年3月12日，我乘中国国际航空公司CA129航班9点半从北京起飞，于当地时间中午12点半抵达韩国釜山金海国际机场。到机场接我的是系主任河永三教授、助教金守美女士和学生金成吉，成吉是我2002年在郑州大学教过的留学生。寒暄过后，驱车50分钟来到学校为我租的公寓——一个两室一厅一厨一卫的套房。公寓名字叫SAMICK TOWER。SAMICK，汉字写作“三益”。公寓位置极佳，紧挨著名的广安里海滨，窗前可看见大海，五六分钟可以走到海边。公寓周围樱花树环绕，据说每年都在这里举行樱花节。在公寓稍作停留，到饭馆吃过便饭后，即来到庆星大学中语中文系。与系里元老李根孝教授等见过面后，来到校方为我安排的研究室。不多时，我在郑州大学教过的几个学生来看我，并送我一高脚瓷花瓶的盆花。鲜花的缎带上写着：“欢迎郑永福大哥！”我先是吃一惊，接着感到无比亲切，学生们把我当“兄弟”看待，没当外人。我向学生们表示谢意后，建议拆去缎带，理由是怕韩国教授见到会批评他们没老没少，不礼貌。（按：实际上到今天我也不知道韩国教授们对“大哥”称呼如何看，我没有和他们谈起过此事。）

因为我办理签证延误了时间，学校已于3月1日开学，助教当即发给我课表，第二天上午10点即有课。晚上，中语中文系宴请我，得以和系里教授一一见面。宴请9点半结束，由另一名助教送我回公寓。送走助教后，我略有些茫然。明天就要上课了，每天要乘坐一站地铁去学校，人生地不熟，语言还不通，能顺利吗?

◎ 庆星大学行政楼

晚上查在机场拿到的旅游小册子《韩国釜山》得知：韩国土地面积约9万平方千米，人口约4500万。好记，大体相当于中国河南省的一半。釜山，韩国第二大城市，人口400余万，面积760多平方千米。1.5万年前旧石器时代即有人类生存，新石器时代后人类正式在此定居。1876年釜山开放成为国际港，很快具备了城市面貌。1905年随着京釜铁路（汉城到釜山）开通，码头和港口等港湾设施也开始动工。1925年庆尚南道（韩国的道相当于中国的省）道厅迁至釜山，釜山成为省会。1950年朝鲜战争爆发，釜山曾作为临时首都。1963年升为直辖市，直到20世纪70年代，釜山在韩国一直起着经济带头作用。1995年随着市辖范围扩大，升级为“广域市”，全称为釜山广域市（BUSAN METROPOLITAN CITY）。2002年，釜山成为集装箱货运量居世界第三位的港口城市。釜山也是举办各种大型国际盛会和活动的国际文化旅游城市。（说明：釜山一词英文过去拼为PUSAN，现拼为BUSAN，出版物及街道牌匾文字中，新旧杂陈。）

※汉城，2005年1月改称首尔。——作者注

3.迷路

3月17日，星期一，上午两节课。午后河教授到我的研究室来聊天，说到汉语“四大天王”的翻译问题。午饭在食堂吃。下午在研究室。晚间两节课，四年级的，绝大多数是我在郑州教过的学生。来了几天，我对周围的环境已经有了初步了解，心情一放松，反而出了差错。17日上完夜间的课程坐地铁回家，已经是晚上10点多了。出了地铁口，迷路了。原来，我下车的车站名叫“南川”，下了车从右侧出站口出来，离公寓有十几分钟的路程。前几天我小心谨慎，都还能顺利回到住处。但这一天我在车上还不时回想着当晚上课的事，一不留神从左侧出站口走了出来。时间已经是晚上10点40分，我来回走了20多分钟，怎么也找不到回家的路。于是想起打出租车，我跟司机用英语说，要去SAMICK TOWER NO.3 BUILDING。还好，司机听懂了，几分钟后回到家，车费近20元人民币。不经一事

◎ 我所住的海滨公寓

◎ 我的研究室

不长一智，经过这场虚惊，我一方面告诫自己出门要小心谨慎，另一方面胆子也大了，反正一些出租车司机略通英语，找不着家打车就是了，无非是多花一点钱而已。

4.迎新会上有一面中国国旗

相比较而言，韩国大学生的学习条件要好一些。如,教学楼大厅内有电脑,可以免费上网。楼内有小卖部，可以随时买到饮料、小吃，坐在那里休息。楼内特设女生休息室,有长沙发数个,专供有特殊情况的女生课间休息。图书馆晚上开放到12点。学生去打工或去外国留学，休学、复学都很方便。3月13日上午下课后看到新生祷告平安,供桌上摆着个大猪头（烤熟的）及米糕、饮料、水果、啤酒等,奏乐,学生们个个跪下磕头,还往猪嘴里放钱。仪式毕,喝啤酒、吃猪头肉，唱歌跳舞。我目睹这一幕时，河主任正好从我身旁走过，他略有点不好意思地对我说：“你看，

◎ 迎新会舞台

◎ 新学年祈祷平安的祭台

我们的学生是否很迷信？”我没有回答，心想，到底是迷信还是找乐,还是二者兼有，还真说不清楚。2005年春季开学后，我再一次目睹了这一祈祷或者韩国学生所说的“祭祀”仪式。韩国的大学生社团活动多,校园里这类公告不少。有意思的是系里举行的迎新会。3月29日（周六）的迎新会是夜间班的，活动的地点在距釜山几十千米外的通度寺。该寺藏有释迦牟尼的舍利，系韩国的四大寺院之一。学生下午就到达,老师晚7时到。在寺院附近山脚下的一个宾馆里举行联欢会，之后喝酒、烤肉、游戏。学生通宵达旦，老师则于午夜子时返回市内。学生在次日游览寺院,至下午归。其实这类活动名为迎新，实则也是旅游、联欢。4月3日下午6时，我又参加了日间班的迎新会。地点在名为“松亭”的风景区。一些已毕业的同学也参加了。迎新会的名目有意思，横幅上写的是“2003年欢迎新同学及插班生、复读生联欢会”，复读生包括服兵役期满或休学后复学者。会标旁还插了一面小的中国国旗，其意当是包括欢迎中国来的教授。当夜，教师凌晨3点离去，而学生则次日下午才散去。直观而言，这类迎新会对增加集体的凝聚力大有好处。在松亭结识中国留学生聂宪杰，系济源人，现家在新乡。其前些年赴日本某大学留学，又作为该大学的交换生到韩国庆星大学学习。有件事顺便提一下，4月3日晚上去松亭前河主任请吃饭，云因系学校组织活动，由公款埋单。其间李再夏教授向我提出两个问题。一是如何评价中国历史上的妇女缠足现象，二是关于程朱理学的评价问题。还好，这两个话题我都有所研究，一一回答。李教授汉语听说能力很差，由河教授居间翻译。李教授对我的回答表示满意，其他教授对我的分析也颇感兴趣。

5.中语中文系的教授

庆星大学中语中文系共有6名专任教授，本学期加上我共7名。主任河永三教授，1980年在韩国读完本科后赴我国台湾某大学完成博士学业。河教授年纪不大，科研水平较高，主攻中国古文字学，于《说文解字》等颇有研究，已经有多种论著出版。他最早以专著形式将中国著名学者李学勤先生的主要学术成果介绍到韩国学术界，他还兼任上海华东师范大学一教育部研究基地研究员。李根孝教授是系里的元老，主攻汉语教育学，曾任韩国中国学学会会长、《中韩大辞典》编委，对推动韩国汉语教育有颇多贡献。吴庆第教授，华人，在台湾文化大学毕业后，于韩国岭南大学取得博士学位，加入韩国籍，专攻政治学，于国际政治颇有心得，精通韩语，又通英语、日语，兼任釜山华侨天主教教会会长，系釜山华侨界名人,另兼任香港《亚洲周刊》特约记者。我到韩国时，吴教授正带90多名留学生在郑州大学留学，原定时间一学期。柳莹杓教授，汉城大学(现改称首尔大学)中语中文系毕业，博士，专攻中国古代文学，在王安石研究方面有

◎ 俯瞰釜山

◎ 从教学楼通往教工餐厅的百米小径

一定知名度，出版两部有关王安石诗文研究专著，发表论文多篇，曾任庆星大学校部秘书长（相当于校长助理），在推动庆星大学与中国郑州大学的交流方面，做了许多工作。李再夏教授，博士，专攻中国古代文学，在曹操诗文研究方面成绩显著，有学术专著出版，任《中韩大辞典》编委。吴昶和教授，博士，主攻中国文学史，于中国近现代戏剧文学情有独钟，有著述出版。因系里有两位吴教授，人们称吴庆第教授为大吴教授，称吴昶和教授为小吴教授。6名专任教授之外，本学期还聘有“时间讲师”五六名，除一名华人外，均为博士，有的在北京大学、南京大学获得博士学位，有的在我国台湾的大学取得博士学位。这些学者回到韩国后一时找不到合适的专职岗位，便到有需要的大学签订协议（协议一般是一学期或一学年一签），教一门或两门课程，学校按课时付酬。以我看来，“时间讲师”属打工性质。韩国大学里的专任教授远没有中国那么多，据说韩国汉城大学的中语中文系的专任教授最多也不到10名，而兼任教职的“时间讲师”则为数不少。我来到韩国后发现，韩国的教授书多。中语中文系教授们的研究室都有很多书。粗略看了一下，河教授的书有十几个书架，把研究室挤得满满的。其中80%以上是中文图书，凡金文、甲骨文等成套书亦不缺。我惊叹河教授书多，他笑而答曰：“因为学校图书馆藏书量不行，只好自己多买书。”

6.与校方正式签订工作协议

来到韩国后，按规定要与校方签订正式工作协议。3月13日，即我来韩的第二天，由河主任陪同前往校部见教务长金秀焕先生。金教务长看了我的简历和科研成果目录后，认为我是“权威”教授，原拟定的协议文本需经修改后择日再签。3月26日，我随河主任再次来到金教务长办公室，仔细察看了协议文本（英文、韩文文本各一）后，双方签了字。与原拟定的文本相比，有两处变动。因按所谓“权威教授”聘任，年薪有所增加，这是一。二是“权威教授”的额定工作量每周为9课时，一般教师则为12课时。这一条很重要，牵涉到我的报酬问题。所谓额定每周9课时，并非只上9节课，而是说超过9课时后每多上一节即给补贴，大约日间班每节人民币150元，夜间班200元。本来我一周的课时大约12节，但因选我的课的学生太多，需要分班上，校方云选课是上学期末定的，难以改动，希望我帮忙，辛苦一下。我只有服从安排。这样除了研究生课程外，本科生的课时大大增加，当然课时补贴也较多。顺便说一句，到韩国工作特别要留意所签合同内容。2003年上海某大学一位教授应聘到韩国釜山一所大学工作，因嫌超课时费太少（比我的少得多）与校方发生激烈争执，甚至闹到领事馆，一个月后愤然回国。中国领事馆的张领事后来对我说，该教授吃亏在签工作协议时没仔细看文本所列应该承担的工作与报酬方面的内容。协议书一定要仔细阅读，弄清楚责、权、利，一旦签署，只能按协议规定执行，有意见也没用。另外，各大学招聘外教年薪不一，其中有一个因素是学校是否给租公寓。我是学校给租的海滨公寓，费用不菲。我认识的一位北京大学来的教授所供职的学校规定，公寓自己去租，费用自理，当然年薪也就相对高一些。韩国的税比较高，来到韩国后大吴教授告诉我，中韩两国有个协议，应聘到对方国家工作，三年内不纳个人所得税。第一个月工资发下后我发现扣税了，立即与校财务处联系，负责人说弄错了，下月起不扣了，已经扣的钱年终补上。几年之后，这项协议似乎取消了，加之人民币升值，赴韩工作的收入相对减少。

7.“级阶社会”

吴庆第教授对我说，韩国是个“级阶社会”，这一说法颇“形象”。实际上是说，每个人说话行事时，要注意自己在社会关系网中的位置。在韩国，干什么事都要讲辈分。有长辈在场，小辈吸烟要征求前辈的意见，学弟学妹对学长也是如此。前辈同意你吸烟后，点烟的时候还要背过脸去。喝酒时也是如此，要给前辈先敬酒，包括学长。有学长在场，说话办事都要谨慎，表现出对学长的尊敬。学长也不客气，要有个架子，有时会不客气地训斥学弟学妹。似乎一切要按“礼”来行事。坐地铁或公共汽车时，年轻人要给老人让座。地铁每个车厢两端都有老人专座，6到10个座位不等。车上的老人专座，青年人一般不敢坐。我在韩国那么长时间，仅有两次看到似乎身体不适的女青年坐在那里，一旦有老人上车，也都赶紧起来。我无数次看到老人专座空着，年轻人在一旁站着也不坐。如果老人专座上已经满员，还有站立的老人，有座位的年轻人也会主动给老人让座；如果不让，会遭到其他人的鄙视，有时会有老人直接指责年轻人为什么不让座。据当地媒体载，曾发生过这样一件事：在地铁上，一位老人指责一个中学生不给老人让座，并毫不客气地当着众人面批评了那个中学生。下车时，老人突然摔倒，且不治身亡。有一种说法是中学生因心怀不满推了老人，而中学生却说并没有推，只是与其理论了几句。事故的真相不得而知，但当时引发社会关注的是，应该加强对年轻人讲礼貌讲道德、尊敬老人的教育。在韩国，65岁以上的老人乘地铁一律免费，可以在站台上取票。韩国虚岁60即可列入老人之列，教授退休的年龄是虚岁65。

8.釜山市博物馆

釜山市博物馆距离我住的公寓不远，走路不足半小时。如果从庆星大学去那里，则更近。我是在一个星期六去的，这天free（免费），不用买票——我是去了以后才知道的。其实平时买票也非常便宜，成人每人500韩元（2003年汇率，120—130韩元兑换1元人民币），青少年300韩元，儿童仅200韩元，65岁以上老人免费。该馆1975年动工，1978年正式开馆。现主要开放两个展馆，其一是展示自旧石器以来韩国的古代史，分史前、三韩至三国、统一新罗、高丽等多个展室。其二是展示韩日关系史及釜山地区的生活文化史，包括该地区近现代的生活变迁。第一展室学术味道较浓，少年儿童不易看出门道；第二展室中的近代生活文化变迁，则很吸引孩子们。该部分由立体模型和声像光电配合，形象地介绍了近代釜山农业、水产业、盐业、酒店、铁匠铺、金银铺等的面貌。其中钟表店（计时铺）、理发店（美发馆）、照相馆（写真馆）等，形态逼真。该处地板上有15块透明的大方玻璃板，其下是缩小了的旧釜山街道及两旁建筑的立体模型。孩子们可以趴在上面边爬边看，并利用声音控制装置，指挥电车模型来回跑动，街道上人们的吆喝声、喊

◎ 釜山市博物馆

叫声，不时传来。孩子们爬来爬去，异常高兴，并在欢乐中了解了前辈们的生活和他们那个时代的城市面貌。韩国各大学的博物馆，如在釜山的釜山大学博物馆、庆星大学博物馆、东亚大学博物馆、东义大学博物馆等，均免费向社会开放。只不过这些大学博物馆公休日一般闭馆。

9.UN墓地与UN雕刻公园

UN墓地、UN雕刻公园，统称为UN纪念公园，紧挨着釜山市博物馆。我参观完博物馆，信步来到这里。这里可以随便出入，只是要求着装整洁，不得携带食物，不准吸烟，保持肃静。UN墓地，是朝鲜战争中参战的联合国军死难者的墓地，据说也是世界上唯一的联合国军墓地。这里有11个国家的2300个人的坟墓。察看大门后的一面墙壁上的说明得知，2300人中，有澳大利亚281名，挪威1名，英国885名，加拿大378名，南非11名，美国36名，法国44名，韩国36名，无名4名，荷兰117名，土耳其462名，NON-BELLIGERENTS(非交战国)11名，新西兰34名。看着2300人的坟茔，

◎ 世界唯一一座联合国军墓地

我突然想到在那场战争中牺牲的数字庞大的中国人民志愿军战士，又想到美国又要在伊拉克开仗了，顿时大脑一片空白。UN墓地北侧（釜山的东南西北，我往往分辨不清，说北侧不知是否有误，回到公寓，我问学生小黄，他说他也说不清）就是UN雕刻公园，这里安放着34座石雕，与墓地相呼应。34座石雕的作者，计有澳大利亚、比利时、加拿大、哥伦比亚、丹麦、埃塞俄比亚、法国、希腊、印度、意大利、卢森堡、荷兰、新西兰、挪威、菲律宾、南非、瑞典、泰国、土耳其、英国、美国、日本等国各1人，韩国作者12人。

10.大学生打工

韩国大学生打工现象非常普遍。有的同学是因为家境欠佳休学打工，待赚一些钱后再复学。我在郑州教的一位学生本学期便休学打工去了。还有的同学利用星期六、星期天的时间打工，赚一些钱,或为了减轻家庭负担，或为了自己花钱方

便。和我同住的小黄便常在课余时间打工。不过最近他的学习比较紧张，下周起便不去打工了。韩国经济近年来不甚景气，好的工作不易找，多是到饭店做零活。比如我在一家名叫“北京馆”的小饭店（离我住处很近）吃饭时遇到一位釜山外国语大学的学生，就在那里送外卖。送外卖也是比较辛苦的，但有可观的收入。我认识的一位学生则是做家教，教汉语。还有一些男同学到建筑工地打工，活累，但报酬要高一些。通过打工，学生们也得到了锻炼，增长了社会经验。有的同学到中国留学或旅游的钱，主要是靠打工赚的。韩国的学生在校学习期间似不如中国学生刻苦，但因为他们那里完全是市场经济，找工作要靠能力，他们压力也比较大。许多人去国外学习，提高外语能力。中语中文系的同学还要认真学习英语，找与中国有业务往来的公司工作，至少要通过汉语8级水平考试，很不容易。我有一个学生叫金泰勋，通过了9级，已毕业，也只是在一个补习学校兼课，当然收入还可以，月收入约合人民币8000元。不过据说“行市”又涨了，不少公司要求有9级以上的汉语水平考试证书。汉语水平考试（HSK）分为三级九等，3、4、5级为初级，6、7、8级为中级，9、10、11级为高级。9级为高级C等，10级为高级B等，11级为高级A等。今年（2003年）10月，金泰勋已经考上韩国海上警事警察，但至今未赴任，因为现在还没有空岗位，等有人退休了，即可补上。另外，有的同学利用暑假第一个月打工赚钱，第二个月用这笔钱去中国等地旅游。

11.韩国社会几个热点话题

韩国人近来有几个热点话题。第一个热点话题是美国攻打伊拉克，尽管韩国政府支持，并表示派军队去伊拉克做些非军事性的事情，但韩国国内反美情绪仍明显。有一天我去超市，途中遇防暴警察数十人在毛毛雨中待命，据说是怕老百姓反战游行集会引发什么不测。一些韩国人认为，美军打完伊拉克会用同样的借口打朝鲜，引起朝鲜半岛的不安定。第二个热点话题是中国非典（SARS）流行，韩国人议论纷纷。前一段时期，庆星大学不少学生家长给系主任打电话，谈论为了孩子安全，是否应该让在中国留学的孩子立即回国。一时间，我遇到的认识的韩国人总会问起我这“怪病”的问题。也难怪，国际上对此报道极多，成了仅次于伊拉克问题、占据第二位的热点话题。第三个热点话题是频繁的韩国农民集会游行。起因是韩国加入世贸组织已近十年，农产品逐渐不再享有保护政策，而韩国的农业成本较高，经不起国际上低价格农产品的冲击。农民认为十年来政府对改善农业的措施不力，导致他们的生产生活前景堪忧。韩国山多，土地资源有限，且有的地方的土壤不利于耕作，加之劳动力价格高，种植作物成本也比较高。市面上蔬菜很贵。我常说，洋葱比鸡腿贵，一个洋葱，质量很一般的，差不多要一两元人民币才行。土豆质量不太好，也要人民币八元以上一斤。最便宜的大米也要合人民币七八元一斤。这样的价格，当然在国际市场上缺乏竞争力（据说农民收入其实不高，中间商的利润较大）。最近在上下班路上看到有的农民牵着牛上街游行示威，有的农民将政府资助购买的大型农机具放到政府院内，甚至还有的把整麻袋的稻谷放到马路上形成路障。农民主要是反对对外开放农产品市场。他们认为，加入世贸组织以来，政府没有对农业给予足够的重视和采取相应的扶持措施，如果2004年开放农产品市场，对农民和农业都会产生致命的打击。星期天学生小黄从家中到我住处，中间被游行的农民队伍堵了路，耽误了近1个小时。

12.我的学生

我的学生可分几种。一种是研究生，第一学期两人，均为女生。其中之一曾在天津师范大学学习过，程度还可以。但她才生完小孩50天，精力不济。另外一个是系里的助教，本科是汉文系的（汉文系学习汉字及汉语语法，不重汉语听说），中文听力、口语均有限，但学习很努力。上周五两人都通过了研究生英语过关考试，很高兴。第二种是本科三、四年级的学生，分为日间班和夜间班。日间班和夜间班在学历上无区别，只是上课时间一个在白天，一个在晚上。本科学生中年龄差距不小，男生普遍比女生大些，原因是上大学后都要服兵役一段时间（以前30个月，现为20个月），然后复学，一下差了一两年。还有的是工作几年后又来上大学的，据说没有大学文凭工资要受很大限制。本科生中有几个是从我国台湾来的交换生，他们本来是来学韩语的，因韩语系功课太难，他们学起来很吃力，就到中文系学习，通过中文系的课提高韩语水平。当然他们选我的课学起来很容易，对他们学习韩语虽没什么帮助，但取得学分相对容易。第三种是三位韩国教授。她们是中老年教师，学汉语也并非有什么特殊目的，只是认为汉语典雅，说起话来好听，认为应该学。她们其中一位是教法语的，一位是德文系的，一位是学前教育系的，因为在学习外语方面颇有天赋，积极性又高，学起汉语来进步很快。最近系里还来了一个日本某大学的交换生小聂，也是来韩国学韩文的，河南济源人，现在家在新乡。他高中毕业后即到日本留学，至今多年，仅回过中国一次，他很想家，家里人也很想他。但因碍于日本学校某些规定和经济问题，今年他还不能回中国。这个孩子很老实，学习很刻苦。他的英文名Hungry，总有韩国学生用“饥饿”和他开玩笑。在外国留学，除了少数大官大款子弟，多不容易。我的学生中还有一对韩国华侨兄弟，他们因要打工，很少来上课。哥哥是日文系学生，选修我的课，程度好一些。弟弟是新闻传播专业学生，也选修我的课，程度稍差。兄弟俩很可爱。他俩的父亲汉语很好，但到了他们这一辈竟然几乎不会说汉语了，令人叹息。说不上人情大于原则，但我在教学、考试中不自觉地对中国来的学生及当地华人子弟多有照顾。

◎ 本科四年级学生

◎ 室外讨论课

13.韩国的“礼”

韩国很重视人际往来的礼节，其中一个便是“送礼”。据说柳教授从中国回来时带了不少礼品，亏得有学生帮他拿，否则不知超重多少！他要给董事长、校长送，要给系里的教授送，要给妻子、女儿、亲戚朋友送。我来韩国对此估计严重不足。到韩国第二周我到校部办事，校长秘书对陪我去办事的那位老师说，今天校长正好在，我可以前去签协议。这位老师说，改天吧，今天郑教授礼品没带来。我理解，他是在善意提醒我，见校长要有见面礼。给董事长、校长送，给系里教授送，我带的像样的礼品很快差不多光了。没想到文学院院长要请我吃饭，我拿什么给他？只好将两小盒茶叶捆在一起，买了张礼品包装纸包好，准备届时送给他，真有点儿狼狈。亏得他因事并没有请我吃饭，我心里才踏实了。（按：到了下半年返回庆星大学时，我从国内带了一大盒茶叶送他。）学生到研究室找我问问题，有时也带些饮料之类的送我，表示尊敬和感谢。好在韩国学生一天到晚喝饮料，那点钱对他们来说真的不算什么。4月11日，妻子从国内打来电话，说孙子出生了，我自然很高兴，又想到两个助教平时对我帮忙不少，便买了几盒较好的巧克力和饼干送给她们。她们也曾送给我小闹钟和小食品。很快，我长记性了，到韩国教授或学生家里做客，或请人帮忙，总要到中国街买些礼品带着。韩国礼节甚多，在文学院楼内，见到认识不认识的老师，都要鞠躬致意，其身体的弯曲度不如日本人大，但其动作是慢的，以表诚意。我入乡随俗，但总学不像，弯腰点头的速度太快，是不是让人有应付之感，我可就不知道了。因为有这个礼节，我每天遇到清洁工和夜间值班的工人，也点头哈腰了，对方颇有受宠若惊之感。一天，学生小黄对我说，老师对门房、工人不必行礼。这次我颇骄傲了一回，毕竟我是社会主义国家出来的，对劳动人民格外尊重。据我后来观察，一般韩国教授确实不对清洁工、门房主动鞠躬问好。

14.我的日常消费

庆星大学早8时上课。我的课都安排在第二节即9点钟开始，所以早上起得晚。我一般是乘地铁去学校，仅坐一站，3分钟不到即下车，人民币4元，怪冤枉的（十站以内均合人民币4元，超过十站5元多一点）。我有时走路上班，要20多分钟。学校按协议为我租公寓提供住宿，但房费外的开销由我负担，每月要交物业管理费3万元（韩元，以下同）、暖气费6万元（4月起没有此项费用了），另外有闭路电视费、卫生费、消毒费、水电费、煤气费，当然也少不了电话费。这些费用加起来有20多万韩元，合人民币一千二百多元。开始怪吓人的，好在和我的工资相比，这点开支不算什么，慢慢也就习惯了。吃饭一般在学校教师餐厅吃自助餐，每餐3000韩元——比外面要便宜二分之一左右。教工餐厅我知道的有两个，一个在法学院，一个靠近药学院，后者距

◎ 街头雕塑

◎ 在光线暗淡的超市外面打游戏机的小学生

◎ 许多场所需脱鞋，这个餐馆门口摆了很多的鞋

文学院大楼较近。听说法学院那边的餐厅伙食好，我才开始到那里吃，学校的外教（德国、美国等国学者）也多在此吃饭。后来图方便，便基本在药学院旁的餐厅用餐了。周六、周日学校餐厅不开门，我或在小饭馆吃，或自己做。韩国工资高，我的学生打工，高的1小时可挣1万韩元，当然都是很辛苦的岗位。毕业生小崔（以前在中国留学时我曾教过他）昨天找到了工作，将派往中国5个月，做市场调查，每月生活补贴（暂不给工资，算是试用期）人民币8000—9000元。韩国带“师”字的工资较高，如工程师、教师（特别是大学教师）、医师等。我和其他来自美国、德国的客座教授，因校方提供公寓，工资远不如韩国的教授高。但和当时国内比，也不算是小数目了。何况工资之外，还会有一些额外收入，这些收入每月至少有五六千元人民币，大体够我在韩国的各种开销了。我的主要开销之一是车费，到处闲转，观察韩国社会的方方面面，或坐地铁，或打车。坐公共汽车有点困难，因站牌上无汉字，韩文我又不认识。

15.学生考试紧张

庆星大学学生平时上课和学习不甚紧张，但考试却不轻松。这周起期中考试，学生都忙着复习，甚至开夜车，所以周末也没有人到我这里来玩了。这期间，学校图书馆24小时开放。按校方规定，到了最后一个学期，各门功课如果有不及格（考试不及格不能补考），学分未满，便要延长一个学期毕业。一个学期的学费合人民币几万元，也是个不小的负担（国立大学学费比私立大学要少）。有的学生开玩笑说，某教授对学校的贡献大大的，意思是他给分严，不及格者多，致使学生延迟毕业，客观上为学校“创收”了。我教的一个四年级的学生，平时不太努力，贪玩，近几天天天开夜车，找人给他辅导。因为他的计算机课已经不及格，这学期再有一门不及格，学分就不够，那就要延长一个学期才能毕业了，他还真有点儿紧张。期中考试时，四年级的多媒体时事课我出了一道题：如何评价韩国前总统金大中？结果学生答案五花八门，大都根据自己的看法发表意见，肯定者不少，持否定意见的人也非常多。更有意思的是，有的女同学回答：“我们韩国女人不关心政治，所以我不了解金大中，但听人们说他还不错。”我给分的标准是，不管其结论如何，仅看汉语文字表达和逻辑分析能力。赞扬金大中的，反对金大中的，都可能得优秀。

16.游梵鱼寺

只身在海外，星期六、星期天的时间最难打发。学习吧，打不起精神，只好外出转悠。4月19日，周六，天降小雨。但因为要去出入境管理中心取居留证，不得不外出。上午10点和学生小黄坐公交车去南浦洞（洞是韩国区下面的一级行政单位）出入境管理中心，事情办得很顺利。我在中心还碰到几个中国人，他们好像是做劳务的，都是年轻人。韩国经济不甚景气，但这些青年人工作还是可以找到的，因为一些企业用中国劳动力成本较低，当然韩国这方面控制比较严。从中心出来后我们去了国际市场，小摊贩很多，我只是观光而已，没买什么东西。无意中来到电影节的明星街，发现了地上印的张艺谋的手印及签名。原来釜山电影节很有名，1999年张艺谋曾到此并获奖，至于什么片子待查。获奖者铸有铜手印和签名，嵌在街道地上。接着我们走到LOYAL HOTEL酒店前，吾妻2002年来釜山参加学术会议时曾入住该酒店，于是摄影留念。此时雨渐小，我们索性乘车前往梵鱼寺。梵鱼寺坐落在金井山中部，距我的住处约30千米。该寺是678年新罗文武王为高僧仪湘大师创建的，是韩国四大寺院之一，保存着一些文化古迹，更有天然藤树和野生花草环绕周围，景色特别好。当日小雨绵绵，景色另有一番情趣。这里是每年游人最多的景点。由于当日有雨，加之是周六上午，中小学生上课（韩国不是双休，周六下午学生才放假），游人不多。寺中有弥勒殿，其中的佛和中国的大肚常笑佛的形象大相径庭。有天王殿，年代久远，但规模稍嫌小一些。殿中有一联，似是说原无所谓是非长短云云。置身寺院，四处望去，一派云雾蒸腾，草木森森，又闻泉水

◎ 梵鱼寺山门

叮咚，实在是美。前些天参加迎新会曾到过通度寺，可惜只是在寺院山脚下过了半夜。那个寺是韩国四大名刹之一，来日不可不游也。可能由于忘乎所以，天凉，穿衣又少，回来后即觉不适，次日果然感冒，两日后才好。

17.代理司机

这里的汽车多。教授上班开车，一些学生尤其是夜间班的学生也开车上学。这样，校内停车位明显不足。教授们的车多很漂亮，当然也不是所有的教授都会开车。比如，中语中文系的柳教授和小吴教授便不会开车，因而每天是由他们的夫人开车接送的。河主任和这二位老师开玩笑时说：“穷人才自己开车，有钱人都有专门司机开车。”社会上车多，找停车位往往成了难题，因而路边特别是小街道旁非法停车者比比皆是。我曾问学生，警察不管吗？说：管不过来，只得睁一只眼闭一只眼。私家车多，韩国人又特别爱喝酒，这就又诞生了一个新的职业：代理司机，即有人喝多了无法驾车回家，打个电话就有代理司机将其连车带人送回家。费用一般在一万多韩元，另出代理司机来往打车费。我的一个学生小金就找了这么个业余职业。开车不守交通规则者极少，一则大家习惯遵守纪律，再则警察罚款也厉害，不敢。出租车司机为了抢时间做生意而闯红灯的，我看见过几次。这里大街上无公共厕所（大商场、超市内有），出租司机方便成了问题。我住的公寓无围墙，四周是迎春花篱笆，初去时见我的窗户对面十米处立一韩文书写的警示牌“此处禁止小便”，颇不解，后两次见出租车司机在该地停车小解，明白了。出租车司机若在其他地方停车找厕所，耽误时间不说，往往还要交停车费，于是找这个僻静的地方方便。在街道上行走我最怕的是送外卖的摩托车，开得飞快。本来人行道就窄，有的街道的人行道只勉强能过一人，见了摩托车过来，赶紧“自觉”躲避，生怕有闪失。送外卖的是计件工资，自然抓紧时间抢生意，其骑车技术堪称一流，但出了事真不得了。车多噪声大，不少地方路旁有隔音墙。我的住处哪儿都好，就是远处跨海大桥传来的噪声让人心烦，晚上尤其如此。我住的公寓地势最高，桥上的隔音墙起不了什么作用，不知当局将来如何处理这个问题。（此篇散记写完一个月后，从新浪网上发现，我国南京出现“汽车保姆”，与代理司机类似。后又有报道：2004年元月刚刚推出酒后代驾送车服务项目的北京奔奥安达公司，半个月业务量已达100张服务单，收费金额已超过7000元人民币。可以预计，春节期间业务量会成倍增长。）

18.率真的学生

韩国女性颇爱化妆，学生也不例外，个个化妆。初来时不习惯，一入地铁（韩国人与日本人一样，将subway称为地下铁路），特别是乘客多的时候，一股脂粉气扑面而来，有点儿不适应。地铁中脂粉气重还有一原因，系地铁中的摊贩卖化妆品的多，如地铁庆星大学站，卖化妆品小贩的叫卖声最突出，其卖的东西也便宜，不知质量如何。谈到化妆，还应该说说韩国大学教授的穿戴。教授一般穿戴讲究。据说一般大学都有不成文的规定，要求教授上班西装革履。所以我不敢造次，初来几个星期，都穿着西装。河主任告诉我庆星大学无此要求，可随便。大吴教授也和我说过，他从来就不穿西装。我初来乍到，不好破坏人家的规矩。但近些天，为了方便，我也多有穿夹克的时候。结果一日我又穿着西装，河主任见了我说，今天怎么穿得这么整齐呀？我只好佯说，夹克洗了未干。因没有硬性规定，穿着是随便的。但因大多数人西装革

◎ 看体育比赛的女学生

履，自己也不好太随意了。学生穿着很随便，也很有青春气息。不是诸如“谢师宴”、毕业典礼之类的活动，学生几乎没有穿西装的。虽然韩国和其他亚洲国家的人一样，表达感情较含蓄，但比起中国的学生来说，韩国学生要率真得多。有一位三年级的女生，到我的研究室来问问题。稍后，又来了一位已经毕业（在中国我曾教过）的男同学。他们此前不认识，这次相见也仅说了几句话。谁想，一周后，那个女同学对我说：“郑老师，我有男朋友了。”我说：“好。”她说：“你猜是谁？”我问：“哪个年级的？”她说：“毕业了，你认识。”我说某某。她说：“对了，就是那天到你这来的那位男同学。”总共才认识一周，他俩已经热恋了。我对她说：“你们这真叫一见钟情。”她很高兴。大多数男女同学在这方面都极坦诚，恋爱顺利不顺利，进展如何，都说出来，怪可爱的。一个月后，那位女同学告诉我，她和那个男生分手了。

19.说规矩

一个社会要有良好的秩序，人们要守规矩。韩国街道、公共场所卫生都不错，学校环境卫生也很好，主要是清洁人员守规矩，清扫尽职尽责。每天教学楼的楼梯台阶，是保洁工一点一点地用抹布擦，再加上清洁剂，用刷子使劲刷，擦得台阶上的铜条锃亮，一尘不染。学生一般很守规矩，乱扔杂物者鲜见，废物是分类扔到各种垃圾桶内。教室的门窗玻璃也很干净，看来是经常认真清理的。楼道各个教室和教师的研究室门上的铭牌没见一个损坏的，研究室门上面写有房间的号码、教师姓名、系别、上课时间（便于同学找老师辅导等）。当然这里也有不守规

◎ 地铁站候车地方的书架

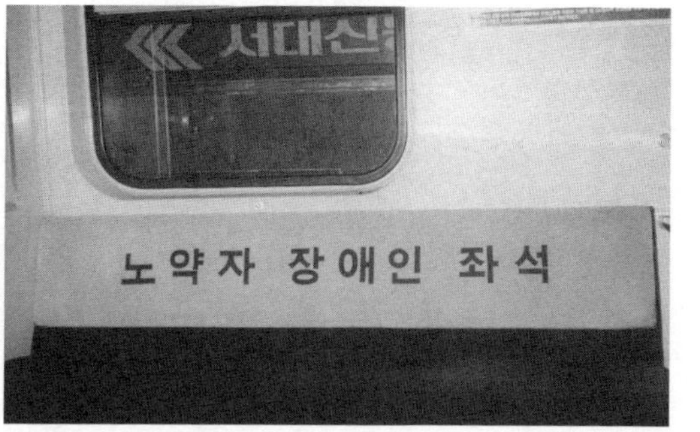

◎ 地铁车厢里的老人专座

矩的。我就见到一名中学生模样的人在地铁逃票，过去我看到文章说在国外逃票的多为中国人，这次我看到的的确是韩国人。考试作弊者也有，而且方法也不少，比如带纸条、事先在桌子上写答案、让人替考等，但这毕竟是个别的现象。又如校内的电话亭，大都有一本厚厚的电话号码本。据我观察，虽然电话本仅用一根细细的链子拴在电话亭上，没见过一本丢的。若在我们国内，其命运就实在令人担忧了。又如一些小的超市，由于房间空间有限，不少存货放在门外。我住的附近一家小超市门外有不少饮料，如果顺手牵羊，是极容易之事，但没有人干这类事，否则老板也不敢这样做了。我想一方面是生活比较富裕了，所谓“仓廪实而知礼节，衣食足而知荣辱”（管子云），但人们守规矩的态度是不可忽视的。学校教学楼、图书馆等地方有自动售货机，卖饮料等物，大小街道上也很多，我是没见有人为损坏的（或企图偷钱偷物的），当然也可能有遭破坏后修复好的，但这类事肯定极少。想到我国一些电话亭、售货亭的遭遇，值得反思。每个地铁站都有几个书架，上面摆有各种图书供候车人或乘车人阅读。其中有自然科学书籍，但大多为文学或百科类书籍。候车时可以看，也可以带到车上阅读，下车时放到车上即可。我曾问学生，书会丢吗？回答恐怕很少丢。我去超市买东西，一般小店只给一个塑料袋，大店则根本不给，要袋的话得掏钱买。开始我不清楚，想再要一个，因为东西装不下，他不给，经交涉，我明白他的意思是要交钱。回来后我还怨韩国人小气。后来人家告诉我，政府出于环境保护的目的，有这方面的规定，如果多给将受到处罚。其实他多给我一个谁知道？但不行，这是规矩，应该遵守。

20.上海街与电影明星街

4月26日上午，我因为要买专供往中国打电话用的卡，来到了上海街。身在海外的游子，看到一点儿和中国有关的信息都禁不住动情一番，何况来到的是上海街呢？我买卡去的是一家中国人开的商店，卖中国杂货，代卖电话磁卡。老板比较年轻，大约40岁，一口纯正的普通话似略带京腔，可惜因他忙于料理一些事，无时间多聊几句。趁他忙于店务时我自己在其店中浏览一番。店面也就十几平方米，中国日常做饭用的调料之类不少。其中有王守义十三香，还有腐乳、臭豆腐、干辣椒等。该店名为彤鑫，此街名为上海街（也称中国街），实际上中国的店铺依我看还没有俄罗斯的店面多，其门面上书写俄文，一望便知。街上商店似都不太景气，买东西的人很少。是否因非典流行游客减少所致不得而知。街道的地上有一些彩色瓷砖，图样有京剧脸谱，但已改良——大花脸上还画个骷髅，形象怪诞。这倒使

◎ 上海街（中国街）

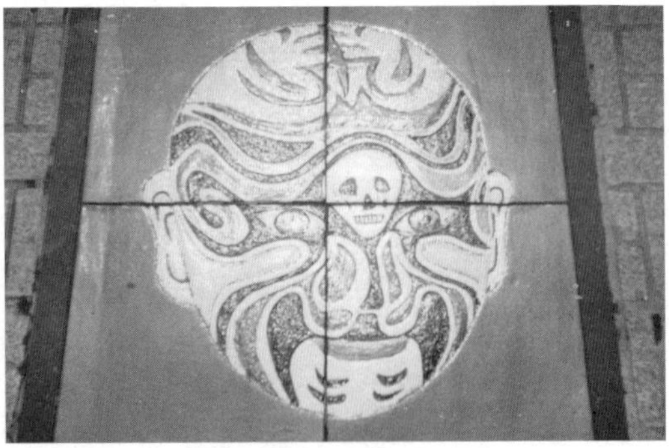

◎ 上海街地面上的京剧脸谱瓷砖

我想起一件事：我来韩时带了几件京剧脸谱的小物件，本拟作送人的小礼品。仅送出去两件。我在研究室内书架上挂了一个，不几天我的一位女研究生便将其翻转过来，即将有花脸的一面翻到背面，正面仅露出“出入平安”几个字。当时颇不解。

◎ 电影街一瞥

数日后，一研究生看见我在研究室挂的花脸时，说了句：真可怕！我明白了，不是所有的人都喜欢看那个花脸，有的女学生看了还觉得有点儿恐怖，这是我没想到的。从街上回来后听说俄罗斯店多不景气，和不久前发生的俄罗斯人入室杀人抢劫案有关。但不管怎么说，市面显得有些萧条。从上海街出来后我又到了釜山电影节的明星街。该电影节前面曾提及。这次仔细看，又看到了导演谢晋的铜手印。谢导参加的是第2届电影节，1997年。张艺谋参加的是第4届，1999年。釜山国际电影节有一个中心舞台，叫PIFF广场（釜山国际电影节英文单词第一个字母）,还有购物中心。从购物中心走175米便是明星街，将每年获奖影人的手印印刻在铜板上装扮广场地面。至今4届已有十数块铜板了。明星街上的游人不少，与上海街形成鲜明对照。我还参观了国际海鲜市场，规模非常大，一个沿海边很长的摊贩群落。各种海鲜非常可观，多数我说不出其名字。价格是相当高的，带鱼要人民币20元一斤。看来，我靠着海边，却难吃海鲜了（不仅价格太贵，做起来也很不便）。以后我多次去上海街，主要是去买往国内打电话用的电话卡，那里便宜，种类也多。但买的时候也要小心，有假的。一次我买的标明打3个小时的卡，仅打1个小时就用完了。上海街上有不少中国餐馆和卖中国土特产的商店，还有一家同仁堂药店的分店。上海街上俄罗斯的店铺主要是卖服装的，特别是皮衣，还有卖油画之类的，有的摊点上摆着不少苏联制造的望远镜等。街上常见有妖艳的俄罗斯、乌克兰女

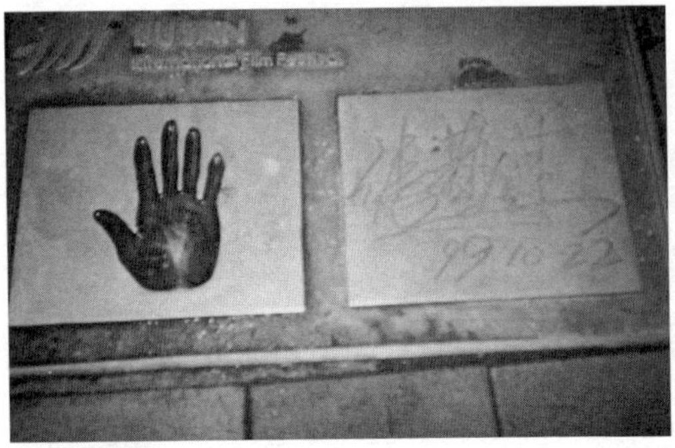

◎ 张艺谋铜手印

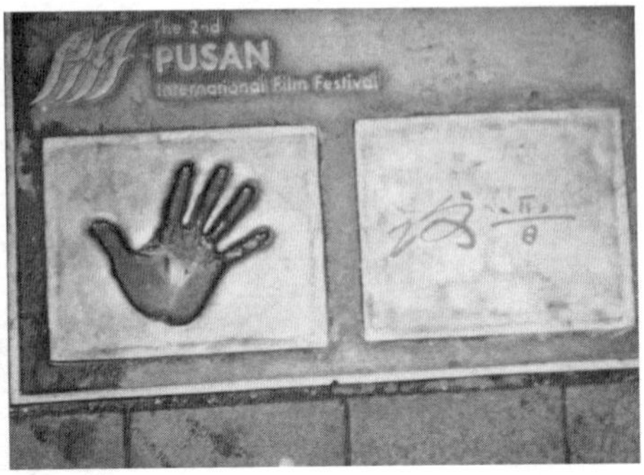

◎ 谢晋铜手印

子伫立街旁，似是出卖色相的站街女。与上海街相连的是“外国人购物一条街”。这里的行政区划属于草梁洞，据说原来美国人较多（过去美国在釜山驻军较现在要多），现在在外国人购物一条街上，已经很少能见到美国人了，倒是俄罗斯人不少。其原因之一是美国大兵常在街上惹是生非，引发韩国人的极度不满，近来美方对美国士兵约束较严。

21.庆星大学在郑州大学的留学生因非典返回韩国

2003年4月28日下午1点15分，韩国庆星大学在郑州大学的留学生乘坐的飞机在金海机场降落，到机场迎接的有庆星大学科研教务处长（相当于教务长）、学生处长、国际部负责人等。中语中文系主任河永三教授和系里的几名教授去机场迎接，我也前往。到了机场，校方有关部门给我们每人发了一个口罩，但我观察，没有人戴。多家新闻媒体——电视、报纸记者到机场采访。不少学生家长或亲友也到机场迎接。同学们出来时大多戴着口罩。大吴教授出来时，我立即看到了，和他打了招呼后握手。他和系里来的老师一一拥抱，热泪盈眶，非常激动，大概是多少天来精神负担与压力一下子放松所致。在机场大厅举行了短暂的仪式。校方在会上对回来的师生表示慰问，并对同学们返韩后的学习生活做了安排。中语中文系主任也讲了话，大意是返韩后在家休息12天（实际是为了隔离），然后返校参加期中考试，因为在郑州时未进行期中考试，但郑大老师已经出好题并拟定了评分标准。接着大吴教授讲话，讲完后，同学们和他一起唱歌，歌名大概是“我们在一起”。其后几个男同学将吴抬起来往上抛，场面感人。机场中的各类人等都侧目观看，有的还围拢上来。我和从郑州回来的助教小张聊了几句。同学们精神还好。事后有学生告诉我，有的同学在郑州大学学习有了感情，不愿意回韩，临别时为此还掉了眼泪。

◎ 庆星大学校训

后来笔者曾为学生草拟了一篇3分钟的演讲稿，参加韩国全国大学生汉语演讲大赛。题目是“非典无情人有情——2003年4月记事”，附录如下：

2003年4月28日，一架波音客机把我们从中国郑州带回釜山。

当我们90多人从机场鱼贯而出，见到久别的亲人的时候，双眼充满了激动的泪花。

学校领导来了，系里的老师来了，亲人们来了，手紧紧地握在一起，有的还紧紧地拥抱在一起。机场大厅，校领导讲话后，大家纵情高唱：“我们在一起！”接着，同学们一拥而上，一次次地把带队的吴老师抛向空中。热泪从吴老师的眼角流淌下来。

是啊，在郑州的日子里，吴老师承受了多么大的压力啊。现在，他把我们平安地带回家了，千斤重担落地，真是百感交集！

我们是今年3月初到达郑州大学的。这时，一场非典风暴正在悄悄地席卷大地。而中国，无疑是这场风暴的中心。

进入4月，疫情越来越严重。在郑州，虽然尚未出现患者，但空气已经异常紧张。

吴老师像父母一样地关爱我们，他下了死命令：不许到火车站、汽车站等人口密集的地方去！一有发烧等症状，立即报告！他问寒问暖，亲自带生病的同学去医院看病。

郑州大学对我们也非常关心。校医院按时对我们的住所消毒，还熬好预防非典的中草药水送给我们。中国的老师和同学，也像亲人一样地关怀我们。

非典牵动万人心。远在釜山的父母和亲人，更是时刻惦记着我们。庆星大学的领导和老师，无时无刻不在关怀着我们！

4月下旬，为安全着想，学校决定：留学生全部返回韩国。

相见时难别亦难。为了第二天清晨为我们送行，一些中国同学竟然在宾馆门口的台阶上整整坐了一夜！

非典无情人有情！经历非典，我们长大了，成熟了。我们要用自己深深的爱，回报我们的亲人、老师和所有的朋友！

以上内容都是学生亲口对我所说。之所以写这篇小文，也有以正视听的意思。因为此前多有传言，说郑州大学非典患者很多，韩国留学生在郑州很恐怖，中国方面也没人管，等等。

22.不通韩语的苦恼

4月30日，下午没课，要等到晚上上课，很无聊，又不想干别的事。明天是五一国际劳动节，这里是不放假的，我还要上课。课多现在对我成了好事。一上课，什么事都抛到脑后了，省去几分想家的愁绪。其实到了一个新的国度，最苦恼的要属不会当地的语言了，我能抽出来学韩语的时间实在有限，再说一时半会儿也学不出个所以然，至今我只能说一二十句应酬的话而已。不懂韩语，险些吃很多亏。如第一个月交公寓管理等费用，我看通知单上一下子列了五六项，不明白都是些什么，总计25万韩元（合人民币近2000元）。经小黄同学看，才知道是什么费用。我已经准备交了，一个和我们同住一个大院的学生来玩，他说不对，管理费有前住户欠交的12.5万韩元，不该你交。于是我让小黄与系里联系，系里让他与校房产部门联系，最后由房产部门补交了12.5万韩元。你看，要不我得吃多大亏。前天我接到4月份的工资通知单，一看吓了一跳，总共扣税16万多韩元，怎么这么多？我找助教看，她告诉我有个人所得税、市民税、教授交际费等。我心中闷闷不乐。后去找河主任，让他看，他说怎么这么多，就把条子拿走了。今天他告诉我，是会计弄错了，中国人到韩国前三年应该免交个人所得税（韩国人到中国亦如此），市民税也不应该交，教师交际费也不该交。学校会计答应下月全免，本月交的到年底退回。这也可看出，不是哪个工作人员都那么认真负责，我要是不找，糊里糊涂一年就要多交一两万人民币。

23.韩国学生节假日多

我常和学生说，韩国的学生真幸福，理由是他们放假很多。比如我刚才去系办公室得知，下星期一不上课。问及原因，答曰：5月5日是韩国的儿童节。就算按联合国说的18岁以下算儿童，大学生也早超过了儿童的年龄，真是不可思议。不过还好，我也可以休息了。我对助教说，韩国的大学生真幸福，休假多。她说，韩国的大学教授很幸福，学生休假老师也不用上课了。她又告诉我，5月8日也不上课了，因为这天是佛祖诞生日（农历四月初八），全国放假1天。还说，过些天是庆星大学校庆日，也放假1天。这样，一学期上课时间真是不多。我算了一下，不超过13周。这样，原定教学计划很难完成，好在教学是教师的事，学校不进行任何干预。学生这样学，怎能保证质量呢？学生告诉我，要想通过汉语水平考试或英语考级，只好再去上校外的补习班"恶补"，或休学到国外学习一段时间。很多学生大学4年的课结果上了五六年（我教的学生有97学号，即1997年入学的）。有的为了参加汉语或英语水平考试，便休学半年，一边自学，一边也可以打工赚钱上一个补习班。补习班的学费不算太贵，合一个月人民币四五百元。有的为了学英语，休学到新西兰等国家留学一年半载。有的为了学汉语，休学到中国，这都不算学籍的。所以一个班上课的同学，年龄有明显差别。听说6月10日就该结束课程准备考试了，这样我一年上课的周数恐怕不会超过24周。

24.关于大学生找工作

大学生找工作不容易，其原因是近年韩国经济不甚景气。招聘单位一般看名牌大学，如汉城大学（现改称首尔大学，下同）、高丽大学、延世大学等名校学生，较愿意录用。再说这些名牌大学都在汉城（现改称首尔，下同），汉城的机会多一些。全国有近二分之一的人在汉城附近生活，汉城的企业、机关也多，用人也多。韩国很重名牌，比如大学校长，汉城大学毕业者居多。去过郑州的柳老师是汉城大学毕业的，现任庆星大学校长也是汉城大学毕业的。韩国不像中国各地大都有名牌大学，韩国一流大学大都集中在汉城。学中文的找工作不仅汉语水平考试要在7级以上，一般还要求英语达到一定水平。所以从中国回来的学生不少又到美国或新西兰、菲律宾等国家学英语，也有的到汉城学英语，当然也有的在当地读英语补习班。有的历史系、新闻系、汉语系的学生选修我的课，其原因也是想增加找工作的筹码。和我一起住的小黄，本学期选的课全是国际贸易专业，他争取获两个专业的毕业证书，以便找到理想的工作，但这样他可能要延长半年毕业了。找工作不仅看成绩，更看重综合能力。我教过的一位学生学习一般，但他大胆泼辣，受到招聘单位的青睐，最近可能派往北京，月薪为280万元韩币（合人民币2多万元）。他胆子大，又善交际，会唱歌。而另一位同学学得比他要好，因为内向，至今还没找到工作。女同学找工作相对更难一些，但不少也找到了，有的同学做翻译，有的为公司做产品展示宣传工作，但工资没有男同学那么高。有的同学还在打工，据说干一个月挣的钱，就可以到中国旅游一次。

25.佛诞节游海东龙宫寺

一个人在海外，周末和假日，日子最不好过。我的办法是：上街转悠或到海边散步。5月8日天气很差，大风，气温低。早晨去海边跑步，很凉。午时，我决定出去玩。在学生小黄的陪同下，我们去了海东龙宫寺。去时坐公交车一个多小时，回到公寓时已是下午5点多了。海东龙宫寺紧靠大海边，很有特色。当天是农历四月初八，佛诞节。寺庙里人山人海，寺外路上堵车达4千米长。幸亏我没去市内的长安寺，据说那里人更多。上午我跑步回来后看了一个小时的大法会电视直播，

◎ 海东龙宫寺

是朝鲜、韩国佛教界联合举行的，规模很大。海东龙宫寺这一天是个大庙会，有卖各种小吃和民间玩具的。寺里有座海水观音像，十几米高。还供有药师佛、如来佛等。“信佛佛就在，不信佛佛不怪”，这是小时候奶奶常对我说的。国内非典肆虐，令人揪心。我不信佛，但为讨个吉利，我在佛前默默祷告，愿上苍佑我华夏，佑我母亲、妻子、儿女、亲戚、朋友，平安、幸福。我特别面对波涛滚滚的大海——那里是我们生命的起源——祷告，盼我的亲人和朋友们一生平安。这里的旅游景点一般都不收门票。梵鱼寺的门票也仅为1000韩元（合人民币七八元），但寺院的收入颇为可观，主要是人们许愿还愿交的香火钱。佛诞节，各大寺院都举行盛大仪式，环节之一是浴佛。我目睹了浴佛时的情景。佛诞节当天，各寺院给游人免费吃一顿饭。由于排队人较多，我们没有去享受。5月8日，还是韩国的父母节。顺便说一下，儿童节不仅大学生休假，全国都放假，其理由是大人不放假，谁带孩子去玩？言之有理。父母节来临，从数天前开始，街上到处是卖鲜花的，主要是小的花篮。买的人很多，一般人都要给父母买花，以表示对父母养育之恩的感谢。前天晚上我上完课，出了教学楼，小雨中我曾在郑州大学教过的一位学生迎面走来，送给我一个小花篮，内有一枝百合、几枝康乃馨和绿枝叶。她说：“老师，父母节到了，您的子女远在中国，学生和您的子女一样，接受我们的祝福吧！”我连连道谢，雨水加泪水，令我眼前一片模糊。

◎ 海东龙宫寺日出岩

26.庆星大学鸟类馆

庆星大学是一所私立大学，1955年成立。现有学生1万余人。学校有文科大学、理工科大学，学科门类比较齐全，有文、理、工、哲、法、经、艺术、体育等专业，没有医学专业，但有药学院。来了两个月，我对这所大学仍了解不多。知道其在韩国并不是一所很有名的大学，即在当地也比不上国立釜山大学（釜山大学由于投入加大，近些年发展飞快，已经跻身韩国一流大学之列）。但应该说庆星

◎ 鸟类馆标本室

◎ 庆星大学历史考古民俗博物馆

大学也是一所不错的大学，是韩国命名的特色大学。该校的校训是：真理、奉仕、自由。学校有一个鸟类馆，知名度很高。该馆每天开放，连个把门的也不设。校内外的人均可以自由进入参观。我估计，馆内鸟类标本少说也有千件以上。馆里面有一个鸟类研究所。我粗略地看了一下，也要个把小时。学校还有一个历史考古民俗博物馆，该馆虽有守门的，但也是校内外的人自由出入。另外还有艺术博物馆

等。在我看来，这些有特色的博物馆就是活广告，因为平时就有不少小孩子在老师或家长的带领下来参观，他们自然很小就知道了这所庆星大学，其中鸟类馆一定会给他们留下很深刻的印象。

27.寻找左水营遗址

历史资料显示，从高丽王朝末期到朝鲜李朝初期，由于包括釜山在内的庆尚道海岸倭寇猖獗，当局便设置了以防止倭寇入侵的庆尚左水营。我住的公寓属于水营区南川洞，这自然引起了我寻代左水营旧址的兴趣。打听左水营旧址，很多韩国学生甚至教授都不知道。难怪，我去过釜山市博物馆，但我调查了一下我教的学生，四年级一共只有5个人去过，三年级日间班六七十人中仅有1人去过。想要向他们打听出诸如左水营旧址之类的问题，难上加难。于是，我决心自己寻找。5月11日，星期天，早上9点我从公寓出发，决心不找到目标不回公寓。好在对我来说不存在走冤枉路的问题，因为一路上哪儿对我来讲都是新鲜的，都有看头。起初我以为水营嘛，肯定离海边近，于是我沿海滨走。忽见马路上方指示牌上显现前方1.5千米处有一水上公园。我想何不去一游呢。于是往前走。釜山这类的指示牌有个通病，宏观有指示，越到近处反而找不到任何标志了（实际上我国不少地方也存在这种现象）。好不容易才来到公园，汉字标的是水上公园，实际应该叫海滨公园才确切。名为公园，乏善可陈，因紧挨着一个水产市场，环境也不太好。在公园休息了15分钟后，我继续寻找左水营。谁知走了近2个小时也没有找到。当走到一条大马路时，忽然发现前方水泥杆上有个汉字指示牌：水营史迹公园，并用

◎ 左水营大门

箭头指示前方300米。我前去寻找，但就是找不到，只得用英语问两个中学生。两个学生不知道“水营”，但知道公园。他们英语口语水平也极有限，只蹦出几个英文单词，向前，往右，走走走。我只好蒙着走了，结果还真找到了。左水营，是明代时韩国庆尚左道水军节度使的指挥部所在地，距今已有500年。遗址仅留有当时南大门的石门，另有十数通崇祯年间到康雍乾时期的碑刻，其内容大同小异，是颂扬某个时代的水军指挥使的功德碑，有民众集资修的，有当地官方修的。园内还有一水营史迹展厅，但不知为什么不开放，说明文字是韩文，我也看不懂（以后我又去过多次，均未开放）。公园有一个当地的民俗展厅，当天也没开放，但我从英语标识牌上看出来是天天开放的。园内有一新建的水军将军安龙福的纪念祠和雕像。

28.韩国教师节

5月14日，天一直下雨。我晚上有课。明天是韩国的教师节，学校和各院系可能有些活动，具体的活动内容我还不清楚。晚上有几个毕业的学生和在校的学生要到我的住处，向我祝贺教师节。他们已经买了一些吃的东西，还给我买了一件短袖衫。我给小黄几万韩元，让他叫外卖炸鸡送到公寓，买几瓶啤酒，待我10点半下课回去后聚餐。一共来了6名同学，4名已经毕业，2名是在校生，玩到半夜1点。学生们都非常热情友好，令我感到欣慰。15日是教师节。当天下午我有研究生的课。研究生先是给我打电话，说要晚来一会儿。近3时她们来了，先向我祝贺教师节，并赠送了礼品（一个纸盒，里面装有两双袜子）。一早来的时候，见到到处是卖鲜花的（以小型花篮为主）。研究生说，今天是教师节，老师应该不上课，我说不知道这个规矩（其实大多老师也都上课了）。她们又说，看来老师有些疲劳，不要上课了。我说好吧。此前我已委托助教印讲授资料发到研究生手中，我说你们回去看看好了，有什么问题可以询问我。其后我便去了图书馆。晚上，中语中文系师生在学校附近一个名为“韩国馆”的饭店举行宴会，参加者有专、兼职教师，部分校友，加上一些在校学生，100余人，饭店一、二两层全部满员。宴会先是祝酒，按惯例由最年长的教授讲话，勉励同学。我也应邀在会上讲话，大意说，教师节是教师的节日，也是同学们的节日。祝全体老师身体健康，祝同学们学业有成，祝庆星大学发展！我用“祝发展”一词是有原因的，韩国新的企业或事业单位开张，都有单位或个人赠送花篮等，缎带上无一例外地有毛笔写的大的繁体汉字“祝发展”。接着，同学们向老师敬酒，老师也向同学们敬酒，气氛极热烈融洽。我喝了一杯啤酒，此前我一直不喝酒，怕引起胃疼，此后也基本没再喝过酒。与会者一边喝酒，一边吃韩国烤肉。近晚10点，我抽空回研究室拿东西，也是为了休息一下。但返回饭店时，人都不见了。我找了半天，才知道大批人马已转移到另一个啤酒馆了。在啤酒馆，人们又大喝扎啤，畅叙友谊。这时小吴教授已经喝得大醉，还在喝，并跑到我这边，使劲地抱着我，说：真高兴。并且说，你明年一定再到韩国任教一年。喝到12点多了，系主任派3位同学打车将小吴教授送回家。据说他有时喝酒回家太晚，太太拒不开门以示惩治。我想也该回公寓了。系主任和往届校友走了，到另一个饭店继续喝酒。在韩国，我经常想到一句幼时学的唐代诗人王贺《社日》诗中的一句：“桑柘影斜春社散，家家扶得醉人归。”并联想，在韩国，每当节假日晚上，当是“家家等待醉人归”！教师节活动增进了师生及老师之间、同学之间的友谊。教师节当天，学生会向教师赠送礼物，每人一个漂亮的小花篮和一盒化妆品。由于大多数人喝得太多，秩序混乱，我的花篮早已不知去向，化妆品还是一名同学拿着，几天后送还给我的。

29. 上课拾零

韩国学生上课有意思，他们有时会提出各种各样在我们看来是“非分”的要求。如上课后，有的学生说：老师，今天天气这么好，到外面去上课吧！这种情况在郑州教韩国留学生时我就碰到过。有一天下午三、四节，一个姓李的教授就应同学要求到室外藤萝架下讲《汉语是什么》（教材名称）。有时我上课，还差十几分钟下课，有的同学就说：老师，我们太累了，下课吧！上星期三晚上第二节，我刚要上课，学生们就说：老师，天气不好（下小雨），明天又是父母节，不要上课了。我也送个人情，说：不上就不上，但你们回去后要看书。实际上我知道，大部分同学回去后是不会看书的。考试过后总有人来找，要求补考，理由有的听起来正当，如考试那天我出交通事故了等。有的则说，我打工，没有办法来考，希望补考。唉，怎么办呢，补就补吧，当然这种情况下只能给个及格分拉倒，不能给高分，否则对其他同学就不公平了。学生的要求真不少，不知是他们专门“欺负”我这个外来教授呢，还是对韩国老师也一样？至今我也不知道校方相关规定中，这类补考是否合法，我也没问过系主任，生怕节外生枝。用一首我国流行的歌曲来说，我就是“心太软”。

30.学校图书馆

前面说过，韩国大学教授的书很多。我妻子吕美颐教授2002年两赴韩国参加国际学术研讨会，到过釜山东义大学，看过一位教授的研究室，书很多，回国后多次向我提起此事。在我看来，一方面，韩国教授工资相对较高，自己购买书籍自然多些。另一方面，以庆星大学来说，图书馆的藏书对于教授科研来说，确实不够用。该校各院系多没有图书资料室，全校仅一个学校图书馆。到底有多少书，我不清楚，但作为中文系等文科院系搞科研，恐怕远远不够。韩国大学的图书馆是开放型的，私立大学的图书馆也如此。我到过阅览室看书，无人查证件。因而已经毕业多年的及社会上的人都可以去看书，只是书不能借出来。图书馆的各学习室，谁都可以去，我知道不少已经毕业的同学为了学习外语，都还是到学校图书馆来看书，因为这里清静，氛围好。图书馆的杂志中有中国的《历史研究》《文物》等，历年合订本的《史学月刊》也有。昨天去了东义大学，也是私立大学，图书馆和庆星大学的相似。东义大学在山上，比庆星大学的地势还高，步行上去相当吃力。不过学校大门口有校车，供师生免费乘坐。庆星大学的中语中文系在半山腰，不能坐车。工学院、药学院在高处，可从行政办公楼乘往返的校车上下。自己走上去，也真是一次体育锻炼。庆星大学新图书馆大楼于2003年下半年投入使用。新图书馆更加敞

◎ 庆星大学新图书馆大楼

亮，设施更加完善，但和老馆相比，也有些不方便的地方。比如，进馆要刷卡，无卡的人便进不去，这样非庆星大学的教工和学生就被挡在门外。据说这样做的原因是，该大学处于闹市，晚上常有校外喝醉酒的人或谈恋爱的人，到图书馆来过夜，图书馆的学习室是24小时开放的。

31.韩国传统成人仪式

5月19日，星期一，上午9至12时有三节课。第一节课上完课间休息时，回研究室，我发现桌上放着一份材料，从其中有限的几个中文字中，能看出是份邀请书。我赶紧到教室让一个汉语程度好的三年级同学大致译一下，原来是庆星大学汉文系在文学院院内举办成人仪式，邀请我参加。这个难得的机会我可不能错过。仪式10点30分开始。10点，我上了20多分钟的课便宣布下课，告诉同学另找时间补课。我赶紧换了一套西服，打好领带，走了出去。当天的仪式新闻界极重视，韩国最有名的电视台KBS、MBC及当地的电视台PSB都派记者参加。其背景是近年来韩国特别提倡传统道德和传统文化，媒体自然关注。举行仪式的是庆星大学汉文系，和中语中文系不是一回事。仪式分冠礼和笄礼两部分进行。接受冠礼的是年满20岁的男生，笄礼则是20岁的女生。电视台来拍片，有在全国宣传之意。

由于语言障碍，我无法准确地说明这个仪式的全过程，只能大概做一介绍。参加汉文系成人仪式者，男同学4人、女同学5人，仪式分冠礼执礼和笄礼执礼两部分。前者为男性，后者为女性。冠礼的主宾人为郑景柱（庆星大学汉文系教授），据说他对中国和韩国古代礼仪颇有研究。主宾者外又有赞者、主人、唱笏者、傧者。女性笄礼的宾（邀请信上是如此写的）系庆星大学女讲师严淑琼，赞者系釜山外国语大学的一位女教师，主持此种仪式是要有一定传统文化素养的。整个仪式进行了一个半小时，庄严肃穆。整个过程中，无论主持还是将冠将笄者，均穿古装或民族服装。其间行礼均用古代或传统的跪拜礼。典礼开始时有开会词、祝词（由学校科研教务处长讲话），冠、笄礼之后是见尊长、礼宾，最后是茶果宴。冠礼的顺序是：序立，迎宾；初加（加周衣、儒巾）；再加（加缁布冠）；三加（加道袍）、醮；“字”。笄礼无再加、三加。所谓“字”，是由主持的教授在一张宣纸上用毛笔正楷书写该生籍贯、姓名，并赐字（姓名字号的字），授予受冠同学。字取自中国《周礼》《尚书》《诗经》《论语》《孟子》等古典文献上的词句，或用这些文献上的词语解释所赐字的含义，其意甚高雅。仪式结束，受冠者集

◎ 参加成人礼的男生

◎ 参加成人礼的女生

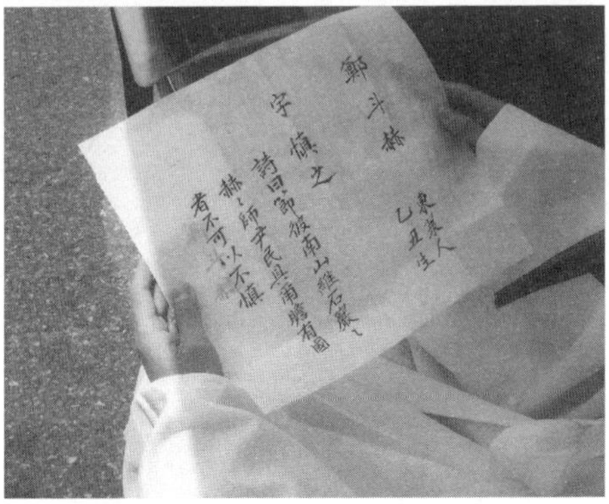

◎ 资深教授给一男生赐字慎之

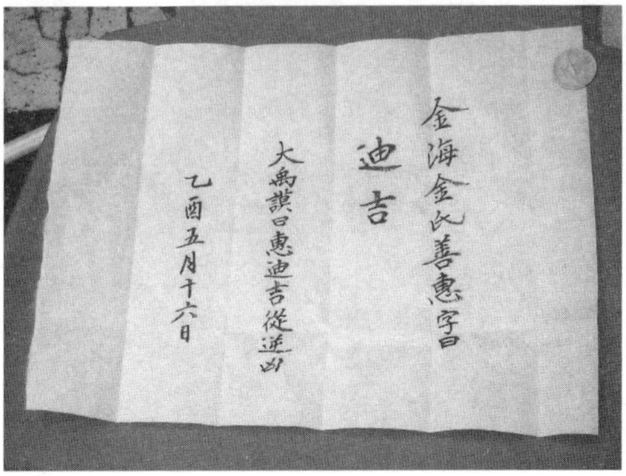

◎ 教授给一女生赐字迪吉

◎ 参加成人礼的学生跪拜母亲

体向尊长、贵宾行大礼，我也正襟危坐在席上享受学生行礼，因不习惯盘脚坐着，腿有点疼。最后是吃饭，有盒饭、酒茶、水果。学生行礼后师长要讲话，事先我没想到让我讲话，有点狼狈，来不及推托，电视台的话筒已经伸到了我的面前。我讲话内容约略如下：祝贺同学们成人，希望同学们努力学习，成为国家有用人才。我也想来一次冠礼，可惜年纪大了，不可能了。我对韩国保存优秀传统文化表示钦佩。我要将其介绍给我的中国学生，希望他们也举行类似的礼仪，以增强社会责任感。我的讲话由中文系一位教授翻译，同学们及在场者报以热烈掌声。后来我又问了河主任，才明白成人典礼上学生的字，是由主持仪式的资深教授给学生起的，很有讲究，且要用中国古代先秦典籍中的话语加以阐释其中的含义。可惜我当天未带相机，没有照下来。不知是否有机会补照。晚上电视台播放了这场成人礼的画面，包括对我的采访。不过我并未看到，是第二天学生告诉我的。(本节照片系作者2005年摄)

32.韩国经济不景气

韩国的经济受1997年亚洲金融风暴影响很大。金大中总统上台时正值这一困难时期。据说金大中是历任总统中最有知识也最懂经济的，他做了许多努力，经济有所好转。但目前韩国经济仍不甚景气，近几个月每月都有数百家小型企业破产、倒闭。工人罢工较多，特别是进入5月以来，首先是大邱市的铁路工人罢工，要求增加工资。接着卡车工人罢工，持续了一段时间，使韩国的出口受到严重影响，因为罢工导致港口的集装箱无法正常运输。对于罢工，投资方多有怨言，因为企业本来日子就不好过，成本大大提高了，利润下降。据说官方站在组织罢工的工会一方，引起企业家不满。一些民众也不满意，因为罢工使韩国外贸方面损失很大。有个有趣的现象，进入2003年以来，韩国到中国投资的数量，非但没有因非典下降，反而大幅攀升。据《朝鲜日报》中文网报道，到2003年5月，韩国在中国投资占整个向外投资的30%还多，首次超过对美国的投资（26%），投资的地点以江苏省为多，首次超过在山东的投资。正因为这一趋势，近年来韩国人学汉语很热。比如今年庆星大学招生时，第一志愿报中文专业的有120多人，只能录取40人，也就是说，其余的80余人只能去学习日语或其他专业。系主任河教授说，中语中文系的学生学习好，素质高，这与招生时报名的情况有关。人们看好中韩贸易的发展，认为学习汉语将来容易找到工作。实际情况也是如此。不少日语专业、新闻专业及汉文专业的学生也来选修我的中文课。经济不景气引起了民众的不满，有的将这股怨气撒到金大中身上，说他为了诺贝尔奖的荣誉，大量给朝鲜援助，搞得百姓生活很苦。对此当然也有不同意见。还有人认为卢武铉总统上任后措施不得力，批评卢武铉的文章近来屡见报端。学生们对此也多有议论。因为工资降了，物价却上升了，因而韩国出现了通货紧缩迹象，市场不景气。社会各界人士，多露出焦虑情绪。

33.釜山华侨中学

5月22日上午11点30分，系主任河教授开车，我随行，去华侨中学看望在那里实习的四年级学生。实习的学生有10人，其中男生2名。在韩国，教师的岗位还是让人羡慕的。但想当教师不容易，竞争十分激烈。一般教育大学（师范大学）毕业者当小学教师不必通过教育部的考试，当中学教师则不管什么学校毕业，都必须参加教育部的统一考试，相当于上岗资格证考试。即使通过了考试，想找到一个岗位也很困难。据说现在拿到上岗证的人很多，能找到岗位的人却不多。韩国

◎ 华侨中学校园

的教育管理比较灵活，前去实习的10位同学，是经过系里同意，暂时中断了在系里的正常学习而去的。系里不但同意，还负责联系实习单位，一般学校都不大欢迎实习学生，怕打乱正常教学秩序。华侨中学和庆星大学中语中文系关系很好，一般每年都接纳该系学生实习。河主任去看望实习同学，更主要是前去向该中学校长和老师们表示谢意。华侨中学和小学均在上海街附近，中学校长是林行先先生，学校全称为“釜山华侨中高等学校”，就是我们说的完全中学。学校不大，六个年级，六个班，共170余名学生。据林校长说，前些年学校高峰时，学生达1000多人，几乎是现在学生的10倍。问及何以学生剧减，他说：原因有二，一是现在家庭人口变化，每对夫妇生孩子也就是一两个，不像过去，三四个甚至五六个，自然学龄青少年就少；二是釜山华侨人数减少，其子女也自然少了。问及为何华侨减少，他说：韩国对韩国公民包括入了韩国籍的外国人投资比较优惠，而对仍持外国护照的人投资限制颇多（釜山华侨多持中国台湾护照，并未入韩国籍），投资环境不好，大批华侨转而到美国等地投资。据说现在从韩国转向美国投资的华侨比留在釜山的华侨还要多。这样，人都走了，生源也就不足了。学生这么少，为什么不招韩国人弟呢？我问。校长说：当局不允许韩国人子弟上华侨学校，怕文化上将其“同化”。故规定，只有华侨子弟才可入华侨中小学学习。即使母亲是华侨，但父亲是韩国人，也不许其子弟上华侨中学。除非父亲去世，或父母离婚了，子女才可上华侨中学。另外一种情况是，凡在韩国、中国以外的国家或地区居住过5年以上者才可上华侨中学。校长对韩国的这些法律规定颇不解。问及学校经费，他说：主要是台湾同胞的资助。韩国教育当局以前也不给任何补助，近年来才稍有补贴。由于经费限制，学校专职教师减少，聘一些兼职教师以减少开支。校长办公室还算宽敞，我照了两张照片。室内挂孙中山先生画像，对面则是孔子

◎ 在中学院内的华侨小学

◎ 华侨中学校长办公桌后面墙上有孙中山画像

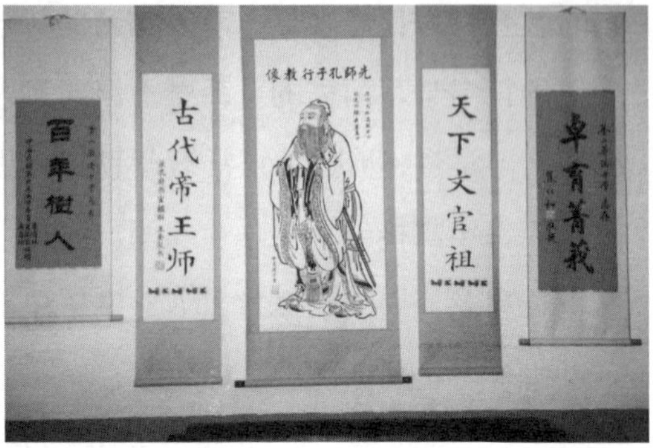

◎ 校长办公桌对面墙上挂有孔子画像

画像及《论语》名句。正在该校实习者还有十数名釜山外国语大学中文系学生。问及庆星和外大两校学生比较起来表现如何，一学生代表说：外大学生外语能力强，庆星同学知识面宽，各有特点。校长为人谦和、儒雅，亦健谈，看来颇有能力。午饭在上海街的“一品香”华人饭馆。出席的有该中学校长及教导主任、教务长，两位实习指导教师，另一庆北大学的教授（系中学校长同学）赶上了作陪，河主任、我加上一个学生代表，共有9人。据一位华侨说，华侨中学校址，系原中国北洋政府在釜山的领事馆旧址，后台湾当局认定由华侨无限期使用。不知此说确否。

34.在“一品香”遇中国留学生

“一品香”餐馆系台湾同胞开的，老板和华侨中学校长、教师很熟悉。据说老板还是校长的学生。饭店内的字有的就是华侨中学教导主任（又称为训育长）写的，字似有功力。菜非常可口，是我来韩国后吃的第一顿地道的中国饭。一炸虾

◎“一品香”餐馆内特色装饰

◎上海街上的上海滩中餐馆

◎上海街上的釜港中餐馆

◎中餐馆的水饺

球，一清蒸螃蟹大腿——据说来自俄罗斯，一个烩三鲜（海参、鱿鱼等），菜量很大，有个菜没有上，已吃不完了。最后是羊肉饺子——地道的中国饺子。席间交谈甚悦。此时旁边一个桌子上有俩年轻人用汉语交谈。一问，一名是郑州大学物理工程学院毕业生，到韩国读研究生，目前正补习韩语，6月后到釜山大学正式读研究生；另一名来自山东，毕业于山东泰安的水电学院，也正在补习韩语，之后读国际贸易，到哪个学校还未定。碍于礼仪，我无法与其有更多交谈——我要回到我们桌上叙谈。而两学生已经吃完饭，有事要走，只得握手告别。郑州大学者叫史新宇，焦作人；山东者名王楠，和乒乓球女运动员王楠同名，我与之说，王楠今晨在世乒赛上被淘汰了（我上午在互联网上看到的）。三人笑，匆匆握别，没有留下相互的联系方式，颇遗憾。

席间我抽空去买十三香时，见上海街两旁不少俄罗斯或乌克兰小姐招揽客人。上海街大多为饮食店或服装店，生意似不甚兴隆。但不知晚上情况如何，因为晚上韩国人出去吃饭喝酒者非常多。

吃完饭出来，才看到饭店的玻璃窗上有几个不算太大的字：专营中国特色水饺。怪不得饺子这么地道。

35.有困难找警察

记得前些年在中国的大街上常可以看到这样的标语："有困难找警察！"来到韩国后，我经常碰到难题，也自然想起这句话。有一次去釜山上海街，因为路不熟，坐过了两站地铁，来到了另外一个地方。在找不着路的情况下，我用英语询问警察。那个警察似乎听懂了我的意思，但他说的英语我却不明白。于是我向前走，看到了6个警察在准备执行什么公务。我用英语问其中一个，他不懂英语，好在6个人中有一个懂英语，告诉我：从此处乘地铁两站，到Busan Station(釜山站，中文写的是釜山驿)，从左侧出口下车，即到上海街。按照他的指点，我很快找到了。一天我去韩国著名游览地太宗台，先坐地铁到釜山站，到了那里应该转坐88路公共汽车。但我找不到88路汽车站，问一个在车站广场执勤的警察，他不会说英语，但他示意我原地稍等，然后找来一个年龄稍大的警察，后者用英语告诉我，从地铁地下通道走过去到对面去坐汽车。到了对面我还是找不着88路站点，又问一交通警察，他认真告诉我乘车的地方，我表示感谢后便朝前走，没想到他一直跟着我，到了车站，一直等到88路车来了，他目送我上了车，才去做别的事，我很感动。釜山大街旁公共厕所（化妆间）很少，但有的学生告诉我，公安局、派出所的厕所可以供人使用。他们说在公安局、派出所里的厕所上面写着“市民随便用”。我到学校若步行的话来回都经过一个警察分局门口，多次想进去试试，但一是没内急，无此需要，二是对这样的机构唯恐避之不及，岂能“自投罗网”，这也成了习惯。与“习惯”有关，另有一事值得一说。在韩国凡是过马路，没有红绿灯的人行横道，汽车总是或说必须让行人先过。我也是在国内惯了，惹不起司机大爷，总是挥手让汽车先过，而这里的司机对我的举动似不明白，还以为我让他停下来，我先走，有时弄得双方愣了，不知如何是好，很是不自在。这个毛病我至今还改不过来，是在国内被开快车的司机吓怕了。当然，什么也有例外，这里的出租车和送外卖的摩托车有时可不这么客气，能先走就先走。因此，碰到这类车我都格外小心，出了事可就晚了。说回来，韩国警察是否对外国人格外帮忙不得而知。其实中国的警察对外国人肯定也是热情的。但说起英语水平，我们的警察同志还要加把油，与国际接轨嘛。这点北京、上海、广州的警察恐怕比其他城市的要好一些。

36.韩国有小偷吗

据韩国朋友说，韩国是世界上最安全的国家之一。比如，庆星大学夜间班的学生，最后一节课下课的时间是晚上10点30分。韩国学生多不住校，上完课回家或回出租屋，有的要乘地铁或公共汽车一个多小时才能到家，到家时快12点了。可我没有听说哪个同学要有人来接，看来是相当安全的。有一次迎新会，参会的两个女助教在已经半夜3点多的情况下，不愿意在活动的宾馆玩了，但又不能回家（怕打扰家人休息）。我很担心她们的去处和安全，但她们说没有关系，她们可到学校附近的洗浴中心住一夜。我实在不放心，让两位已毕业的男同学（我在郑州教过他们）一定把她们送到洗浴中心，看着安排好住宿后再回家。就这样我还是不放心，第二天一早我便往系办公室打电话，知道她们一切都好，早晨起来上班了。我老伴2002年两次到韩国参加学术会议，她对我说过，韩国没有小偷，河主任也这样和我说过。我问过学生小黄，他说：凡有人群的地方就会有小偷。事实也是如此。韩国小偷极少，这是真的，但不是没有。我就是因为轻信韩国没有小偷，到韩国不到10天就丢了一笔钱。我当时还未发工资，是系里先借给我50万韩元。也是当时工作太忙，加之刚到一个人生地不熟的地方，有点手忙脚乱，我大意了，将钱随便放在公寓箱子上面便匆匆上班，结果丢了（当天有人来维修灯具及其他）。接着我的一个学生在图书馆看书时亲眼看到一个学生被警察带走了，原因是他拿了别人的书包（内有钱物），被人举报。韩国警察是不能随便进大学的，我的学生见到此事后心中很不是滋味，他想，怎么能干这种事呢？（这也说明在韩国这类事极少）后来我的另一个学生钱包丢了，是他不小心把钱包从书包里掉了出来。几天后，他的钱包被另一个同学捡到送了回来，但钱已经没有了。

37.韩国女性的新趋向

韩国传统女性的形象我们在电影电视中看得很多了，她们相夫教子、忍辱负重。若干年前，韩国女性结婚后即在家相夫教子，即使大学毕业也不工作，这种情况很普遍。但据媒体报道，这种情况近年来大有改观，这与上层的开明有关。金大中任总统时甚至想安排一个女性任总理，因各种原因未果。过去大的企业事业单位不愿意接纳青年女性，他们认为，女孩子一结婚就走了，麻烦。但近年来，在各行业从事工作的女性做出不凡成绩，令人刮目相看。比如推销保险，全国业绩名列前茅者竟然都是女性。一些老板从中看出了门道，开始改变对女性的看法，不少单位开始愿意招聘女性。一些女性也决心自强自立，干出一番事业来。另一方面，她们的母亲一辈也从自身的经历中悟出了道理，希望女儿、孙女们不要像自己一样生活，鼓励她们即使结婚后，也不要当全职太太。因此，不少大学女学生的观念已经变了，不是把自己的命运交给丈夫，而是自己要在社会上做出成绩，实现自己的价值。过去不少女大学生学习不太认真，想的是毕业后找个好男人有依靠就行了，自己当个全职太太。时代在变化，人们的观念也在发生变化，而这种变化必然影响到人们对家庭婚姻及人生价值的认识。在韩国，一个人的月工资在150万—200万韩元就可以养家了，而要挣到这个数目不是一件太难的事，普通的工作多可超过这个数。所以韩国女性绝非因丈夫钱少无法养家而被迫去工作。当然，这只是和过去有所不同的趋势，打算结婚后在家相夫教子者仍大有人在。当然这本身也是个复杂问题，很难说绝对的好与坏。

38.寻找伽倻文化

朝鲜半岛所谓三国时代（新罗、百济、高句丽）实际上应是四国，因为还有个伽倻国——不过影响小些。但伽倻文化非常有名，考古发掘的文物甚多，是韩国历史上的重要文化。釜山即属于伽倻文化圈。课余时间，我为寻找伽倻文化开始行动。先是参观了庆星大学博物馆，后我去东义大学，实际上当时是为了去一个车站名叫伽倻（英语译名为GAYA）的车站，但去了之后才知道，这个地方叫伽倻，并无文化遗址或博物馆。于是我才去了东义大学——该处与东义大学仅相隔一站。一个周日我本计划去东莱，听说那里有个博物馆，主要展出伽倻文化墓葬出土的文物。但因天下雨，只好改日。伽倻文化的主要文物在金海市的金海国立博物馆（釜山国际机场名叫金海机场，其所在地已经划归釜山市，属釜山市西江区）。国立金海国立博物馆距我住的地方较远，将择日去看。一天我参观了“韩国历史图片展”，是学校有关社团举办的。图片不是很多，主要介绍韩国历史，特别是历史上韩国宗教文化如何吸收了儒、道、佛等文化形成韩国宗教与文化的。我自然看不懂——因为是韩文说明。主办者得知我是中国人后，特请来一个会英文的学生给我介

◎ 东义大学大门——在地铁伽倻站附近

绍。他讲他的，我听明白的地方就说上两句——当然大部分听不明白。让人不解的是，图片展板印制较精，但下面写的是“日本制造”，不知何故。后询问有关人士，他们说可能是日本公司赞助的，不知属实否。

39.大同节感受大学生校园文化

5月26日，是庆星大学一年一度的大同节。大同节共举行活动3天，26至28日。这个节日，举校欢庆。早在前几天，各种广告及标语已遍布学校各个角落，大都印制讲究。大同节期间，主要是大学生社团举办各种活动——文艺、体育、学术等。其中有的社团活动主题是反对战争，要求和平。前三四天，已经有一个露天造型展览，内容是揭露战争给人类造成的灾难。其中有炸弹使土地化为焦土；因战争造成贫穷，人们乞讨；战争使人绝望，少女自杀等。造型材料大多由废弃物制成，有相当水准，系由艺术系学生制作。5月25日晚上将举行大同节开幕式，不知我晚上的课还能上否。据讲，庆星大学每年有两次这样的节日，另一次在秋天，主要是学术节，亦为三天。这三天还上不上课？我问系主任。主任说：由教师自己定。其实大同节前一天已有教师不上课了。教师上课有自主权，别人不得干涉。但对教师亦有考核，类似大的问卷调查，发给同学，征求学生对教师的意见。

庆星大学校园文化非常丰富——当然其他学校也大体类似，我见到东义大学也是如此。庆星大学校、系均有标志性的口号，学校的口号是“爱国庆星”，中语中文系的口号是“先进中文”，中文系夜间班的口号则是“纯粹中文”，真有意思。我问河老师东义大学的口号是什么（他原为东义大学教授，年轻有为，被庆星

◎ 大同节前夕校园搭起不少帐篷

◎ 大同节男女教师身着民族服装翩翩起舞

挖了过来），他笑着说，忘了。一个多星期以来，学校各社团都积极准备大同节的节目，学校一派过节的气氛。但节也太多了，这一周最多只能上两天的课——两天也不一定能保证，因为30日是庆星大学的校庆日，谁知道到时候会不会有什么活动呢。我很矛盾，一是担心如此多的节日会影响学生学习质量，但又觉得青年人应该健康愉快活泼地成长。韩国的教师和学生说，如果韩国的哪个大学生像中国学生那样努力，早晨起来就背英语，那肯定是学习尖子。这话有道理。但总体而言，我们的大学生就真的比韩国大学生素质高吗？未必。我看韩国学生社会活动能力似乎比中国大学生强一些，起码不差。看他们又打工，又举行各种活动，学习外语者多有到外国学习或旅行的经历，他们的见识和眼界当然又胜一筹。全面比较下个结论是困难的，要紧的是我们应该学习他们的长处。

大同节的到来，也是一次商机。先是校门外的一些商店开始宣传促销，如找一些学生在门口唱歌促销手机等。另有花店老板将鲜花搬到校大门口内，销售业绩看来也不错。还有些老年妇女，手提或头顶篮子，在校内乱转，叫卖自己制作的紫菜卷及米糕之类的小食品——韩国大学校园一般无围墙，外人随便出入。但据我观察，这些老妇人的生意均不佳。原因是，在学校大同节到来时，各系学生会或各社团、俱乐部都早已看准商机，做好了准备。校内各教学楼（文学院楼除外）前后搭起了不少帐篷，支起了锅灶，并用课桌拼凑成餐桌，展开一场“商战”。有的卖啤酒、饮料，有的卖水果、米糕和其他小食品，有的卖较廉价的应季衣服，五花八门。最叫座者当属卖烤肉的摊点，这类摊点最多，我数了数有十几个，烤肉完全由学生自己操作。大同节真是师生的一个欢乐节日。学生活动固然是主体，但教师也有不少积极参与者。其中我见到有一些教师单独或参与到学生队伍中去唱歌、跳民族舞。他们身着特色鲜明的民族服装，忘情歌唱，真是有点让人羡慕。当然，因为不上课，教师中几个要好的朋友聚在一起，喝他个一醉方休，也是一种休息和娱乐。也有人乘此休假机会，和家人外出旅游。自然，也有教师太敬业了，这个日子还继续上课，不知同学们有无意见。从我研究室斜对面教室一位教师上课的情况看，好像学生们倒也平静。与此相似的是，也有不少学生趁大同节之机，到图书馆或教室复习功课。大同节展现了韩国大学生的方方面面。夜晚，灯火通明，同学们一项重要活动便是聚在一起吃肉喝酒，一些社团和俱乐部乘机赚一笔小钱，以做日后开展其他活动之用，通过这样的活动锻炼了学生们经商的能力，应该说是一件有意义的事。

◎ 大同节中的摄影展

40.交往中的两大难

在韩国与人交往有两大难，一是应邀吃饭坐着难。来到韩国，不少韩国朋友请我吃饭。本来在国内我在系里是有名的“难请”的人，不是摆架子，是因为我实在不愿意到饭店吃饭，我怕喝酒。在韩国，我尽量谢绝这方面的邀请，但有时不得不应酬，以免引起误解。其中有过一次教训，刚来韩国不久，大吴教授夫人打电话要请我吃饭，我说谢谢，不必了。当时吴太太就和学生小黄通电话，讲：郑教授怎么这么不给面子！好在后来当面解释清楚了。我不愿意去的原因还有一个，就是韩国人一般是盘腿坐着吃，还要脱鞋。一顿饭下来，我几乎站不起来，腿生疼——说句笑话，比蹲监狱还难受。再者韩国人爱吃生鱼片、活的小章鱼之类海鲜，我的胃受不了；他们爱喝酒，我却不能喝，这样吃起饭来难免不自在。在韩国的第二大难是交流困难。我的英语不好，韩语不通，在中文系交流还算可以，因为河老师等汉语还不错，高年级学生也大体可以交流。但和其他系的老师交往可就难多了。一天上午上完课后，跟我学习汉语的三位女教授请我吃饭。我被她们开车拉到一个名叫“东京饭店”的日本料理馆，吃的有生鱼片、生海鲜等，这些东西均不便宜，但我却不太敢吃，为了礼貌只好仗着胆子尝一点。煎烤的鱼还很好吃。席间，交流甚困难。比如，她们问我，你的太太干什么工作？暑假你回不回中国？……我告诉她们，我妻子是郑州大学历史系教授，我们是大学同学，毕业于北京师范大学。我暑假不打算回国，我妻子大约7月份来韩国。我还告诉她们，我妻子去年3月和6月分别来过汉城和釜山，她们略显吃惊和钦佩。她们用英语问我时（她们英语都不错，因为两个是法语或德语系的，英语自然好，另一个是学前教育系的，英语似乎比那个德文系的还熟练），往往要说两三遍我才能听出个大概。有时她们说的我干脆不懂，只好含糊其词，应付过去。有时她们也用刚学到的一点汉语问我，我往往更加不明白。比如，一位教授说：“你喜欢不喜欢再你妻子？”我想了半天也不明白她的话是什么意思。后来她用英语说，我才明白了，她是说，你在韩国想不想你的妻子。“喜欢不喜欢”是“想不想”，“再”是“见”的意思。（她们学了“再见”一词，如此“活学活用”，也属难能可贵了！）但说老实话，毕竟她们英语好，学起汉语进步仍是很快的。我想我们中国的教授和人家的差距之一是英语水平低。现在年轻的好一些，但看一些硕士、博士学英语只是为了应付考试，我担心语言会继续妨碍我们与各国的交流。而语言交流障碍，使我们对人家的了解受到限制，也在某种程度上制约着我们的发展，包括我们从事中国史学研究，也要听听人家的声音，不能夜郎自大。

41.参观福泉博物馆

韩国古代分几个文化圈。北部高丽文化影响甚大，南部伽倻文化、新罗文化影响甚深，伽倻文化还对日本的古代文化产生了重大影响。以釜山地区（韩国东南部）而言，距日本的对马岛比到韩国的济州岛还要近。晴天时，在太宗台肉眼可看到日本的对马岛。星期三（5月28日）我到福泉博物馆参观。该馆系对福泉洞古墓群发掘后的综合展示，1996年10月5日开馆。博物馆的展馆分三层，展出了伽倻文化出土的石器、陶器、青铜器、铁器等。博物馆建筑很有气势，工作人员得知我来自中国（其中一些人会讲英语），为表示友好和欢迎，特送我两本关于该馆的小册子，英、日文各一，并为没有中文本表示歉意。博物馆门票价格500韩元（合人民币3元多）。展室中因解说文字主要为韩文（少量英文），我自然难以看懂。但从英文说明书中我明白这里的古文化对日本古代文化的重大影响。博物馆的另一个部分是在发掘地建立了一个室外展厅（透明玻璃封顶），可以

◎ 福泉博物馆

让人看到当初发掘时墓葬的原状。发掘遗址在一个小山头上，大片地方已经变成绿地，景色宜人。

42.忠烈祠

釜山忠烈祠系为纪念壬辰倭乱时期（1592—1599年）为韩国捐躯的当地先烈而建造的。壬辰倭乱，是日本战国时代丰臣秀吉对韩国发动的战争，由于当时韩国对日本不太了解，且武器装备落后，众先烈英勇奋战到最后一刻。祠中供奉殉国的91位烈士的牌位。每年5月25日，当地人到此烧香祭拜，举行纪念活动，以慰亡灵，弘扬爱国精神。我原准备25日（星期天）来此，惜因天降大雨而未成行。28日才来到这里。25日人们祭典的痕迹尚在。主殿正中有花篮，当中者系韩国总统（韩国人写作“大统领”）卢武铉的花篮，左侧系釜山市市长及釜山教育大学总长（校长）的花篮，右侧是市议会议长和一大公司董事长送的花篮。五个花篮一并摆放，且大小基本一样。在左配殿供奉的是在该役中殉国的义女，有三个花篮，其中卢武铉送的居中，左右为市长及市议长送的，大小制式一样，一字排开。想到国内送花篮往往以职务级别高低大小有别，不免生出

◎ 三个花篮一样大小

感慨。且不说一个大学校长的花篮无论如何不宜与国家元首并排放，就是放的话花篮大小亦应有别，这是我们每个中国人都习以为常的。官本位至此，对同志、平等等词语似是一讽刺。前面说过韩国本为级阶社会，但在这方面倒真体现了民主平等。想起来了，参观海东龙宫寺时，卢大总统送的花环制式大小也与其他人的无异，看来这也是一种文化。

43.长丞和多儿哈鲁邦

韩国一些公园等地方，常立有写着“天下大将军”“地下女将军”并刻着头像的木桩，初不明白什么意思。后经询问得知这种东西在韩国叫作“长丞”。“长丞”曾成为2002年韩日世界杯韩国赛场的“象征”。有4个大型长丞位于把世界杯消息传给世界各地的汉城江南韩国贸易中心的国际媒体中心（IMC）前，它们成了国际新闻报道组经常光顾的摄影地。英国的BBC电台、美国联合网络、巴西“TV globo”网络等各国的广播电视台随时传送着以这种“长生柱”为背景的新闻画面。韩国的“长丞”是一对刻有男女头像的木刻守护神。男神像刻有“天下大将军”的字样，女神像刻有“地下女将军”的字样。这对神像传统上都是放在村口，意在保护村民，防止妖魔鬼怪进入村庄。现在全韩国各地都很容易看到长丞，尤其是在风景区，长丞还被用作指示路牌或里程碑。用木头雕刻的大大小小的各式各样的长丞，作为手工艺品在各风景区出售，外国游客买者不少。这些手工艺品的档次差别很大，我见过有的长丞工艺水平很高，很有保存价值。当然，价格也比较高。

在韩国还常见到名为多儿哈鲁邦的小老头的画像或雕像。多儿哈鲁邦是韩国济州岛的守护神，直译成中文就是“石头老公公”，与我国的土地爷或土地公相似。现在济州岛到处可以见到这种雕像或画像。韩国各地还有石膏或其他材质做的多儿哈鲁邦纪念品。传说在济州岛，新婚夫妇要是摸了多儿哈鲁邦的两个鼻孔，能生下双胞胎。济州岛是韩国最有名的旅游胜地。

◎ 水营公园内的长丞

非常遗憾，由于阴差阳错，我始终没有去成济州岛。没去成济州岛，我还找了一个宽慰自己的说辞：2002年世界杯足球赛，中国队就在济州岛的西归浦赛区失利，那是中国足球的伤心地，作为一个球迷，不去也罢。

44.吃饭、喝酒、卡拉OK

上个星期，外出吃了三次饭。吃饭自然就是吃饭，但从中也可感悟某种文化。第一次是星期二上午上完课后法语系等三位跟我学汉语的教授，请我到一个日本餐厅吃日餐。前面散记中已经说过一些。这个餐厅是日本人开的，服务也是日式的，但从饮食来说，和韩国饮食没有什么区别——我已经多次吃过韩国饭，还是有这个鉴别能力的。第二次是星期四晚上，河主任请我到釜山一个名叫“天堂大饭店”的中国餐厅吃中餐。该饭店系釜山市属一属二的饭店，的确豪华。同席者有小吴教授和柳教授两位老师，另有一位釜山大学的女研究生。该生系庆星大学本科毕业，前几天曾在河教授处见她拷贝《四库全书》中文电子版。该生来过郑州，我并没有见过她。后来事实证明，这顿饭是她请的——当然是请河教授等，让我作陪。我们落座的位置极佳，一楼靠窗，窗外数株翠柏，一片绿地，十数米外便是浩瀚大海——难怪这里饭菜要贵。喝的酒是孔府家酒（小餐厅的酒一律为中国酒，我看了一下菜单，最贵的是酒鬼酒，合人民币近3000元，另有茅台、五粮液等）。菜很可口，最后我要了炒饭一小盘，是虾仁鸡蛋炒饭，类似中国扬州炒饭，很好吃。饭吃了一个多小时，我被劝说也喝了几口白酒。

我以为吃完饭可以回去了（我已经有点疲劳），没想到他们又把我领到该饭店的地下啤酒厅喝啤酒。他们一共喝了5大扎扎啤。这里环境优雅，有男女歌手唱歌表演，水平尚可。喝啤酒没有菜，只是吃了4大包爆米花。在该处饮酒者有不少西方人。在此喝酒近两个小时。该完了吧？不行，再转移，到了一家卡拉OK歌厅去唱歌。那位女士和柳老师很会唱歌，这我不奇怪。奇怪的是很内向、不太爱说话的小吴老师也非常爱唱，且水平不在柳之下。一唱唱到半夜12点10分。外面正在下雨，我为了不给他们增加麻烦，提出自己打车回住地——酒店离我住处较远。柳老师极不放心，他还不知道我已经多次半夜自己返回住地了。打车花了5000多韩元，相当于人民币40元，釜山的出租车起步价和北京一样。回到住处时已经12点40分。

◎ 师生聚餐

第三次饭是大吴教授星期五晚上请的。本来当晚我还有课，当我向办公室的助教说明调课时，助教说当天是校庆日，不上课。这天雨下得很大，好在吴老师下午5点钟找我时雨渐小。他没有开车，我们一起坐地铁去——因为他知道要多喝酒，回来无法开车了。这次是在上海街一个名为“华元”的饭馆，台北人开的。作陪者有学生小黄，还有从郑州留学回来的两位助教——小张和小车，另有三年级（也就是2003年去郑州留学的年级）的学生代表。实际上吴老师有宴请他们表达谢意的目的。原定6点钟到，我和吴老师5点半便到了——这里有个插曲，在由地铁二号线转到一号线时，竟然转错了车，还是坐了一站后我发现了，赶紧下车往回坐，吴说：你比我熟悉多了——他经常开车，很少坐地铁。我们提前到了，便先到华侨天主教教堂去看看。这个教堂的负责人便是吴老师。6点钟来到饭店。吴说，此前该街是美国人最多——因为军事基地美国人很多，他们在此喝酒游玩。现在是俄罗人多（果然我判断不错，前边说过，上海街的中国商店不如俄罗斯人的商店多）。我们一共喝了两瓶白酒，一瓶京酒、一瓶北京红星二锅头。菜有熘肉段、熘丸子，典型东北菜，还有海参等三丝，饭菜可口度不如上次去的一品香。席间师生无话不谈，气氛很好。在韩国喝酒是一种交际，可以增进老师之间的团结。柳教授曾对我说，老师之间有矛盾了，一起喝顿酒，哪怕是当面骂起来，酒后也就了结了。看来这也是文化。晚9点多钟结束，我和吴教授打车一起回家——他住的公寓离我很近，且紧靠海边，名字叫SMICK BEACH（中文可译为三益海滨），到家近10点。

45.釜山华侨天主教教会

5月30日(星期五)来上海街吃饭前，我随大吴教授来到了华侨天主教教堂。华侨天主教教堂及华侨协会，华侨小学、中学、幼儿园等均在上海街一带。教堂的对面即是釜山华侨中高等学校（华侨中学）。据吴老师说，现在教友很少了，只有一二十人，而前些年多的时候有一二百人。询及原因，和华侨中学林校长说的一样，许多华侨都走了，到美国去投资。因为韩国对华侨投资限制太多，用吴老师的话来说是有些歧视。教堂有座楼房，院内另有一会议室（带卧室，系供汉城来的牧师起居用）。一楼是供祈祷用的大堂，二楼以上全部出租，赚来的钱用作维持教堂水电等杂费和教堂活动经费。教友们很齐心，多有活动。比如，春节时要按中国的礼仪设中国祖宗牌位，大家一起礼拜。据吴教授讲，有一年中国驻釜山领事馆的领事来看他们的活动，看到是这样的仪式，商量一下后，也面对牌位鞠了躬。大约

◎ 釜山天主教中国教会

◎ 釜山中华基督教会

一个月汉城的牧师会来一次主持弥撒。其实华侨的天主教友已经有点中国化了。他们也信仰儒家思想，有时候还和佛教界一起沟通。他们不太遵守基本教义派那些教规教义。至于吴老师本人，思想则更不拘于天主教。他是教堂的负责人，也是当地华侨协会的名人，在华人华侨中有一定影响。这从饭店老板和他熟悉热情的程度也可看出。华元饭店女老板也是天主教教友，教堂的钥匙在她那里放了一把。我和吴老师去教堂时吴老师就是去那里拿的钥匙，他自己的忘记带了。当着教友们的面，吴老师说，郑教授不信教，到这儿来主要是想和大家认识认识。教友们如何活动，我很感兴趣，当在日后适当时机去看看。

46.校园广告与活动

上星期二、三、四是大同节，星期五是校庆日，接着周六、周日，一连活动多天，这星期该消停上课了，我想。这一天晚上有课，下午我来到校园内，又见一轮新的海报战——看来学校没有一天不热闹。不过，学校中的各种活动广告和拉的长条幅，没有什么动员起来讲究卫生、防火防盗人人有责之类，都是各系各社团活动的广告，且印制讲究，有的甚至可以称得上精美。今天出台的广告内容有第三届城市建筑设计作品展，我参观过了，水平相当可以，6月2日到5日展出，开幕时还有韩国国会议员等人送的“祝发展”的大花篮。另有庆星大学多媒体大学（或称学院）的“2003 CT Project Week”，亦从6月2日至5日，先后有新闻广告、摄影、室内设计装潢、绘画、电影（短片或动画片等）等展览或展播。今天我已经看了摄影和室内装潢设计，有相当水准，都是毕业班学生的作品。此外还有一些展示活动，从广告上极有限的英文中，可以看出有经济贸易类等内容。我来到庆星大学后，学校的大楼上、教学楼的走廊上的广告、布告天天不断，因为印制比较讲究，且有专人及时清理旧的广告，所以不显得凌乱。只是我想，不说别的，光印制这类宣传品（广告之外还有各种活动的说明书）的开销就够大的了。

47.韩国节日真多

今天是6月6日，星期五。上午，我照例乘地铁来到学校。到了学校，总觉得和往日有异样的感觉——虽然说不出有什么不同。文学院（或称文科大学）一个6层的教学办公楼，有汉语、中文、外语等十几个系。该办公楼就山势来说，在山腰位置。往上是工学院、理学院、药学院等，而法学院、艺术学院、经济贸易学院等则要从文学院往下走。看到往日连找停车位都很困难的楼前广场空空如也，这时我才明白：又要过节了!本来昨天晚上小黄就问我：老师，明天还去学校吗？我说：去呀。他说：明天又是节日，您看庆星大学的月历上又是红字。我问他是什么节，他看着日历上写的韩文，想了半天无法用汉语说出来。当时随便说说，我也没有放在心上，所以早上又来到学校。6月4日是端午节，日历上是写着的，但不是红字，所以并不休息——亏了没休息，要不我的课真没法安排了。因为下周开始进入复习考试阶段，我的课必须结束，且几个班的进度要一致。说起节日，这里真多。大同节刚过，接着便是20 VISION FESTIVAL(不知如何确切译成汉语，大意是第20届幻影节——从1983年开始的，此次是第20届)。第20届幻影节规模很大（6月2日至7日,共6天），早在1日已经搭好了大的台子，海报、广告到处都是，甚至在地铁口也有同学在向行人散发小的海报。这个节是艺术学院师生组织的，三天电影，两天戏剧，一天“生活秀”。我因有课，没有来得及去看电影——电影是露天的，但都放有靠背椅，坐起来很舒服。这么多节，固然很热闹，但对学生的生活学习似乎冲击不大——人们已经习惯了。比如，下周即开始进入复习考试阶段，不少同学已经开始紧张地复习。近两天我的住处都有一些同学来——不是找我而是找和我一起住的小黄，让他帮助复习。同学们平时比较放松，准备考试了，一点也不敢马虎。一般都是开夜车，有的同学和小黄一起复习——其实主要是让小黄帮助他们，往往是夜里三四点才睡觉。当然，第二天九点多了还不起床。有的同学平时不太用功，全凭最后一两周临阵磨枪。加之有的专业课考试不给复习时间，比如小黄选修的国际贸易专业，本周四考一门，下周考五六门，一周内考完——因为该任课老师下下周要带家属去美国旅游。我说过，韩国老师在上课方面自主权非常大，不像我们的大学，计划性、统一性很强，在大致时段内，老师可以随便安排——对此我还真有点不适应。我的安排是，下周复习，下下周考试。

48.韩国人的穿着

韩国人的穿着很难概括，我想了半天，可以用这么一句话来形容：看似讲究，实则不讲究；看似不讲究，实则讲究。这两句话看来有点矛盾，但似乎是事实。先说学生，学生穿着乍一看不甚讲究，和中国学生差不多，实则不然。两三个月来我仔细观察，没有见到过两个女同学穿一样的衣服——哪怕是一样的上衣。这话好像有点夸张，但是事实。她们穿衣非常个性化，我为此问过小黄，他说：如果一个

◎ 女生穿着打扮

人看到自己穿的和别人一样，那是非常尴尬的事。男同学穿的也大体如此，反正我还没有看到两个人穿一样衣服的。韩国女子穿衣一般比较鲜艳，这是否和在大海边生活有关尚不清楚。男性凡沾点公务员或白领边的，一般西装革履，一点不马虎。教授中，女性穿着应该说非常讲究，一是个性化，衣服质地比较好，款式较新，且不像一般人那样鲜艳，显示出庄重典雅。男教授一般是西装领带，质地一般来说是不错的。我无法向他们学习，尤其是现在天气热了，他们出则空调汽车，从家门到办公楼。我则要赶地铁，太阳底下在街上步行。于是我随便一些，好在美国、德国在此的客座教授亦如此，我也算和他们接轨了。小孩子的衣服也很讲究，大体上说，夏天穿的小衣服，没有两三万（合人民币200元）是买不了一件的。黄昶起说，谁也不愿意让别人看不起自己的孩子，所以穿衣方面格外注意。和韩国学生聊天，谈到韩国人的缺点时，他们会说：韩国人太爱“面子”。这也是韩国人讲究穿的原因。韩国的一些书上也这样写：韩国人很爱面子，所以特别讲究穿戴，而在吃的方面则不甚讲究。说明一下，韩国在校大学生，除非有如毕业典礼、谢师宴等活动，在校均不穿西装。

49.感受友好与热情

6月7日，星期六，出去游玩。从金刚公园出来后，准备步行去釜山大学，但不知走哪条路。见路边有数名小学生（或是初中低年级学生）——均系女孩，我用英语问她们去釜山大学如何走，她们听懂了我的意思，但无法用英语准确告诉我。一个学生便跑去把她们的老师叫来了。女老师英语很不错，我说我是中国人，是庆星大学中文系的客座教授。她说：釜山大学较远，我有车，我把你送去吧。我谢了又谢，只是问明了方向，便告辞了。她说路较远，其实在我们看来并不远，只是他们不习惯这样走路。走了一段路后，再问两个中学生模样的男学生，他们好像也要去釜山大学，就带着我从一个仅能两人并行的小街道过去，直接到了釜山大学的一个小侧门。6月8日我去新罗大学，在图书馆向几个男同学问中语中文系怎么走。这下麻烦了，他们听出来了“中国”两个字，其中之一便非要领我去不可，我一再谢绝，他坚持送，结果热情反被热情误——他把我领到发音叫“中国”的公寓去了，弄得我哭笑不得，而这里已经离学校很远了。告别他后我向地铁站走（实际上我真不清楚该怎么走，因为已经不是来时的路了），走了大约5分钟，一个小伙子和我打招呼，我一看，是刚才见过的那个中国公寓门房里的小伙。我问他地铁站，他坚持送我去，并用英语说，20分钟可以走到。我怕再次热情反被热情误，让他指个方向就可以了——再者我知道他并不和我顺路，不好意思麻烦他。但他还是坚持送我。结果大热天他陪我走了20多分钟，临别时我一再向他表示谢意。

50.从金刚公园到釜山大学

金刚公园是釜山比较大的一个公园。釜山的公园，松柏参天，是休憩的好地方。我乘地铁到了一个站下车后，一路打听（英语、韩语混说），过了半个多小时才来到金刚公园。园内景点不少，我主要寻找明清时的古迹，照相，并未在园内好好休息。园连着园，我看到有一处是“釜山海洋自然博物馆”，便进去。这是我来釜山后见到的门票最贵的一处，要1500韩元（合人民币10元多）。博物馆很气魄，四五层楼。里面展出的是海洋生物进化过程中的生物化石，另有多个馆，展出活着的实物。馆内还有一个韩国海洋生物资源的展馆，我认为最有意思。从馆中出来去釜山大学。韩国大学几乎都在山上——庆星、东义、新罗等大学均如此，只是釜山大学在平地。因为在山上，风景怡人，树木葱葱，很适合读书。很巧，我看了看该校“自律图书馆”后，来到了文科大学，而在大厅碰到了正在那儿看书的中文系的几个学生。我和他们聊天——用汉语很困难，他们是一年级的学生。后来他们找来一个二年级的男同学，我们对话

◎ 作者和期末复习中的釜山大学学生在一起

才方便一些。该男生二年级，但显然比一年级的同学大几岁，原因是他服兵役两年才回来。韩国的男性公民都必须服兵役——体检不合格者例外。过去服兵役两年多，往往要耽误三年的课。所以在一个班里，男同学一般都是大哥哥。他们会对女同学多加照顾，而有不少女同学也对大哥哥多有依赖，尤其是考试复习时，多有请大哥哥帮忙的。由于参军，再加之有的同学多有休学打工或留学的经历，有的男同学年龄就比较大。有个年龄在30岁以上的男生找了年仅22岁的女朋友，韩国学生把这样的男同学戏称为“小偷”。原来小偷还有此一说，有意思。

51.韩国民众对美国的看法

韩国一般民众对美国的看法很不一样，这里只是从总体上看。很多老一点的韩国人对美国不满意，比如美国军事基地的大兵经常扰民，就让人很讨厌。但这些人多参与或经历过20世纪50年代的朝鲜战争，他们认为当时是美国人帮助了韩国人，不然的话也许韩国今天过着和朝鲜一样的日子，因而对美国又有好感。多数年轻人对美国怀着复杂感情，但一股反美情绪近年来不断增长是不争的事实。原因之一是他们和父辈不一样，没有朝鲜战争情结，更主要的是美国大兵时有过分举动，让年轻人极反感。如2002年6月13日美国士兵在韩军事基地开坦克轧死了两名女中学生，激起全民的仇美情绪，年轻人更是如此。当时韩国几乎全民出动，举行蜡光大游行，抗议美军暴行。近来，“6 · 13”纪念日又要来临，各大学多有举动。我去釜山大学文科大学，一进楼的大厅内即设有去年被害的两位女中学生的灵堂。从釜山大学出来时，大门口有两批同学在悬挂黑色的大横幅，从“6 · 13”的字迹来看，都是祭奠去年被害的女中学生的，届时肯定还会有一系列活动。至于韩国政府，对美国的态度给人的印象是，不满意，又离不开。总统卢武铉一改过去新总统上任立即前去美国访问的做法，直到5月中旬才去美国，他上任前后的言论对美国颇有不敬，但此次访美又和美国言谈甚欢。其实，这都好理解，国家利益才是最高原则。即如近两天卢武铉访日一样，为了国家和民族的利益，做各种周旋，都是必要的。

◎ 教学楼走廊里祭奠2002年“6 · 13”事件遇害者

“6 · 13”纪念日到来前，庆星大学到处是发泄反美情绪的标语口号，文学院二楼设了遇害女中学生的灵位供人祭奠。大学生普遍反对韩国政府派兵到伊拉克——尽管是从事非军事性活动，这些天，学生纷纷签名，并在校园内搭起小型舞台，表演反对出兵伊拉克的舞蹈和歌曲。校园内的马路上，还绘有一幅很大的美国国旗，任由往来的学生踩踏。

◎ 画在地面上的美国国旗

◎ 在美国国旗上来往行走的学生

52.校园安静了

进入6月中旬后，校园突然安静下来，因为期末考试即将来临。学生小黄等已经连续两天到校复习，均是半夜三四点才回来。校方为了方便学生学习，图书馆的各阅览室彻夜开放，每晚在那里通宵复习者已不鲜见。这两天我去了釜山大学和新罗大学，那里的学生和庆星大学的学生一样，都在紧张复习功课。在釜山大学的图书馆阅览室，几乎所有座位都被学生占满了。校园的树底下，有不少同学在看书。新罗大学的图书馆阅览室我看了一下，也是如此，虽然这两天是星期六、星期天，但学生们一改平时比较松懈的状态，已经进入紧张冲刺阶段了。各学校大致相同，图书馆、教学楼均有供学生休息的地方，在那里学生可以坐着喝咖啡或饮料，也可趁机和同学聊聊天，缓解一下压力。校方提供的条件应该说是不错的，在休息的地方不仅有各种饮料自动售货机，甚至还有供学生手机充电的设备——韩国大学生每人都有手机，且都是比较好的——当然只有少数同学拥有最新款式，合人民币1000多元，相当便宜，可以上网，通过网络传递信息、储存信息，够用了。

53.韩国人的吃

韩国人的吃，总体来说比中国简单。主食自然是米饭，蔬菜中泡菜的地位相当高。据说，泡菜的品种达一二百种，汉城、釜山均有泡菜博物馆。韩国泡菜一般说比较讲究——不像我国的一般泡菜，仅图个方便而已。比如说，好一点的泡菜，要用新鲜的蔬菜，加上各种作料——辣椒、蒜泥、水果等，还要有新鲜的小鱼自然发酵后渗出的液体即鱼露等，所以吃起来口感不错且有营养。在韩国非典始终没能得势，不少韩国人认为和吃泡菜有关。其实，和吃泡菜是否有关不得而知，倒是和韩国人爱清洁、讲卫生有直接关系。比如，到韩国后，我还没有见过随地吐痰者。各家的住所非常讲究卫生，家庭主妇每天都要仔细擦拭各个房间的地板（进屋脱鞋）和家具，要一尘不染。为了避免发屑等物清扫时候乱跑，都是先用胶带粘走。韩国人爱吃生菜，学生有时看我将番茄、黄瓜炒熟吃，觉得不如生吃。韩国菜不用油炒，所以我们说油水少。猪肉、牛肉都不炒着吃，而是烤着吃；就是炒，也不放油。韩国人吃辣椒、大蒜比较多。这里的辣椒虽然也辣，也许是品种不一样，不像四川菜、湖南菜那么个辣，我完全可以适应——没有“上火”的症状。

韩国人体质好的原因，有多种说法，但似与吃有关。韩国人蔬菜生吃者多，主食品种比较杂，不那么单一，有红薯、南瓜、各种豆类等。我在教师餐厅吃的米饭，都是掺有小米或红豆。电视台的广告中，常有红薯等各种杂面的广告。这种饮食习惯，有利健康。还有一点也值得注意，韩国人喜吃人参（韩国的高丽参）。这里的鲜人参（带茎叶）在超市里是和蔬菜一起卖的，销售量不小。韩国人送礼，盒装鲜人参或六年生的高丽红参（或盒装干参，或切片，或制成饮品、药丸等）是不错的选择。有的韩国朋友每当人参收获季节，往往到很远的人参产地购买鲜参，回家后晒干供食用。看来在韩国，人参是药品，也是食品。

（说明：2014年，我国卫生部门也将人参列为食品。）

54.大学生如何评价前总统金大中

期中考试时，在四年级“多媒体时事中国语”的试卷中我出了一道问答题：你如何评价前总统金大中？五六十份答卷，展现了同学们各种观点，很有意思。除少数同学照搬一般报刊流行说法外，大多数同学敞开心扉谈自己的心里话。总的倾向有两种，一种是肯定的。认为金大中一生多受磨难，他是韩国总统中最具有民主意识的，也是最具备经济知识的。在他执政期间，对朝鲜实行“阳光政策”，对缓和朝鲜半岛局势乃至亚洲局势起了重要作用，他获得2000年诺贝尔和平奖是当之无愧的。另外一些同学则持不同意见。有的同学认为，金大中上台后讨好金正日，给了朝鲜大量援助，换取了南北高峰会谈，实际上是贿赂金正日，同时他的援助也并没有使北方的老百姓得到实惠。他的诺贝尔奖是靠这种手段得来的，不甚光彩。有的同学更激进些，认为金大中上台后，韩国的经济衰退了，现在韩国人的生活很苦，钱都让金大中送给金正日了。有的同学则认为金大中上台时，韩国经济已经不景气。金大中援助北方是对的，因为北方也是大韩民族。还有两个女同学在考卷上写道：我们韩国女子历来不关心政治，所以我也无法对其做出恰当的评价。但我听说他还不错，缓和了南北关系，他也有经济理论和知识。这些评价究竟正确与否在我看来倒不太重要，他们对这样的问题勇于思考，敢于直抒胸臆，畅所欲言，倒真是让人觉得可爱。而答案中不同观点也不影响成绩，我的评分标准主要是看汉字书写是否准确、文字是否流畅及逻辑性是否强等。

55.文学院教授庆州会议

2003年6月13日，庆星大学文学院在庆州教育会馆召开教授会议。古城庆州，原新罗首都。据说该院每年上下半年各召开一次这样的会议。本次会议议题有二，第一项内容讨论承担的韩国教育部科研项目的规划问题。参加会议的有近50人（文学院共有教授80余人，全院13个系，有中文、国文（韩语）、日语、英语、法语、德语、哲学、教育等，大系教授10来个人，小系教授仅数人，因有的教授有课或别的事情未出席此次会议）。第二项内容是讨论学校系科调整问题。第一个议题，已经有事先印好的文件，分发到每个人手中。学校拿到教育部一个科研项目，分到文学院的资金仅为2.4亿韩元，其他钱主要分到艺术学院。做的课题是社区文化问题。会议开始，先由院文化研究所所长讲研究设想，教授们发言予以评论。发言极热烈，批评意见不少，也很尖锐。第二个议题由学校科研教务处长（类似我国的

◎ 庆州的古王陵

教务长）、企划部长等介绍学校面临的形势及采取的对策设想。教授一一进行质询。不知怎么的，我马上联想到有点像西方议会开会。校、院有关负责人，站在那里回答教授的提问。教授们的意见也并不一样，互有争论。我因语言问题，只能通过坐在我旁边的大吴教授的同声翻译略知一二。其中一个话题是关于明年招生问题（韩国大学是春季招生）。2004年釜山市生源比2003年少1.2万人（主要因为出生率逐渐降低），也就是说，以每校招生3000人计，总计会出现有4所大学无学生可招的局面。庆星大学位置在地铁边上，交通极为便利，生源还是有保证的，但也出现了危机。2003年招生时，神学系生源严重不足。为解决此问题，校方提出了解决方案，提交教授会讨论。学校拟将神学系解散，将其中的神学专业并入文学系、哲学系，将神学音乐专业并入艺术学院音乐系。会上音乐系教授提出反对意见，认为将神学音乐并入该系会影响其招生与发展。文学院大多数教授反对神学专业的并入，认为其并入等于把文学院也拖垮。韩国大学，尤其私立大学，招生人数多少生死攸关。去年有的大学招生不足，教授工资便降20%。本来文学院哲学等系招生已经发生危机，让神学专业进来，会加剧危机。会上争论非常激烈。因为事关教授将来的经济利益问题，如果招生人数不足状况延续下去，不仅教授工资会降低，还会危及将来退休金（年金）的多少。所以去年有的学校曾让教师去拉生源。大约下午6点半，会议结束。我们坐上大巴，到距宾馆不近的一个饭店聚餐。校长也赶到饭店，参加文学院的晚餐会。当教授们从大巴上下来时，校长上前一一握手，“辛苦了”，说个不停。晚餐持续了两个多小时。接着返回所住宾馆唱歌。教授们争先恐后地唱，校长、处长、院长也和大家一起娱乐。大吴教授对我说，你看，校长尽给教授拍马屁，原因是大学校长是由全校教授选出。校长尽量和教授拉近乎，吃饭时校长走到教授中间敬酒，我没见有老师走到校长前敬酒的，当然坐在他旁边者例外。据我所知，国立釜山大学前不久也由教授选举出了新校长。吃饭、唱歌的钱从哪儿来？相当大的部分是个人捐的。谁捐呢？校部机关从文学院出去的或文学院毕业的，处长一般捐20万韩元（教授当处长每月加薪50万韩元——当时相当于三四千元人民币），科长级的捐10万元。吃饭和唱歌时除了啤酒，还有洋酒，比如法国的拿破仑、路易十四等，这些洋酒也是当官的或教授们捐的。吃饭、唱歌过程中，主持者一一宣布捐款、捐酒人的名字及所捐数目，令我大开眼界。无论吃饭还是唱歌时，教授们都对我十分尊重。下午会议开始时，文学院院长把我介绍给了全体与会教授。实际上，我来庆星后不久，许多人都知道我了，说是一位中国著名专家来了。这主要是河主任宣传介绍的，把我抬高，似乎中文系亦有光彩。但其中一个重要因素是我来庆星后给了主任一份简历和成果目录（也给了校长一份），我的科研成果在他们看来是非常突出的。吃饭时，教授们喝了不少酒，唱歌时继续喝洋酒和啤酒，不少人已经透出醉意。我和大吴教授11时30分便回房间休息。而和我们同房间的汉语系主任凌晨4点多才回来，我当时睡得正香，迷迷糊糊起来给他开的门。听说有的人竟然喝了一夜。我们住的宾馆叫庆州教育文化会馆，很大。全国各地来庆州开会、旅游的教育战线的人，多住此，因为价格较低，条件也不错，位置也较好。我们这次是四人一房间，地铺，也许与疲劳有关，睡得很舒服。次日9点30分，参加教授会议的一行人乘车出发，游览了庆州的三佛寺、三陵等处。中午回到釜山大渊洞一饭店吃河豚，据说吃的河豚是从中国上海进口的。

56.庆星大学的系

韩国大学的系（他们按日本译法往往称为科，比如我在中语中文科），就人数编制而言，仅相当于我们的一个教研室。其上还有文学院（也称文科大学），再上就是校部。就工作内容而言，科相当于中国大学的系。中语中文科共有专任教授6人，加上我7人，另有兼职教授数人（根据教学需要，每学期数量不一）。所谓行政人员仅2人，即助教，有一位还是研究生兼任助教。助教工作比较多，要安排课表，统计成绩，各种杂事都归他。比如一个教授在研究室里来了客人，可以打电话让助教沏好茶或冲好咖啡送过来。系主任一职一般是各位教授轮流坐庄，一任一年往下排。系主任的事也相当多，比如对外联络、招生、教学、科研、学生日常管理等，和我们这里的系主任没有什么两样，只是没有创收任务，且系主任没有工资之外额外的待遇。正因如此，一般教授都不大愿意当这个差事，但因为是轮流做，也就习惯了。系里的编制虽然相当于我们的一个教研室，但事情并不少，并且每年招生不少。就中文系来说，一年招生五六十到百八十

◎ 作者在研究室

人不等，四个年级就是二三百甚至四五百人。另外还要安排研究生的教学。系里专任教授若缺编，增加人时，公开登报招聘。应聘条件合适者，要经过系里教授考核，公开答辩。就中文系来说，只要有一个教授不同意，这个人就进不来。人虽不多，工作效率还是比较高的。

57.韩国也有占道经营

釜山，依山傍海建城，道路大都比较狭窄，这里的汽车又多，所以路上显得有些拥挤。在一些稍小的街道上，常见有违规停车的现象，有的还相当严重。我曾问这里的老师和同学，警察不管吗？他们说，当然管。但由于确实停车难，所以有时只好睁一只眼闭一只眼，或者说，有时就管不过来。一些人占道卖东西的现象也时有所见。比如我去东莱参观博物馆，在一个十字路口拍到3个人在繁忙的街道边卖菜的场面。在别的地方也常见到。这些摆地摊卖东西的，多是一些上了年纪的妇女。卖的东西或是青菜、小杂粮，或是一些小的日用品。我问学生，警察不管吗？他们说不管。我问为什么，他说：因为警察知道他们也要生活，经济不甚景气，加之有些人本来就生活很困难，如何让他们也有碗饭吃，确实是个大问题。

58.放暑假了

6月19日全校考试结束，按校方规定，教师改卷在26日前完成，并且要将成绩输入电脑，7月31日前学生可以通过网络查询。说到放假，好像学生也可以玩了，没有什么事了，我想。实际情况则不然，就中学生而言，也有相当多的学生不完全休息，特别是高中生，很多学生要参加各种类型的补习班，其中有两个目的，一是准备考大学。在韩国考上大学自然不是难事，但考上国立大学学费要比私立大学少得多，仅是私立大学的二分之一。况且考上名牌大学，将来的出路也会好得多，家长起码不敢掉以轻心，要让孩子补习。二是提高学生个人素质和能力，如若学生有哪些兴趣爱好，可以趁假期好好学学。大学生的假期更是各有各的安排。一、有相当一部分人是去打工挣钱，或是为自己花钱方便，或是赚了钱后去旅游，或是准备下学期的学费。我认识的一些学生准备打工者不少。二、有的学生利用假期上补习班，学习英语或汉语。学生平时学习比较轻松，要想有好成绩，就上补习班，无论成绩好坏，大部分学生都念过补习班。各种以某学院名义招生者实为补习班，这类学院很多，我的一些毕业了的学生就有在补习班任教的。三、也有不少学生利用暑假到国外进行短期留学。韩国是市场经济，毕业找工作还是要凭本事。所以不少学生利用假期去国外留学，主要是学语言，比如到美国或菲律宾、新西兰等地学习英语，学汉语则到中国。4月底从郑州回来的庆星学生，便有一些人准备利用假期再回郑州进行短期汉语学习（学费几百美元）。这类短期学习显然不是为了文凭——也不可能有文凭，顶多是个学习证明而已，学生的目标是提高能力，当然也顺便旅游。韩国政府在假期里也有些针对大学生的安排。比如，韩国产业资源部批准由庆星大学选拔30多人参加对外贸易人才培训。这些人先在国内集中培训，然后到中国广州进行考察和实习，培养实际工作能力，以备国家和企业之需。这真是个明智之举。我的两个学生也报了名，通过面试被录取后，去国外的一切经费由政府支出，并有适当生活补贴。

59.广安里海滨的孩子

釜山广安里海滨是釜山著名的风景观光区，也是当地人消夏的好去处。清澈的海水，洁净的沙滩，迎着清凉的海风，观看远处的大海和雄伟的广安跨海大桥，十分惬意。在海滨有游泳者，有滑板或汽艇运动爱好者，有的一家人或几个朋友带着烤肉炉子来到海边野炊。海滨也有音乐爱好者进行自娱自乐的演唱，吸引了不少观众。天黑下来后，灯火照耀下的海滨建筑物显得十分漂亮。因为有教堂等

◎ 海滨上的孩子们

◎ 广安里海滨的异域风光

建筑，整个海滨有异域风格——不同于韩国的西方风格。我的住处离此处很近，走路不到10分钟。来釜山后我经常到此散步，已经非常熟悉了。

星期六傍晚，我和小黄又来到海滨。这里的景色很迷人，但最吸引我的是一个小女孩，年龄四五岁，天真可爱。她的衣服被海水打湿了，只见她从沙滩上飞快跑向大海，在水中捞着什么。啊，原来是海水冲过来的海带。当她的小手将海带从海水中捞出高举过头顶向坐在远处的父母示意时，显得那么自豪。然后，她又快速跑回沙滩，将海带种在沙滩上，认认真真地种，挖坑，放入海带，培土，再仔细用小手按紧，然后看着它，无比得意。我坐在距离她20米左右的地方，仔细看着，数了数，她已经“种”了十几棵海带。

又一日傍晚，我在广安里海滨散步，忽见一只水鸟飞来落在海滨的沙滩上，一瘸一拐走了几步，便趴在那里不动了，明显是受了伤或者是病了。突然，七个小孩儿——小学生模样，六男一女，跑了过来。他们围着水鸟仔细察看，并在一起议论着什么。过了一会儿，一个男孩儿将水鸟抛向空中。这可能是孩子们的心愿，希望水鸟飞向空中。但鸟儿没有飞走，又落了下来。一个小孩儿可能认为水鸟饿了，于是将随身带的食物给水鸟吃，可水鸟不吃。孩子们围着水鸟转来转去，显得很焦急。我因为有事，急着回公寓。第二天我又来到海滨，水鸟不见了，也没有见到那些可爱的小朋友。

60.驻韩国的外国人谈韩国的腐败

来韩国前对韩国存在的腐败问题也有所耳闻。几任总统都有腐败丑闻，金大中总统在民众中威望很高，他的儿子却不争气，因经济问题被判刑。据《朝鲜日报》2003年6月25日报道，“有63%驻韩外国人认为韩国政府官员腐败”，有5.5%的外国人认为韩国政府应为反腐败采取强硬措施。韩国总统直属机构“反腐败委员会”于去年（2002年）12月和今年（2003年）6月，分别以驻韩外国商会人士和大使馆职员为对象，进行了一次如何看待韩国腐败问题的问卷调查。“反腐败委员会”委员长李南周6月25日在汉城新罗酒店举行的与外国经济团体间反腐败协议会上，公布了上述统计结果。关于韩国最腐败的领域是什么的问题，67%的外国人回答是政治领域，且认为这已经对经济造成负面影响。一些人通过具体腐败事例指出，在韩办事需要送钱。每当外资新建筑开工或进行某些慈善活动时，“主要医院、大学医院和政府官员都要求捐助”（原文如此）。李南周表示，政府将采取强有力措施，铲除腐败。

61.由兼职教师看韩国大学人事体制

本学期就要结束了。6月26日晚上，庆星大学中语中文系宴请全系专、兼职教师。16人出席，专职教师6人，加上我共7人，时间讲师即兼职教师7人，助教2人。应该承认，韩国大学的工作效率是比较高的。以庆星大学来说，中语中文系仅6名专职教师。其他学校如何呢？据说，最有名的汉城大学中文系也仅有10名左右专职教授。其他学校有的和庆星大学差不多，有的仅有4人。这么少的教师，工作并不少，本科生之外，还要招研究生、博士生。如此看来，教师的工作量是相当大的。于是，要聘任一些兼职教师。7名兼职教师中，除一名中国籍教师系硕士外，其余皆为博士。一位李博士，40余岁，本科毕业后在台湾某大学读了5年，又在北京大学读了4年，获博士学位，至今仍为兼职教师。兼职就意味着和打工一样，学校只按课时发酬金，别的什么都不管。另一个女博士也四十出头，仍为兼职教师。大学教师编制很严，一个萝卜一个坑，专职者只有那么几个岗位，有人调走或退休腾出位置，才招聘新教师。韩国教授65岁（虚岁）退休，原则上工作25年后也可申请提前退休。博士找一专职岗位相当不易，找到后，从讲师做起，何时能升为教授，那要看你的本事了。系里专职教师要一专多能，胜任五六门以上的课程，要有专门著作及学术论文，在学术上要得到同行的认可。一个学期结束了，宴会结束后，各位“时间讲师”还要为签下个学期的工作协议奔波。6月30日，因为学期结束，我也即将回国休假，河主任在海云台GREND HOTEL宴请我，两位吴教授作陪。吃自助餐，有生鱼片、鲍鱼粥等，每人3万韩元。

62.韩国购物

近一个月来，因已经进入期末考试阶段，课程少了，加之准备回国度假，我频繁上街购物。买衣服分别到不同档次的商店。大超市，质量一般，价格较便宜。著名的百货大楼，档次高的名牌服装较全，当然价格也高。超市和百货大楼的商品均明码实价，不能讨价还价。釜山有个著名的国际市场，来韩外国人到这里的很多。这里购物的好处是挑选余地大，至少有数百个摊位或门面，物品杂且全，批零兼营，可以讨价还价，一般来说价格较便宜，质量也有保障。另外，地铁站的地下商场有的规模很大，商品质量和价位与国际市场相仿，但远没有国际市场物品丰富，一般也可讨价还价。谈起讨价还价，还有个故事。一次我的学生小黄为从湖北某地卫生部门来的几名公务员做翻译和导游，负责出资接待的是韩国某宗教部门。工作了三五天，小黄收入颇丰，每天吃得也很好。他对我讲，最尴尬的是，几个人在购物时总让小黄压价，而且压的幅度很大。比如，标价200元，他们张口就让小黄砍一半，给100元。老板不同意不说，有时还奚落小黄。老板嘲笑他无知，客人说他无能，弄得小黄里外不是人，很是狼狈。最后两天，小黄想了个高招，商品标价或老板要价200元的话，小黄就告诉客人400元；客人让他压价一半，小黄就装模作样地和老板讨价，实际上是随便说了几句，反正客人也听不懂，告诉客人压价一半，200元。于是，不管最后是否成交，买卖双方均对小黄满意。听到此言我只有苦笑，也不知该批评小黄狡猾，还是该表扬他聪明。中国游客从韩国带回的商品，主要是化妆品、高丽参、紫水晶首饰、皮衣等。我回国带的主要是小孩儿衣物及紫水晶产品。韩国产儿童衣物价格较高，但质量好，卫生标准高，穿着比较放心。买紫水晶，当地旅游购物指南一般会介绍到龙头山公园。我特意去了两次，那里卖紫水晶的店铺确实较多，外国人到此购物的也不少，店主都很热情，还会说些汉语。但我觉得价位较高，品质如何我也不懂。我教的研究生小姜知道后，带我到周礼（地名）附近的一个专卖店订购几件，打折后计人民币7000多元（带盒）。老板告诉我，韩国产紫水晶不假，但由于资源极有限，如今真的韩国紫水晶几乎见不到了，就是有，价位也极高，非一般人所能承受。市面上卖的紫水晶产品，都是从南美或非洲进口的人造紫水晶料加工而成。此话属实否，不得而知。但从我出的价钱估计，买回的也只能是人造水晶了。

63.回国度假

我妻子原打算暑假来韩国，后因故不能成行，我暂时告别釜山，回国度暑假。7月2日晚上，有5个学生来公寓为我送行，我们聚餐到11点30分才结束。下半夜朦胧中感到下雨了，早上起来一看，果然夜里雨不小，且天阴得很厉害，我心中有些不安。9点准备出发去机场，这时中语中文系的河主任来了，一是为我送行，再者就是通知我三件事：一、转告郑州大学外事办公室李主任，庆星大学校长朴先生将正式邀请郑州大学申校长访问韩国。去年庆星大学曾邀请曹校长访问韩国，因曹校长赴京参加“两会”，未能成行。现曹校长已经荣升河南省政协副主席，申校长走马上任。二、让我返回郑州大学后，去看一下新校区留学生楼是否完工，以便庆星方面明年3月派遣留学生工作心中有数。三、将我2001年3月以来的科研成果（含专著和论文）原件带来，因为下半年韩国教育部有关部门要来检查该系科研情况。天又下起小雨，我们赶紧出发。小黄、小张、小金和小吴四位送我到机场。小金和小吴两位各开一车。离开公寓才几分钟，来到一个立交桥下，我乘坐的小金开的车没油了。车停下来后，小金赶紧跑向前边的一个加油站买了一大瓶汽油，将车开到加油站再加油。就在小金前去买油时，我乘机抽支烟，哪料一个停在不远处的警车用喇叭对我大喊，问随行的小黄才知道，原来是立交桥下不许吸烟。车到机场，天气更加恶劣，一问，航班晚点，晚点多长时间未定。等了两个多小时才登机，到达北京时，已是下午4点多，晚了三个小时。出了机场大楼，一股热浪袭来，北京比釜山气温高太多了。

第二部分：

2003年8月23日至2004年1月31日

1.我的头衔之一是“间谍”

来到韩国后，我的头衔可真不少。上学期他们称我为教授、“权威”等，这学期又加上了两个新的，其中之一便是“间谍”。因为在他们看来，在韩国我什么都想了解，又似乎什么都知道。一有空闲便带上相机到处乱转，且不让韩国学生或老师陪同。上学期庆星大学中语中文系主任河教授开玩笑说：你不会是间谍吧！这学期更是扩大化了，别的老师也这么说。大吴教授甚至开玩笑说：你不会是回去要向李克强（时任河南省省委书记）汇报吧！他们这么说也有一定缘由，因为到了釜山后，我去过的地方很多，有的地方系里的教授也没有去过，而且我的观察比较仔细，且随手照相。不过他们毕竟说的是玩笑话，没有人会当真的。头衔之二是“作家”。起因是10月份要进行全韩国大学生汉语演讲大赛，下半年来韩后系里决定让我为学生写三篇演讲稿，从中选两篇。我写完后，递交给系里老师讨论。没

◎ 和中国留学生在文学院大楼前合影

◎ 与韩国学生在文学院大楼前合影

想到老师们大为赞赏，称我的文笔非常好，齐夸我是“作家”。我写的三篇题目分别是《与白天鹅的对话——乙淑岛抒怀》《非典无情人有情——2003年4月记事》《釜山好人——一个中国教师讲的故事》。此后，大吴老师向别人介绍我时，时不时冒出一句“他是作家”，真有意思。前两篇我是用了心写的，但因为演讲比赛时间不得超过3分30秒，所以写成后大大地压缩了。夸我为作家，也让我付出很大代价，辅导学生的任务落到了我的身上。系里先进行选拔赛，参加者近20人，选出2人参加全国比赛。全国比赛每校一般出1人，因为庆星大学是东道主，可派2名选手。预选赛时我也是评委，选出2人后我还负责指导。以前都是大吴老师管这些事的，近来他身体欠佳，因吃生鱼得了肝吸虫病，胃也有些毛病，正在治疗。我已经辅导了学生两次，下星期还要辅导两次。演讲大赛每年一次，均在庆星大学举行，参加的学校有几十所，但似乎名牌大学较少。比赛于10月10日举行。以前都是上半年举行，今年（2003年）因故推到下半年，据说届时中国领事馆总领事会出席。

2.在华侨天主教堂

9月21日，我来到釜山华侨天主教会，旁观了该教会教友的弥撒仪式。上午9点50分，我随大吴教授来到位于草梁洞的教堂，吴教授是釜山华侨天主教会会长。这一天，从汉城来的神父主持读经、讲经、领圣体等。汉城来的神父是个美国人，中文名姓高，人称高神父。高神父在我国台湾留过学，汉语很棒，韩语也非常流畅。吴老师当着高神父的面，问我高神父的汉语可以打多少分，我说可打85分，吴说他给打90分。高神父才从美国回韩国不久，他是回美国看望生病的母亲

◎ 釜山华侨天主教堂的神父与部分教友

◎ 华侨天主教会会长大吴教授（左）和太太（中）

的。其实他的母亲并未生病，只是想儿子了。釜山华侨天主教会教友现在不多了，也就几十人，当天来的不足10人，有的人因事未到。来的人有釜山华侨协会监事长夫妇，一对教师姐妹，前任教会会长张先生（70多岁），另有一名妇女和一名初中生、一名高中生，初中生是男孩，据说大吴教授是其“代父”。仪式在10点30分开始。先是唱圣歌，接着读《圣经》，由神父指导读有关章节，读完后解释有关经文，人手一书，由神父领读。接着由神父讲经，我看是有些自由发挥的意思。神父讲他最近知道的两件“大喜事”：一是不久前日本某教友得了重病，已经昏迷多天，由于神父和教友祈祷，竟然康复了；二是在西方，有一教友得了晚期癌症，由于天主的灵验，使其完全好了，癌症完全消失了。这两个好消息自然使得大家都很高兴。仪式开始及进行中间，多次合唱宗教歌曲。接着是教友领圣体圣血，由神父颁发，圣体是小的面饼，要当众吃下；圣血是葡萄酒，每人象征性地喝一点。最后唱歌，结束仪式。中午大家一起到一家华人餐馆吃饭，本来会长大吴教授说由教会公款支出，最后是由华侨协会监事长（姓丛，韩国土生华人，满口山东腔的汉语，自云丛姓是匈奴的后代）付账了。饭后我和几个人又折回教堂。回教堂后大家随便聊天，听我介绍中国大陆经济与社会发展状况。

3.中秋节商战

韩国的中秋节是一个传统大节，全国放假3天，加之与星期六、星期天相连，就有5天的假期了（韩国实行的是一周5天半工作日，星期六上午还要上班，但今年中秋节，各行政单位和企业多调整，这样连休5天）。中秋节前半个月，节日气氛就显示出来了。一个重要标志是商家造势。今年，韩国经济不甚景气，商家都想抓住中秋节这个商机，大赚一把。每天随《朝鲜日报》等报纸一起送到我房间门口的大幅彩色广告越来越多，大都是说节日大酬宾，打折出售，买十送一或买五送一，等等。报纸上也充斥着这类广告。各大商场、超市里边，布置一新，节日商品特别是洋酒、食品、服装，品种繁多，十分抢眼。商店的大楼上挂起了迎“秋夕”（韩国人又称中秋节为“秋夕”）的大标语。旅游业更是大力促销。我本来准备利用节日放假去日本对马岛（离釜山仅3个小时的海上航程），但一问已经晚了，因为去的人多，到日本领事馆签证已经很难了。在韩国中秋节最重要的活动是祭祀和扫墓，节日的前一个星期天，

◎ 大超市的巨幅户外广告

因为扫墓人多，公路上堵车十分厉害。中文系主任河教授回老家扫墓，本来仅1个小时的车程，结果去时堵车4个小时，回来时堵车3个小时。中秋节要祭祀，其中当然要祭祖先，有的还要祭祀去世的父母。祭祀祖先本家族的人一般都要参加。所以，中秋节这一天，也是各家大团圆的日子。小黄的父母及哥哥、弟弟一起开车赴汉城老家祭祖。中秋节前后几天，通往汉城的高速公路相当拥堵。祭祀时很有意思，小辈要给长辈磕头，长辈要给红包。小黄的哥哥已经大学毕业，弟弟明年大学毕业，祭祀时给家里的长辈磕头，长辈也要给红包。中秋节这一天，家家要吃团圆饭。早晨我起来后，见隔壁一家在走廊上摆上了供品——有饭菜汤之类。问小黄得知，这是为那些没有后代的人祭祀的，真有人情味。韩国人中秋节不吃月饼，吃一种叫“松饼”的食品，糯米面里面包上一些馅，也叫米糕，很好吃。中秋节这天有点像中国传统的春节，中午街道上已无行人，来往车辆极少。我和小黄想去饭店吃饭，但附近街上的饭店全部关门，我们只好回公寓自己做。

4.游五六岛

9月10日之前，我已经听说近日有台风影响韩国的消息，但并未在意，其实大多数韩国人也并不在意，以为就是一场一般性的台风。这一天是中秋节放假的第一天，本打算去济州岛，因为没有订上机票，只好在近处转转。上午乘地铁来到海云台海滨的一个码头，乘游船游览著名的五六岛。五六岛是釜山标志性的游览地之一，在茫茫的大海上，五六个小岛，涨潮时是五个岛，落潮时变成六个岛，显得有些神秘。大概是过中秋节人们都要赶回家的缘故，能载70人左右的游船，只上了12个人，稀稀拉拉的，海风一吹，又有些凉意，我把准备遮阳用的帽子戴在头上，心中油然浮起一股身在异乡为异客的凄凉。阴天，有时掉几滴雨点，从船侧面打过来。船行在大海上，很快就能看到广安里大桥，透过大桥，居然能看到我住的公寓大楼。再往远处望去，便可看到庆星大学新落成的图书馆大楼，我晚间课在那里上。在船上远望五六岛，景色十分迷人。船行到五六岛，心中莫名有些激动。几个大岛上聚集不少人，钓鱼者居多。釜山人会玩，和其他地方的人玩法也不一样，其中到海上钓鱼和假日去爬山这两项是最有特色的。也难怪，釜山有郁郁葱葱的山，有蔚蓝色的大海，一方水土养一方人嘛。我们的游船只能绕五六岛转一圈，不能上到岛上，要到岛上去得到另外一个地方乘船。返回的路上，船比去的时候颠簸得厉害些，风浪大了，我稍感不适。心想要是这天去济州岛，一路上不知要受多大的罪，要走十几个小时。同船的人似乎兴致都不甚高，两个热恋的情人算是例外。两个大人带的小孩子，已经躺在大人怀里睡着了，我真担心他们会感冒。除了短暂的孤单，一路上还是愉快的，照了些照片。在孕育着生命和活力的大海上航行，你的心总不会无动于衷的，会激动，会感慨。海鸥不多，围着船转，潇洒漂亮，着实让人喜欢。我回到码头，看了看表，一共用时1小时15分钟。晚上回到公寓，从电视中知道台风已经逼近韩国，但人们还是沉浸在中秋节的气氛中。当晚和学生闲聊，很晚才睡。听大吴教授说，过去五六岛曾经是集中麻风病人的地方。如今，五六岛成为一游览地，也是一重要标志——釜山市的海上大门。

◎ 五六岛

5.遭遇强台风

11日10时起来，电视中已经有台风接近济州岛的消息。但釜山很平静。今天是中秋节，我和学生小黄上街，准备在饭店吃饭，毕竟是过节了。小黄的爸爸、妈妈及哥哥、弟弟开车去汉城祭祀祖先，小黄没有去，主要原因还是怕我一个人在公寓孤独，我真感谢他。大街小巷，几乎见不到人，和中国过年除夕下午四五点钟的情况类似。我们走了一圈，没有找到一个开门营业的饭店。天又下起了小雨，我们也没有带伞，只好回到公寓，自己动手不假，可说不上“丰衣足食”，只能说是随便吃了点东西，吃饱而已。不过晚饭我们倒是郑重其事地做了些菜，美餐一顿，还喝了点啤酒。本来，多少天来，期待着中秋节晚上去“达尔马齐”（汉语有几种译法，如望月坡、赏月岗等）。这个地方是釜山一景，就是不望月，站在那儿望大海，或看釜山的夜景也令人心旷神怡。但天偏偏下雨，人们清楚，这是14号（鸣蝉）台风在作怪。第二天清晨，台风袭击济州岛的消息就传来了，但我们仍未太在意。12日中午，我和小黄去BEXCO(韩国的不少地名或建筑名用英文，一些新名词也根据英文音译)，即釜山市会议展览中心。会展中心是为2002年世界杯和釜山亚运会而建，气势宏伟，是釜山市标志性建筑之一。会展中心正在展出的内容之一是“人体世界”。该展览已有时日（上半年即开始了），但这天参观者仍人满为患。其中多是父母带孩子来的，另有不少大学生和中学生，成年人也不少。该展览主要由真的人体标本和制作的展品组成，全面细致地介绍人体的各大系统，其中正常器官和病变器官的对比尤有特色。由于人太多，我们虽然用去近两个小时，也只能说是草草看上一遍。按计划，我和小黄参观完后要去釜山市立美术馆，该馆距展览中心仅一箭之地。但从展览中心出来后几分钟，天气大变，黑云压城，大风骤起，并开始下起雨来，我们只好打道回府。下午4点后，风不刮了，雨也不下了。事后想来才明白，这一平静，是一场大规模的风暴袭击釜山前的短暂平静。

12日晚上7点钟，开始刮风下雨，但不大。9点钟，狂风大作，雨从纱窗溅进来，我赶紧关上窗户。电视台报道，广安里跨海大桥封闭了。风雨越来越猛，夹杂着雷电，我们把房间阳台的第二道窗也关紧，将客厅的三层门窗全部关上。狂风大雨带来了一种令人恐怖的声音，听着有些瘆得慌。接着，屋内的电灯几经闪灭之后，终于断电了。往窗外看，先是路灯灭了，再往远处望去，广安里跨海大桥上的灯也全熄灭了。几位我在郑州大学教过的学生来电话，问候我和小黄，小李说：风好恐怖啊。并说，他们家那儿也停电了。学生小张来电话，询问情况，他家那儿也已停电。学生小吴来电话，告之他们家也停电，且因风太大，他正隔着窗户密切注视着他的汽车，因他的起亚车自重太轻，他怕被风掀翻。房间一片漆黑，我赶忙拿出前几天买的手电筒，充电式的，前一个星期天我上街乘地铁时有人推销，当时只觉得这种手电很好玩，又不贵，仅合人民币20多元，就买下了，谁知今天竟派上了用场。台风过后我仔细看才知道，这种手电是中国制造的。当晚10点钟，风雨最为激烈时，我们的心倒平静了许多。我说：小黄，我们到广安里海滨去看看吧。小黄说：好，我们去看看。他一说去，我倒打退堂鼓了。一方面，我固然真想去见识一下台风时的大海是什么情景——毕竟我从未经历过台风，但另一方面，虽然我们当时还估计不到这次台风有那么大的破坏性，但那种特殊的风雨声音，毕竟让人心里发毛。于是，我说先到走廊里看看，照几张相。我拿着相机，开开门，和小黄一起走出门，来到走廊。不知是哪位好心人，也可能是公寓管理人员，在台风袭来时，将走廊的所有窗户都关好了。我们先后打开两个窗户，用相机照了几张。估计什么也照不出来，因为相机的闪光灯太弱了。回到房间后，我们又聊天，心情颇为轻松，因为我们谁也不会料到，这场台风竟然给釜山带来如此大的灾难。现在想起来当初我们多亏没有出去，否则将是非常危险的，不说别的，光是各高层公寓被刮下来到处乱飞的碎玻璃，就有相当大的杀伤力。不少楼下的汽车，就是被其打坏的。

13日晨起，一直延续到一周之后，韩国第一大电视台KBS不停地播放有关14号台风“鸣蝉”造成的巨大损失。据9月14日《韩国日报》报道，到星期六为止，釜山因此次台风死亡100余人，数百人受伤。后来知道，我在郑州教过的学生小李也受伤了，他一周后才来上课，且尚未完全恢复健康。23000公顷农作物（含7000公顷果园，16000公顷其他作物）被狂风吹倒，或被洪水淹没，造成1980年以来韩国第一次大规模歉收。台风来时五所核电站关闭，2092个供电站被淹。截至16日统计，直接损失超过1.5万亿韩元。许多家庭到16日时尚未送电。最严重的是，釜山国际航运码头几座大型龙门吊车严重扭曲损坏，据说修好要用15个月以上。一艘油轮撞到海上平台上，损失最为巨大。究竟这次台风给韩国带来多大损失，恐怕上述情况还不是最终统计结果。

台风过后我来到美丽的广安里海滨，眼前一片狼藉。原来供市民晚上自娱自乐的小舞台，全部被掀翻，一条条的台板被冲得七零八落。沿海滨的商家大都进水。中语中文系李教授的公寓在海滨，车库进水，询问一下汽车修理费，比买辆新车也便宜不了多少。我住的周围也有大树被刮倒。14日，按照数天前的约定，学生小张开车，我们几个人一起到通度寺去玩，那里的几棵百年以上的大松树被刮倒横在路上，不得不锯掉。

据韩国《朝鲜日报》网站2003年9月19日载：“据19日中央灾害对策本部统计，这次台风造成116人死亡、13人失踪，财产损失4.6277万亿韩元。”这还不包括产业资源部统计的约9500亿韩元（截至18日）的产业损失和500亿韩元的釜山港码头运营公司的集装箱损失，“因此实际财产损失将超过5.6万亿韩元”。估计这次恢复费用将达7万亿韩元。此前台风造成最大财产损失是1999年台风“奥尔加”，达1.0704万亿韩元。

6. 日本的“中国威胁论”

综合近日在韩看到的媒体消息：“中国威胁论”十几年来在日本时沉时浮，代表人物是日本防卫大学的村井友秀。1990他年发表了《论中国这个潜在的威胁》，从20世纪80年代后中国国防战略的发展推断中国要称霸，日本媒体大肆炒作。90年代后期中国经济迅速发展，“中国政治军事威胁论”渐渐变成“中国经济威胁论”。他认为日本经济长期低迷之因是中国向日本输出大量廉价产品，造成日本企业外移和空洞化。于是2001年日本对中国的一些出口产品实行限制（如大葱、鲜香菇、灯芯草等），引起中国限制日本汽车、空调、手机进口，结果日本吃了苦头。“中国威胁论”渐渐失去市场，但东京都知事石原慎太郎等人仍在鼓吹。近日从一些媒体得知，最新的经济数据显示，中国的经济繁荣，可以挽日本经济危机狂澜于既倒。在日本被视为管理学大师的大前研一指出：中华经济圈崛起可以使日本摆脱衰退，神州大地刮起的经济强风，吹走了富士山上空的愁云。2003年上半年日中贸易额突破600亿美元，较去年激增33%，年底可达1200亿美元，较去年净增200亿美元。据中国驻日使馆商务处统计，2003年1—6月日本对华投资件数达1498件，其中日本中小企业赴华投资比去年增长二成。日本造纸、钢铁、汽车等大企业迫不及待投资中国或到中国寻找合作伙伴，“中国潮”不断升温。中国潮使两国双赢，1000亿美元的双边贸易额显示了两国相互依存的经济关系。“中国经济威胁论”不攻自破。日本首相小泉纯一郎9月5日说：“日中贸易发展到如今的规模，正是证明了我一向主张的中国的发展对日本不是威胁而是机会。”他说现在越来越多的日本国民认识到，日本的经济停滞不是中国的发展造成的，恰恰相反，中国的发展有助于日本摆脱经济上遇到的困难。近期日本经济有所复苏的事实也证明了这一点。

7.韩国人如何看待朝鲜核计划

近日韩国媒体引知情人透露，韩国一些学者和官员曾经告诉中国官员，不要相信美国人签订什么条约，不要相信什么签字，该怎么样还是怎么样。他们更对朝鲜半岛无核化持保留态度。认为未来统一之后的朝鲜半岛有核还是无核应该由半岛的主人大韩民族自己来决定，不是其他大国说了算的。许多韩国人其实对于朝鲜的核计划甚至是核弹并不担心，他们认为朝鲜即使拥有核武器也是针对日本、美国及“外来敌国”，不会打自己的同胞。不少韩国民众甚至官员在私下都认为朝鲜拥有核武器也不是什么坏事，只是这种话不好公开表达而已。有的韩国记者私下还说，为什么中国有核武器却反对朝鲜核计划？这是典型的双重标准。我教的韩国学生中也有人认为，今天的朝鲜在艰苦的条件下发展核武器，和当年中国不穿裤子也要搞“两弹一星”一样，都是为了提高国家和民族的国际地位。上述一些看法有着大的背景。从去年起，在韩国出现强烈的“反美浪潮”，使不少韩国国民产生一种矛盾心理，认为朝鲜研发核弹没有什么不好，对提高大韩民族的国际地位也有一定的积极意义。美国对此心知肚明，今年（2003年）8月在北京举行六方会谈前夕，美国特意与日、韩召开会前会，主要目标是拉着韩国，预防“跑票”。不过韩国官方与一般人的上述想法、看法很不一样，韩国当局始终清醒，致力于有效扑灭威胁朝鲜半岛的“朝核”之火，稳定自身政局，全力以赴发展经济，继续坚定不移执行善待朝鲜的“阳光政策”，对平壤进行经济援助。当局奔走于中、日、俄等国，以促进朝核问题早日解决。值得注意的是，8月北京会谈后朝鲜外务省发言人即说，北京会谈“使朝鲜更加坚信有必要加强核武器项目”，指责北京会谈背离了朝鲜的期待，认为继续会谈没有什么意义，使中方也感到惊讶。

8.中国出口韩国泡菜量大增

据韩国《朝鲜日报》中文网站2003年9月18日载：由于中国产泡菜进口量猛增，韩国已经成为“泡菜纯进口国（进口多于出口）”。韩国农协（韩国农业协同联盟简称）中央会表示，今年上半年进口了9318吨中国产泡菜，相当于去年上半年19吨的490倍。韩国自1996年首次进口17吨泡菜后，进口量逐年递增，且从2001年开始，进口全部来自中国。中国泡菜的进口价格只有国产（韩国）泡菜的47%—65%。农协表示，今年上半年韩国出口泡菜15883吨，高出进口量，但如果加上国内泡菜企业从中国进口的9735吨腌白菜，则进口量为19053吨，超出了出口量。产自中国的“半成品泡菜”腌白菜到韩国后拌上作料，就可以标上韩国国产商标销售或出口到日本。所以，今年上半年的收入比去年同期增长了一倍以上。农协表示，仅中国青岛一地就有十多家泡菜出口企业，他们进口韩国的白菜种子和辣椒种子进行培育后，大批生产泡菜并出口到韩国。不仅在韩国国内市场，国际市场韩国产泡菜也受到中国泡菜冲击。韩国泡菜的日本市场占有率已从1996年的9.7%下降到2001年的6.3%。此外，出口的单价从2000年的每千克3.43美元，下降到去年每千克2.7美元。又据该网站10月20日报道，2003年10月19日韩国农协和韩国贸易协会公布，今年年初到8月份韩国进口泡菜1.2349万吨（价值494万美元），其中从中国的进口量占总数的99%以上。该数值与去年同期从中国的进口量（45吨，4.6万美元）

比，金额上高出107倍，数量增加274倍。另外从年初到8月份，中国产白菜和腌白菜出口韩国猛增，达到去年同期的3倍（1.8546万吨），加上从中国进口泡菜量，合计总进口量达3.0894万吨，远大于其出口量（2.599万吨）。目前中国泡菜价格每千克800韩元，仅是韩国产泡菜价格的二分之一。

9.韩国罢工对经济生活的冲击

来到韩国后，不断从媒体上看到有关罢工的消息，我在大街上也多次见到罢工游行队伍。今年3月起，先后有卡车司机罢工（不止一次）、铁路工人罢工、地铁司机罢工等。在中国国内，“罢工”一词多出现在近现代历史书上，几十年来，我还真没有见过罢工。我有时想，工人罢工权利的赋予，不仅对调解劳资关系有助，也可能对抑制腐败有一定的作用。今天，我要说的是问题的另一面，罢工权利的滥用，会对经济带来致命的影响。去年（2002年）2月24日起，韩国的铁路、电力和煤气公司工会举行大罢工，主要是要求政府取消民营化的改革决定。铁路工会在舆论的压力下3天后复工，电力工会罢工则持续10数天。工人罢工，不仅给国民的日常生活带来极大的不便，也使韩国经济遭受重创。仅铁路工人罢工，就使进出口货物的运送量每天减少八成。这些都使得金融危机后经济已经有起色的好形势再次蒙上阴影。今年年初以来，各种罢工不断，当局很是头疼，一般民众也颇有微词。一是铁路工人罢工给人们出行带来不便；二是经济本来就不景气，这时雪上加霜。釜山港口特别是国际集装箱（货柜）码头严重受挫，导致许多外国公司考虑转移到他国。釜山的集装箱量已经从去年的世界第三位降到第五位，原因当然是多方面的，但与较多劳资纠纷有一定的关系。由于罢工，人们对卢大总统的信任度也有所降低，认为他心太软。看来，罢工的权利，工会和工人是应该有的，但如何制约罢工太滥，以避免损失过大，也是要从理论上和制度上探讨，有个制约才行。

10.中学教师培训班

9月初，应系主任河教授之邀请，我参加了釜山市中学教师汉语培训班的暑期结业仪式。这个班本来和我毫无干系，参加有蹭吃蹭喝之嫌，所以不想去。但是河主任说，寒假我可能要给这个班上课，先认识一下为好。这么一说，我只好去了。结业仪式在庆星大学信息馆举行，不外是校方讲话、系里老教授讲话等。一个半小时后，全部人马乘车到著名的广安里民乐（地名）的生鱼片饭店，大吃大喝一顿，接着自然是卡拉OK，闹到半夜12点40分，我和大吴老师才打车回去。不过唱歌时气氛非常好，表现出韩国人那种率真活泼的性格。9月23日，我开始给这个班上课。原来，同学们要求除暑假、寒假外，平时每月也上几次课，以免学的内容全忘光了。学员大多年龄不小了。这个班的费用是市教育厅出。起因是韩国教育改革，以后中学（含中等专业学校）高中段的体育、音乐及一些外语的小语种等课程均改为选修，因而不少专业的任课教师就没有多少事情做了。但韩国的教师属公务员性质，是不能解聘的。教育厅想出高招，政府出资培训他们学习汉语，因为随着中韩各方面交流的增加，要学汉语的人越来越多，将来这些教师可以改教汉语。这些教师多数比较用功，但有的看起来已五十开外，又缺乏汉语基础，能否学出个样子，真让人有点担心。

11.走进乙淑岛

美丽的乙淑岛，是釜山的一个著名的候鸟栖息地。这天，我先乘地铁来到下端（地名，HADAN），从洛东江拦河大坝穿过去，来到乙淑岛，走了将近40分钟。走到乙淑岛候鸟观光区的门口一看，心里凉了半截：进门的栏杆放下，地上放着禁止车辆入内的锥形警示牌。因为我不懂韩语，究竟为什么不开门也不清楚。大老远跑来就这么回去，我实在不甘心。我装傻充愣往里闯，立即有一门卫将我拦住，当然，他说的什么我也听不懂。我用英语和他说，我是中国人，是韩国庆星大学中语中文系的客座教授，想去参观候鸟观光地。他的英语恐怕也比我好不到哪里去，但他起码听懂了我的一句话，即我是庆星大学的教授。也难怪，庆星大学有一个全韩国有名的鸟类博物馆，作为在候鸟观光保护区工作的他，自然不会陌生。他立即返回值班房，请出了负责人，是一位小伙子，原来这位小伙子是庆星大学毕业生，至于是哪个系的我始终没有问清楚，可能是学生物学的，我想。小伙子见到我很高兴——毕竟是校友嘛。因为语言不通，他没有和我多说什么，进屋给我找了一张游览区的说明书，挥了挥手，让我进去了。乙淑岛游览区面积也不小，我想韩国人参观候鸟区肯定多是进大门后乘车前往的。我只能用腿量了，一走就是半个多小时。沿路右侧均是自然状态的杂草，有的地方比较深。左侧是洛东江，江边有树丛，不太高大。一路上，园内未见到一个人，时不时河边有大的灰色的鹭鸟被我惊起，飞向河中央。快走到候鸟保护区时，我突然有点恐怖，会不会有狼什么的呢？尽管知道不会有，但还是这么想，真是自己吓唬自己。会不会有毒蛇呢？回来后大吴教授告诉我，蛇会有，但没毒蛇。保护区是一片沼泽地和芦苇丛，加之是洛东江的入海处，淡咸水交汇，各种小鱼虾、小的两栖动物和小昆虫很多，这里气候又好，于是形成了候鸟的乐园。由于季节的原因，我看到的鸟儿不多，有白鹭和其他一些我不知名的大小鸟儿，怪可爱的。由于有点害怕，停留半个多小时后我便往回走。回来的路上仅碰到一对夫妇和他们带的两个小孩。我们互相帮忙照了相，挥手告别。我想他们肯定也是“走后门”才进来的吧。出大门时，我特意找到那位“校友”告别，表示谢意。

归来后我查材料得知，一年四季有几十万只候鸟来到乙淑岛栖息，许多诗人、画家和摄影家以乙淑岛嬉戏中的候鸟为背景进行创作。乙淑岛在1966年就被韩国指定为国家级179号天然纪念物并加以保护。由于河川的硫化作用和潮汐作用在这儿形成了几个沙丘。海水和淡水相接转换地带，浮游生物异常丰富。鱼、虾、贝、蟹及水栖昆虫极多，成为候鸟充足的食物源。冬暖夏凉的气候，吸引了各种候鸟聚集此地。这些鸟有的喜欢生活在水边，有的喜欢在沼泽地，天鹅、野鸭、大雁种类繁多。釜山西南部的洛东江、金海平原、乙淑岛可以说是釜山人最原始的生存地，这里的水、粮食和海产，养育了一代又一代釜山人，这里是伽倻文化的发祥地。

笔者后来为学生草拟的演讲稿附录如下：

与白天鹅的对话——乙淑岛抒怀

我站在乙淑岛上，仰望着在天空中自由翱翔的白天鹅。它们那么漂亮，那么高雅，在蓝天白云下翩翩起舞，令人陶醉。

镶嵌在洛东江入海口的明珠，美丽的乙淑岛，每年吸引着十科五十多种几十万只候鸟来此过冬。乙淑岛，是鸟类的乐园，是釜山人的骄傲！

突然，一只白天鹅飞到我的面前，向我开口了：“亲爱的朋友，你好！”

我喜出望外，招着手对它说：“你好，朋友，热烈欢迎你们！”

白天鹅说：“谢谢。乙淑岛真是我们鸟类的乐园！这里有美丽的芦苇丛，有开阔的沼泽地，有我们自由飞翔的天空。这里有各种各样我们喜欢吃的小鱼虾、小动物、小昆虫。饮食无忧，气候又好，我们每年都躲过西伯利亚的严寒，来这里度过一段美好幸福的日子。你知道吗？”“我知道，我知道！”我赶忙回答。“我们庆星大学有一座非常漂亮的鸟类馆，它是庆星人的骄傲。在这里，我们了解了你们的生活习性，每年大家都期待着你们的到来。你们的到来，给我们带来了无穷的欢乐。我们精心地保护着乙淑岛的环境，让它永远是世界鸟类的乐园！”

白天鹅展翅点头说：“太感谢你们了！”

“我说两句行吗？”又一只美丽潇洒的白天鹅来到我的面前。它说：“乙淑岛确实非常好。但是，隔江对岸有的工厂还排放烟尘，我真怕它污染了这里的环境。再说，上空飞往金海机场的大客机，时不时地轰鸣呼啸而过，我们倒是习惯了，就是怕我们的孩子们有点不适应。”

我脸有点儿红，赶紧说：“抱歉了，朋友！不过请放心，我们一定会把这儿的环境治理得更好！”

两只白天鹅高兴地说：“太感谢你们了，亲爱的朋友！我们就要飞回遥远的北方了，明年见！”

我张开双臂大声说：“明年再见！祝你们一路平安！”

12.到柳教授家做客

提前一周已经约好，到柳教授家做客。他看了我的课表后，时间定在星期二晚上，我与河主任一同去。9月30日下午4点，河主任开车，我们一同前往。柳老师家住海云台，这是釜山市环境最好的地方。庆星大学一共二三百名教授，住在海云台者就有80余家。公寓社区据说原是农民的耕地和一个大的军事单位，后军事单位往后移，这里建成了一大片住宅，多为20层以上的楼房。这里的环境好，房价自然比较高，折合人民币几百万元一套，据说现已升值。从学校到柳老师家开车20多分钟，他家住在17楼。柳老师到楼下来接我们，见过其夫人、岳母及大女儿后，稍作寒暄，便又下楼，到社区附近的公园散步。这是个森林公园，从柳老师家到此十数分钟。在山林中漫步，十分舒服，从山下走到山上约30分钟，虽然已经是下午五六点钟，但游人不少，都是附近居民，公园内有健身体育设施。返回柳家，见了柳的岳父，他才从外面回来不久。开始吃饭，喝啤酒，吃火锅（牛肉、蘑菇、青菜

◎ 柳教授（左）与郑州大学安国楼教授

◎ 柳教授家的族谱

等），另有一凉菜、一炒菜和几个韩国小菜，吃得很舒服。柳老师家的房子150平方米，4个房间，一个大厅，厨房面积不小，连着餐厅。所有房间白天光线都非常充足，前面大厅和两个大房间可见到大海，后面厨房和两个小房间，可以看到不远处的青山。小区内到处是林荫路。我担心这么集中的住宅区到下班或周末会人太多，乱。河主任说，不会的，到了周末或假日，人们都开车外出玩了。饭后又聊天，至9点30分，和主人道别。柳的岳母及大女儿送我们到电梯口，柳夫妇俩一直送到楼下，看我们上了车才回去。

13.伽倻广场和金海博物馆

10月3日，星期五，停课。这天是韩国的“开天节”。所谓开天节，是为了纪念古代朝鲜檀君建立朝鲜第一个王朝。檀君在韩国的地位，有如中国的黄帝。韩国非常重视开天节，全国放假一天。说是全国，其实是指公务员系统和大的公司。小的公司为了生计，照常上班者不少。这天，小黄要去金海一个小公司办事，他的朋友开车，我和学生小张搭车而去。因为假日，路上车很多，一个小时的路程走了一个半小时。伽倻文化是韩国著名古代文化，伽倻广场建立在一座土岗旁边，而土岗上及周围，便是伽倻时代古墓遗址。伽倻广场新近建成，刚刚开放不久。广场分为两部分，一是伽倻博物馆，一是广场。博物馆建立在山坡下，半地下式，主要展出在该地发掘的伽倻时代的文物和复制品。博物馆不算太大，但设计得颇有特色，尤其对少年儿童来说，有吸引力。进博物馆不是从正门的大门走，而是从侧门进去，走过一段不算短的“时光隧道”，绕到博物馆后门，参观完毕则从正门出来。当天参观者以学龄前儿童和小学生居多，人不少。广场是个长条形，沿山坡延伸。广场上有十数个临时搭建的帐篷，有卖韩国工艺品的，有卖食品的，有推销保健品如按摩床的，还有扎针治病的，不一而足。旁边另有一广场，是市民娱乐休闲之处，设有一大舞台，当天正进行中老年人舞蹈大赛，表演者兴高采烈，下边观众上千（有椅子坐），鼓励有加，大都是老人和儿童，可能他们的亲人就在上边表演吧，我想。

14.釜山国际电影节开幕

10月2日，釜山第八届国际电影节开幕。开幕式在水营湾快艇赛场举行。因我当天晚上有4节课，11点才回到公寓，未能前往。再说，人山人海，去了也难挤进去。不过我住的公寓离赛场不算太远，从公寓所在地还能看到开幕式的焰火。这届电影节共进行9天，开幕式由韩国新电影明星朴重勋和方珍恩主持。当晚7点30分，在水营湾露天电影场演出日本名导演黑泽清导演的《分身》。此届电影节创历届规模之最，有60多个国家的244部电影参加，其中韩国47部，亚洲其他国

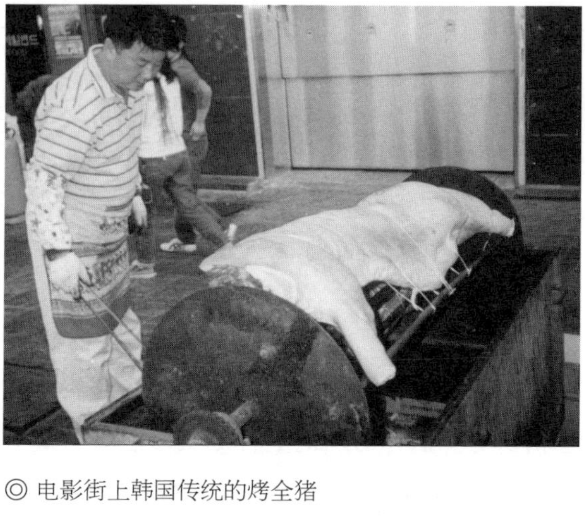

◎ 电影街上韩国传统的烤全猪

家98部。中国是否参加、什么电影参加，我尚未得到消息。次日我来到釜山PIFF广场，真是人山人海。发放有关资料（印制精美）的地方排起了长龙，使我望而生畏。人们来自世界各地，当然以来自韩国各地者占绝大多数。广场上有个大台子，由著名主持人在上面主持，大屏幕播放着各种关于电影节的消息。最引人注目的是两条街上卖各种饮食的摊点，一个挨一个，看来晚上的生意一定非常好。最吸引我注意的是两家卖烤肉的，其中之一是烤全猪，将一扇猪肉放在一个架子上不停转动，用木炭烤，其中有一只已经烤好，香味诱人。

15.韩国人重视教育

韩国人普遍重视教育，这也是近三四十年来韩国经济起飞的关键因素之一。在韩国，父母一辈为了使下一代受到良好教育，不惜付出一切代价。韩国的江原道，地少山多，本不富裕。但在这个道有一个仅有十多户人家的小山村，几十年来涌现出上百个博士，被韩国人称为“博士村”。特别值得一提的是这些博士的父母均不是知识分子，多是以挖野菜为生的山村农民。重视教育的一个突出事例是，无论城市还是乡村，投资教育形成热潮。与此相适应的是，各种补习班处处可见。一个学生上补习班，每天一小时的话，大约月交费7万韩元（补习英语及一般文化课），一些学生一个月的补习费可达40万—50万韩元。街上的补习学校、补习班的广告很多，大多补习学校称某某学院。从小学到大学，没有上过补习班的恐怕少见。上补习班的具体原因多种多样，有的是让孩子在某些方面学得更突出些，有的则是给孩子较弱的学科加以弥补。在大学生中上补习班相当普遍，有的甚至是休学半年一年专门去补习外语，不是说他考试不及格，为了考试去补习，而是为了加强实力。像我的学生小黄、小张，都是年级学习方面的尖子生，但最近他们俩参加了英语补习班，每天早上7点40分—8点40分去上课，上完补习班的课再去学校上课。有的人家境不好，为了孩子，家庭主妇甚至外出打工，为的是给孩子挣补习要交的学费。据韩国媒体报道，有的家庭为两个孩子交的补习费每月竟高达百万韩元（合人民币7000多元）。韩国大学生出国留学非常普遍。据有人讲，如今韩国有八九成的大学生有出国留学的计划，至少有出国留学一年的计划。从我接触的情况看，此言不虚。我所教的三、四年级的本科生，有出国留学经历的学生占八成以上。选修我的课的二年级学生不多，也有几个出国留学过。这些学生出国留学的目的主要是提高自己的外语水平，同时提高自己“国际化水准”。我教的四年级学生中，出国留学两次的，占10%。像来过郑州大学的小玉等人，这学期又休学去新西兰留学了。由于社会上招聘要看能力，这些大学生去留学不是为拿文凭，主要是提高能力，获得经历，以便将来在社会上站住脚。同样，在校本科生许多人也不想匆匆毕业拉倒，因休学或参军，女同学中有的人上了五、六年才毕业，男同学在籍七八年的都有。韩国政府重视教育，不断扩大义务教育范围。据韩国媒体报道，韩国国会2004年1月8日通过了《幼儿考试法》，其中规定，从2007年开始，满5岁（学龄前一年）儿童均可免费到幼儿园或儿童娱乐室享受教育和娱乐。该条款将于2005年在农村、渔村开始试行。

16.电影节看中国电影

釜山电影节非常热闹，只要你到海云台或南浦洞这两个釜山有名的商业旅游区，就会深切地感受到。10月7日，系里给我送来两张电影票，下午5点钟开演，地点在海云台MEGABOX（韩国很多楼盘、商场、影院地名用英语）。这是一个大厦，下面5层是商场，上面是电影院。电影院豪华气派，第6层有十几个放映厅，每个厅可容纳一二百名观众。厅内铺有地毯，座位很舒服。银幕很大，我坐在第3排，太近了点。电影片名《陈默和美婷》，导演刘浩。剧中的陈默是从农村到北京打工的青年，美婷是一个知青的女儿，一个人返城的，电影演绎了他俩的故事，是个悲剧故事。在我们厅内看电影者60人左右，没有一个人迟到，没有一个人提前退场，演出过程中没有一个人说话或咳嗽。看电影者多为韩国青年，也有几个欧洲人。除我之外是否有中国人，不得而知。看来大部分观众是看懂了，因为有韩文及英文字幕。票价5000韩元，韩元与人民币的汇率是浮动的，当时是140韩元左右兑换1元人民币。和韩国人收入比，票价便宜。在大厦门口和一楼，热闹非凡，大都是宣传介绍电影节参展的影片，与之配合有一些有奖娱乐活动。相关宣传资料很多，可惜没有中文的。这次电影节，中国参展的有10部片子，都是我没听说过的，如《老男人》《与农场工人共舞》等（我根据英文意译，不知中文片名为何），片子的导演我都没听说过。这次电影节共有影片244部，韩国最多，有四五十部。

17.韩国全国大学生第21届汉语演讲大赛

20多年来，韩国每年都要举行全国大学生汉语演讲大赛，今年是第21届。由于庆星大学是最初的主要发起单位之一，大赛均在庆星大学举行。今年参加选手有37人，都是各校选拔上来的。除东道主庆星大学外，每校一般只限一人参赛。庆星大学三周前举行了初赛，选拔了两人，一是日间班的，一是夜间班的，均为女生。夜间班的小徐，曾到郑州大学留学，我教过。另一名曾经留学台湾。这些天我辅导过她们三四次，效果不佳。原因是，徐声音太小，且语速快，缺乏激情，一时难以纠正。另一个同学曾在台湾留学，四声不太准，简直是按下葫芦起来瓢，不是这错就是那不对，注意了发音，又成了一个词一个词地往外蹦，不像演讲。大赛前，海报已经到处可见。主办单位是庆星大学，执行单位是庆星大学中语中文系，后援是中华人民共和国驻釜山总领事馆。

10月10日，韩国全国大学生汉语演讲大赛在庆星大学举行。散发的说明书上印着："第21回全国中国语雄辩大会"，"主催：庆星大学校；执行：文科大学中语中文科；场所：庆星大学校大剧场；日时：2003年10月10日13时；后援：中华人民共和国驻釜山总领事馆"。参加演讲大赛的有近30所学校的大学生。因为这是一项传统大赛，庆星大学把这项赛事纳入学校预算，每年投入1000多万韩元。按惯例，中国驻釜山的总领事出席此次大赛。新上任的总领事刘玉凤女士，南京人，韩国中文教授开玩笑说，她的普通话讲得不如参加比赛的韩国大学生标准。大赛评委5人，其中有中国总领事馆的张领事，沈阳人，北京大学毕业，韩语非常好。另有釜山华侨中学的校长林行先先生，其他评委是韩国教授。出席大会的人很多，原本只能坐700多人的剧场，来了800多人，因而有的人只好站着，或坐在过道上，好在都是地毯，还算舒服。来的观众当然是庆星大学的学生居多，但其他学校也有不少人来为本校选手助威。还有一些教师和学生家长。大会在下午1点20分开幕。

大赛开始，先由庆星中语中文系主任河永三先生致开幕辞，第二项是所谓“国民礼仪”，即全体人员面向中韩两国国旗，奏韩国国歌。之后，由庆星大学校长代表（因校长有事外出）致辞，其次介绍庆星大学中语中文系学生会会长，再次由刘总领事致辞，接着介绍评委，由评委主任宣布评审条件。演讲开始，进行一半后休息，由中语中文系学生演出大合唱，然后进行大赛下半场。选手演讲结束，由庆星大学中语中文系学生演出文艺节目，主要有学生模特演示中国传统服装、中国武术、小品等。最后宣布获奖名单，举行颁奖仪式。当晚，由庆星大学举行宴会，招待校内外宾客及参赛选手。整个大赛很成功。当然因为有得奖的也有没得奖的，一些学校因无一人获奖自然少不了对评委有些意见。但据我观察，似乎绝大多数老师与学生对获奖与否并没有太看重，而是把大赛当成了一个节日。当晚，内外宾吃完饭后，又去喝酒，再去卡拉OK。而有的学生（主要是庆星大学中语中文系的男学生）喝到半夜两点多才散。我和吴庆第老师因事先说好，吃完饭即回家，因为体力不支，所以没有见到师生们畅饮的场景。这次大赛，庆星的选手成绩还可以，发挥得不错，但只有一名获鼓励奖，我因为是辅导者，心中多少有一丝不快，但很快被大家那种欢快的情绪冲淡了。其实前10名选手很难绝对分出高低，而评委的汉语水平及评分标准，距离我们想象的也有一定差距。评委中除张领事外，都说不好普通话，评判似乎更重表演。好在大家都不计较什么，当个乐子，狂欢一番，心态实在可嘉。大学生演讲大赛过程中，说实话，我还是有点紧张。其一，我担心万一学生紧张忘了词。这不是多余的，在那种气氛下，选手必然紧张，实际上也有几个选手忘词的。其二是怕“剃光头”，没有获奖。结果还好，两名选手发挥正常，其中徐姓同学超常发挥，比另外一名同学演讲得好，河主任、吴教授和我

◎ 韩国全国大学生汉语演讲大赛合影

都这样看，结果偏偏徐未获奖而另一名同学获奖了，由此也可看出评奖的变数。好在两名同学特别是徐，因为发挥不错，还很高兴。台下的观众当然是庆星大学中语中文系同学占绝大多数，但他们很公平，对各校选手大体一视同仁，热情鼓掌，由此也可看出他们的心态不错，我想这点倒值得我们中国的学生学习，集体荣誉感要有，但不要过分。整个大赛期间，像过节一样，全系同学认真排练节目，高高兴兴。而且大赛隆重热烈，达到了比赛的目的，从中我们也可以看出韩国的中国热、汉语热。实际上，学汉语的学生，特别是又学点贸易的，工作比较好找，尤其是男同学，在毕业前就有不少公司找上门来，甚至要求他们提前上岗，派到中国去工作。女同学找工作稍难，公司要人很少，多到旅行社、会展中心等处找工作。这次演讲会的内容十分丰富，很有意思。关于这一点我将在后面详谈。对我来说，这次演讲大赛是一个难得的机会，可以见到不少在韩任教的中国老师。可惜吃饭的时候，有些从中国来的老师已经返校了。我们同一桌吃饭的有：张领事；釜庆大学的老师陆杰华，他是北京大学法学院的教授；东亚大学刘福春研究员，中国社会科学院中国文学研究所的。另外还有一位是华东师范大学的青年教师，在哪个学校我记不清楚了。后来加上吴庆第老师和华侨中学校长也过来了，血浓于水，大家在一起非常高兴。釜庆大学和东亚大学的选手均未获奖，我指导的学生虽获鼓励奖，但与东道主的身份也不太相称，这一点似乎也没有影响大家的情绪。而且，大家都不提评奖的事，也可能因为张领事和林校长都是评委的缘故吧。我们几个中国来的教授互相交流了工作生活情况，当然免不了问一些吃住条件和工作待遇问题。这些方面各校情况做法不一，大体总的收入相差不太大。因为只有我是历史学教授，张领事还问了我一个小问题，因为韩国人总问他，他也答不上来。问题是：为什么中国的朝代都是一个字，如宋、元、明、清。我根据我的理解做了回答，他表示满意，并说学历史的来韩国教书更好。我们大家临别时约好以后多联系，但我知道，大家都很忙，今后很少有机会聚会了。

18.釜山汽车博览会

釜山汽车博览会从10月2日开始，到12日结束。不知谁送的票，系办公室给了我4张（票价5000韩元一张，合人民币30多元）。11日（星期六）下午，我和学生小张一起去参观。一进入地铁，就发现人特别多，其中不少人都是去参观车展的。到了BEXCO——博览会所在地，真是人山人海，展厅内挤得有的车位几乎很难靠近。里边除了车展、汽车零配件展，还有两三个大台，进行文艺节目表演。室内噪声很大，震耳欲聋。这么多人去看，其兴趣有的在于车，有的在于车旁站的女模特，不少年轻人前去和女特模合影，有的则是为了去看演出，而且门票还可以抽奖，这也是看的人多的原因之一吧。车很漂亮，且可以坐，可摸，还有各种演示，怪不得青年人那么高兴。

◎ 汽车博览会举办地

19.参加华侨婚礼

10月12日参加一对华侨新人的婚礼，是国庆节前就定下来的。新郎父亲丛先生，是釜山华侨协会常务理事、监事长。他是韩国生韩国长大的，满口山东话——这里的华侨基本上来自山东半岛，因而大都操山东腔，听起来很亲切。丛氏家族大多从医，有整形外科、西医、中医（韩国称汉医，中药称汉药，西医称洋医），人们开玩笑说他们家可联合开个综合医院了。丛氏自称是匈奴人后代，不知有无根据。我是上次到华侨天主教会时认识丛氏夫妇的，他们二人均为天主教徒。当时即由大吴教授将我介绍给他们，并约好参加其儿子的婚礼。教会的教友大多要参加的，到时我跟他们一起去就是了。12日早8点半，大吴教授开车来到我住的公寓，我们一起先去教堂。教堂每月第二个星期天主日的上午，照例做弥撒。之后，我们去参加婚礼。

今天的弥撒仍由从汉城来的高神父主持，高神父系台湾辅仁大学毕业，大吴教授戏称我与高是校友，因为新中国成立后大学院系调整时，原辅仁大学大部分合并到北京师范大学，且原辅仁大学校长陈垣任北京师范大学校长，而我又是北京师范大学毕业，大吴教授才有此校友一说。弥撒后，高神父讲了一件重要的事情。其实，事前我已经知道是什么事了。20天前，华侨教会会长大吴教授接到主教的文件，称要收回华侨天主教堂，原教堂教友并到草梁洞教堂。近来，大吴教授一直为此事发愁、奔波。教堂完全是华侨出资建的，但天主教讲服从。此事吴曾与总领馆的张领事讲过（是吃饭时讲的，当时我也在场），张表示不便干涉宗教事务。今天高神父讲，他昨天到釜山，同吴教授一起去见过草梁洞的韩国神父，弄清了事

◎ 新郎新娘

◎ 新郎新娘与双方父母

◎ 婚礼仪式——夫妻对拜

◎ 参加婚礼的83岁华侨老太太（右）

情的原委。

原来，主教是将釜山地区200名以下教友的教堂裁撤，合并到就近的教堂，一共撤掉3个。高神父与大吴教授同草梁洞韩国神父交涉的结果是，华侨教友仍在华侨天主教堂单独活动，这是大家比较好接受的。但据吴教授推测，教堂被收走是迟早的事。今天来做弥撒的有一位83岁的女士，刘老太太。据她讲，她才从美国回来一周。她年轻时与丈夫从中国大陆来韩国，其丈夫是一个饭店的二掌柜，后来成为掌柜。当时韩国排斥华侨，不许华侨买房买地，不少华侨只好找韩国人，用韩国人的名义买，因此也有不少人上当，因为有的韩国人翻脸不认人，把财产霸占了。刘老太太遇到了好人，房子和地后来都还是自己的。但不幸的是刘老太太的丈夫去世了，他们共有4个孩子，当时他们的大女儿仅14岁。她含辛茹苦，把孩子拉扯大，除老大外都上了大学。由于当时韩国排斥华侨，不少人都到中国台湾发展。现在刘老太太的儿女们都很有出息，分别在美国、中国和韩国发展，所以刘老太太一年到头乘飞机到处跑。据她说，已经坐了七八十次飞机了，大韩航空今年给她优惠，免费一个往返。刘老太太年事已高，但身体不错，婚宴上她吃得比我还多，什么炸鸡、炸春卷之类，她照吃不误。她自称没有什么文化，小时候连《三字经》也没有学完。她老家在北京朝阳门外，至今北京口音还能听得出来。大约11点20分，我和刘老太太及高神父坐大吴教授新购置的汽车去赴宴，其他人则由大轿车送。婚礼在釜山中国大饭店举行，该饭店在釜山最漂亮的海云台海滨，是个一二十层的大楼，华侨开的。中国人举行大的宴会，一般在这里，或在釜山锦江饭店。听说北京烤鸭店在此也曾开过分店，终因价格太高，顾客少，已经关门。参加婚礼的有中国领事馆负责华侨事务的薛领事，釜山华侨协会的会长、副会长及侨界名流。饭店门口摆放着五六个大花篮，赠送者为华侨协会、华侨中小学理事、医学会及其他华人社团。我估计出席婚礼的有400人左右，真可谓华人大聚会。婚礼进行得很热闹，据大吴教授讲，婚礼仪式是中国、韩国、西方各种婚礼的大杂烩。大致程序如下：主婚人、证婚人入席（在宴会大厅前搭了个台子，入席即上到台子上，台前是鲜花，台子背景有大红双喜字）；介绍人入席；新娘由其父亲领着入席（站台下），新郎入席亦站在台下，证婚人宣读结婚证书；新人互相鞠躬；新人交换信物；主婚人、证婚人用印（在结婚证书上），证婚人致辞；男女双方介绍人讲话；来宾致辞（分别由薛领事、华侨社团狮子会会长、华侨天主教会高神父致辞）；主婚人签字；新郎新娘谢证婚人、介绍人，谢主婚人，谢司仪，谢来宾（均为一鞠躬）；二位新人走向来宾，抛撒鲜花后再回主席台。其后是新郎新娘分别与证婚人合影、与双方父母合影、与双方亲属合影，亲属约50人，真是大家族；与证婚人及朋友合影；最后是抛花球（即背对来宾将一彩花球抛出去，其意是哪位女性接到花球，即为下一个结婚者。实际上接花者多已经安排好，目标是已经订婚且不久将结婚者。高神父说，美国也有类似仪式）。仪式结束，便是宴会。由于参加婚礼的人多，宴会厅不够用，将咖啡厅都用上了，大约有50桌。吃的菜是中国菜，当然是韩国式的中国菜，改良了的。韩国人也爱吃中国菜，但是改良的中国菜。刘老太太的女儿在北京开了两家大饭店，最近正准备开第三家，其中最大的一家开在燕莎附近，据说生意颇好，顾客基本上是在中国工作、学习的韩国人，或来中国旅游的韩国人。因为韩国人习惯吃“韩式中国菜”。婚宴上的菜做得水平一般——高神父、大吴教授这样认为。主要有炸鸡、炸春卷、熘三丝、西兰花炒肉及鱼、海鲜等。因为上菜较慢，加之时间已经是下午1点多了，人们早就饿了，上来一个即很快吃光，然后等着。还好，最后一点没剩，符合节约原则。我们桌上的人基本不喝酒，所以吃得快。各桌均有饮料和啤酒，没有白酒。2点钟后客人纷纷离去，我们因靠主宾席，要讲礼貌，几乎是最后退席。席间新郎父母多次到我们桌上关照并致谢。返回公寓，已经4点多了。有点累，但觉得真有意思。

20.华侨教堂活动

前几天已经约好，11月9日去华侨天主教会。原本想再会见83岁的刘老太太，进一步了解老一辈来韩华侨情况。当日乘大吴教授的车来到教堂后才知道，刘老太太已经回美国了。但这一天也很有意思。当天下雨，降温，13℃—17℃。三位神父前一天已经来到釜山，住在教堂会客室内。会客室内有一间卧室，一个小会客室或叫小会议室，可容纳一二十人开会。近来因为教友能来做弥撒者不多，本来教友人数有限，加之一些教友开饭店或其他店，很难脱身，再加上圣堂因下雨电路有毛病，弥撒临时在会议室进行。三位神父，一是美国人高神父，他是每次都来的。另两位是从中国来的，均为山西人。二人均毕业于北京天主教神学院（据说原在海淀，现已经迁往大兴）。王神父系山西太原一教堂神父，老家在太原郊区清徐，现在汉城读博士。另一名姓李，尚为六品（或称执事），现在韩国大邱，明年将回国作神父。二人均30多岁，健谈。今天来的教友有10人，除一老者外，其余均是我见过的。弥撒10点钟开始，由王神父带领大家做。三位神职人员均身着白色长袍。说明一下，若神父不在别人也可领做，但不能领圣体圣血，后者只能由神父来做。过程中要唱宗教歌曲，至少5首歌曲，因为教友们唱熟了，是很不错的合唱。仪式过程中，三位神父配合。一次仪式约1个半小时，结束时大家双手合十，互祝平安快乐。我不是教友，大家也就握手或招手向我祝平安快乐，我也一一还礼。教友中有姐妹俩，姐40多岁，妹好像30岁出头，均是幼儿园老师，未婚。好像姐已经不打算结婚了。每次仪式结束，高神父总会报告一些情况。这次他说的是，两位中国神父来，主要还是找韩国草梁洞教堂神父交涉有关华侨教堂问题。12时全体到上海街华元饭店吃饭，这是一家华人餐馆。两桌，吃的虽然是改良中国菜，但对我来说，真是难得，大吃一顿。有炸虾球、熘丸子等，喝的是中国白酒，高神父未喝酒。饭后照例回教堂聊天，我声明下次不来了，否则有混吃混喝之嫌。他们说，一定要继续来，因为我来了会给他们带来许多中国大陆的信息，他们很感兴趣，很高兴。于是约好圣诞节时我还来。下午2点由吴老师开车送高神父到高速汽车站，他要回汉城。我也告辞，到上海街去了。天还在下雨，但觉得很有情调，也可能是心情不错的缘故吧。

21.韩国学生给我过生日

11月11日是我的生日。多年来，我从来没把过生日当成个事。大概上半年闲聊时，我无意中说出我的生日，谁想到小黄却记住了。早在一周前，小黄和小张便策划给我过生日。他们的意思是到外面饭馆吃饭，我拒绝了。理由是，我不愿意到外面吃饭，特别是我不能让学生（在校的）请老师吃饭，这是一个原则。我和他们讲，在中国，老师是不能让在校生请吃饭的，因为你们还未工作，花的是家长的钱。我说中国年纪大一些的老师都会这样坚持，如今的年轻老师另当别论。实际上，一年来多次有学生请我吃饭，我一律拒绝，或者是吃过饭后由我结账。加之前几天，我遇到了一件虽然无所谓但让人不够愉快的事，更无心思过什么生日了，只是想到那天我去小饭馆吃点什么就算了，晚上再买点东西与学生简单喝点酒就可以了。因而前几天小黄与小李又提起过生日一事，我再次谢绝了。但是我知道，同学们与我是很有感情的，他们不会没有动作。况且，在韩国是按虚岁算年龄的，那么，按他们的习惯，我今年是六十大寿了。他们会重视这件事的。11月11日上午，我只有两节课。中午离开学校，去MEGA　MART，买了两种肉（肉片和做红烧肉的肉块），买了巧克力、啤酒、烧酒、橘子汁、粉丝、酱油等，这些并不都是为过生日，也是为了这一周生活用，本来星期天晚上想去买，因下雨未去成。回到公寓吃过饭后，休息了两个小时（因吃抗过敏药后有点犯困）。起来后做了个人参炖鸡，鸡是上周买的，我不知晚上有几个人来，只炖了半只，但鸡很大，鲜人参是一个学生家长送的。又把肉片整理了一下，放到盘子里。6点钟，小黄从学校打来电话说，他过一会儿就回来。我说，你不要着急回来，9点钟下课后再回来不迟，他和小张都选修晚上的商学院的国际贸易课。他说，已经和老师请好假了。我再三说让他们先上课，但他们说，一定要回来。已经如此，我也无可奈何了，心中只有感激。大约6点40分，小黄、小张及其女友昭英（已经毕业，我在郑州教过她）、东郁（已经毕业，在郑州时我教过他）四个人来了。他们给我带来了生日礼物，东郁买的生日蛋糕，黄、张与昭英合着给我买了一双皮手套，另外他们还买了些吃的东西。有一种食品称作贝贝鲁（PEPRE），因为当天是韩国的贝贝鲁节，日历上是有标记的，至于这个节是什么意思，学生们也说不清。晚上7点半，学生小吴开车赶来了，他送我的礼物是一盒平角裤衩儿（3条），后来才知道，这是小黄给他出的主意，小黄知道我过敏，穿三角裤衩儿不舒服。生日PARTY开始，闭灯，蛋糕上点燃蜡烛六支，象征60岁生日，拉响三支小炮，小炮响后蹿出一团彩色纸条，正巧落在我和其他人的面条碗里，在昏暗的烛光下，分不清面条与纸条了，然后我吹灭蜡烛，大家一起唱“祝你生日快乐”。开灯后发现，小炮上韩文写的产地是中国。学生特意买来新鲜的面条，类似中国卖的手擀面，但更劲道。为了祝贺我的生日，大家一起吃面条，平时他们多吃米饭，当然也吃方便面或其他的面条。菜不多，除鸡外都是小黄做的，他在部队服役时是炊事员。饭后聊天，大家都很高兴。我让小黄打电话从饭店要炸鸡，准备喝酒，韩国吃饭和喝酒是分开进行的。约15分钟后，炸鸡送来了（一般一份都是一盒炸鸡，一小瓶饮料——百事可乐之类，一小塑料盒泡菜），大家开始喝酒，同学们纷纷向我祝贺生日快乐。大家玩到11点才散去，因为第二天小李要去为一个从香港和上海来的旅游团当翻译，小张则要去军训一天（预备役军训），否则还不知要玩到几点。这一天我很高兴，也很感谢同学们。

后查资料得知，贝贝鲁是韩国的一种形状像手指或筷子的一种饼干。在每年的11月11日，韩国人会送贝贝鲁给自己喜欢的人。我在生日那天白天上课时就有个同学送给我这种饼干，不过当时我并不知道这里有什么说头。

22.韩国离婚率升高

据《朝鲜日报》中文网2003年10月18日消息称，最近中国的国家信用等级超过韩国，国际信用评估公司穆迪公司将中国上调到A2级，比韩国高一个等级。从经济方面来说，截至9月末，外商对韩国投资为45亿美元，较上年同期减少30%以上；同期中国为402亿美元，比去年增长12%。2003年8月末，上海集装箱码头吞吐量为719万TEU，首次超过釜山，釜山为609万TEU。TEU是英文Twenty-feet Equivalent Unit的缩写，是以长度为20英尺的集装箱为国际计量单位，也称国际标准箱单位，通常用来表示船舶装载集装箱的能力，也是集装箱和港口吞吐量的重要统计、换算单位。《朝鲜日报》文章认为，差距造成“是因为两个国家领导层的领导力量之差”（10月18日网载）。该报16日的文章还认为，韩国二三十岁的年轻人“经济苦难”日益加剧，其主要表现是，失业率增加，且因工资上涨幅度远远低于房价，因而这些青年人拥有住房的比率大为下降。韩国各大企业效益也不一样，三星电子营业利润第三季度同比增加77%，表现突出。又见中国新闻网2003年12月29日据韩国媒体消息编发的题为“韩经济不景气致家庭矛盾增加，今年离婚率近50%”的报道：“韩国保健福利部12月28日发表的一项统计报告显示，韩国今年离婚率高达47.4%。预计再过几年，韩国的离婚率将超过50%。这意味着每年结婚的2对夫妻中1对夫妻就要分手。”“这项统计报告还显示，韩国的离婚率（47.4%）只比美国（51%）和瑞典（48%）稍微低一点，但与性意识比较开放的挪威（44%）、英国（42%）等国家相比，韩国的离婚率偏高。”“该报告还分析称，经济不景气造成家庭矛盾增多是韩国离婚率上升的根本原因，这一诱因导致很多家庭解体。”

23.郑州大学申长雨校长访问庆星大学

早在2002年下半年，郑州大学领导便接到庆星大学校长朴镜文博士的邀请，并准备访问庆星大学。当时曹策问校长已经办好手续，但因为赴京参加“两会”及三校合校后事情太多，未能成行。庆星方面，董事长、校长多次访问郑大，他们切盼郑大方面来访，商谈双方合作事宜。2003年11月5日中午，郑州大学国际交流合作处处长李海俊、远程教育学院院长王宗敏二人乘飞机先行抵达釜山，我也去机场迎接。当天下午，李、王二人即与庆星大学科研教务处处长举行会谈，为次日双方校长会谈做准备。当晚，庆星大学文学院院长宴请李、王二人。次日上午双方继续会谈。中午，申长雨校长乘飞机直接从日本抵达釜山，下午双方校长即举行正式会谈。当晚，庆星大学校长宴请郑州大学校长。7日上午双方继续会谈后于中午正式在协议上签字，协议主要内容是双方互相交换专家，交换留学生，郑州大学

◎ 郑州大学申长雨校长（左二）访问韩国庆星大学

方面开设韩语专业，以及其他方面的合作。当日下午，郑州大学一行在市内参观。晚上庆星大学朴校长宴请郑州大学申校长一行。8日上午10点30分，郑州大学一行赴机场，乘下午1点的飞机回国。我到机场送行。此次申校长来访，庆星大学方面招待极热情，规格也很高，从中可以看出他们的工作方式及工作人员的敬业精神。申校长一行在釜山访问期间，有几个花絮不能不说。其一，在庆星大学董事长举行的宴会上，照例由双方领导介绍本方与会人员。庆星大学董事长介绍时，将我列入庆星大学一方，说这位是庆星大学中语中文系郑永福教授；申校长介绍时说，这位是郑州大学历史学院郑永福教授。应该说明的是，依韩国惯例，我应聘到庆星大学，理所当然是他们学校的教授。所以，不论是学校的网上还是对外宣传的纸质文件，教授一栏中均有我的名字。其二，韩国“劝酒”的“水平”不亚于中国，使不胜酒力的申校长难以招架。第二天我到机场送行时，申校长坐在候机厅的椅子上还对我说，“到现在还头痛”。其三，申校长一行过安检时，随行的两位处长顺利过去了，申校长却被拦在外边。理由是申校长是从日本飞到韩国的，没有办理由韩国飞往中国的手续，应该还从韩国飞回日本。申校长与机场方面说明自己的身份，强调是应庆星大学校长邀请来韩国访问。机场方面与庆星大学方面取得了联系，进行了沟通，这才放行。

24.“二度樱”与“二度槐”

先说奇事：“二度樱”与“二度槐”。

中国有所谓“二度梅”，也就是“梅开二度”。但究竟谁见过、何时见过，缺乏记载。笔者在韩国，就亲眼见到“二度樱”与“二度槐”，并拍照留下了照片。

9月“鸣蝉”台风过后，釜山的乔木包括樱花树和洋槐树的树叶被一扫而光。我们知道，樱花是每年3月末4月初开花，而槐树则是初夏开花，且都是一年仅开一次。但奇迹不经意间发生在我的眼前。到了2003年11月上旬，由于气温偏高和其他自然因素，奇迹出现了。我先是发现留学生宿舍旁的槐树慢慢长出了绿叶，有一天，走近一看，竟然还看到有白色的槐花开了。一天，我又仔细观察文学院内的樱花树，虽然没有长出绿叶，但有几朵樱花绽放了。我的相机品质不高，摄影技术更低。槐树好照，但稀疏、淡淡的白花点缀在绿叶间，难以看得很清楚。而樱花拍摄

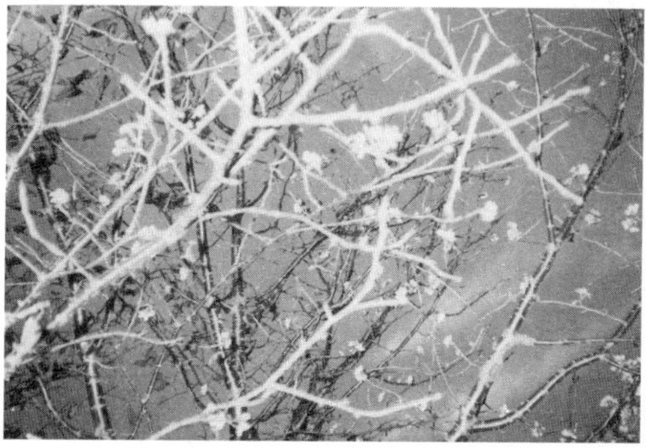

◎ 釜山樱花再度开放

◎ 釜山槐树再度发芽开花

要难得多，因为淡粉色樱花，呈现出的几乎是白色。在阳光下一照，什么也看不见了。我观察了两天后，在太阳刚刚下山时，以蓝色天空为背景，按下了快门。上面两张照片，就是当时拍下的，虽然效果欠佳，我还是十分珍惜。

釜山，乃至韩国不少地方，秋天是非常漂亮的。山多，山上的树多。到了秋天，不用说山上的枫叶，红彤彤的，其他的一些落叶乔木的叶子，不少也变成暗红色或紫红色。一个月来，从电视报道中，经常看到游客到山林中观赏红叶。“霜叶红于二月花”，绝非诗人的想象或夸大其词，确实是很动人的。釜山的秋天是非常美丽的，湛蓝的大海此时更加动人和诱人，有时让你向往得恨不得跳下去游泳；而山上的红叶也吸引大批的男女老少去爬山，陶醉在那天人合一的境界里。今年，釜山登山的人依然多，但景色却比往年逊色不少。主要是9月13日“鸣蝉”台风过后，大批树叶枯黄了，凋落了。有些树虽又重新长出嫩芽，终究经不起深秋的冷风，再一次枯萎。11月12日，最高温度15℃，最低温度10℃，明显比前几天凉多了，有的人已经穿戴起冬天的行头，当然也有依然穿得很少的，昨天我还见不少女中学生穿校服裙子，真耐冻！路边、山上，暗绿色仍是主调，尽管草已经变黄。洋槐树上，台风过后长出的新叶子已经有些瑟瑟发抖。而那诱人的红叶，我在釜山始终也没有见到。我每天中午在学校食堂吃饭，近来多半是在工学院、药学院附近的食堂吃，因为那里离我的研究室近，也就是200米，虽然要爬山坡，但累的时候也可以坐车，食堂的小面包车每天上午11点到下午1点半，不间断地往来于工学院和文学院之间。司机早已经认识我，见我坐车肯定让我坐到驾驶室里，且不再等人，立即开车把我送过去。吃完饭下来时，我便沿山坡小路走下来，虽然仍可以坐车，但我不坐，走在那松软（地上是枯草、小枝叶）的小路上，舒服极了。这时我才明白，为什么不对这些地方进行大扫除（顶多是有人捡一下风刮来的纸片或塑料袋什么的）。在校园内我虽然没有看到红红的霜叶，但也尽情地享受着大自然的另一种恩赐。

25.大学生与补习班

选我课的学生中，有个二年级的小姑娘，姓吴。小姑娘很用功，也很可爱，但她引起我的注意是因为，到了下半年，她的学习成绩提高得特别快，课堂上我经常请她读课文。她是中语中文系夜间班的学生，夜间班韩国也称作二部。她的家乘地铁比我的公寓要远3站，有时晚上上完课，我们一起坐地铁回家。经过询问我才知道，这学期她白天上汉语补习班，晚上到学校上课，怪不得她进步这么快。后来我们在地铁见面的机会少了，因为我常步行回家。从学校到我住的公寓，坐地铁仅仅一站路。有一次我和中国驻釜山总领事馆的张领事谈起，我步行回家需30分钟，坐地铁28分钟。张领事说，那你不如走路回去，可以锻炼身体，等你回国时腿就练出劲儿来了。其实，在韩国，在校大学生上补习班是再正常不过的了。和我住在一起的小张、小黄，他们每天早上到补习班上两课时的英语，20天一个单元（一个月上20次课），要交7万—9万韩元的学费。韩国补习班很多，到处可见。就在学校对面21世纪大厦上的窗口有各种补习班的广告，英语、日语、汉语、德语、法语、韩语、音乐、美术、书法（汉字书法）等，有中学及大学的课程。同在一个班，学员年龄能相差20岁，因为有初中一年级的学生，也有三四十岁的成年人。上补习班的原因还有一个，就是韩国学生明白，要找到较好的工作，能力要强。学生小张现在一边学中文系的课，同时还学着商学院国际贸易课，另外还选修日语，又在补习班加强英语，说起来也是够辛苦的。补习班多，也给很多人创造了就业机会。不少博士、硕士或本科毕业生，找不到专门职位，便在补习班教书。博士在补习班教书，收入不少。补习班太多，补习费用太高，学生压力太大，已经引起学生家长和社会舆论的关注。一年之中韩国有多次汉字汉语等级证书考试，拿到证书谋职时便增加了砝码，所以上补习班学汉字汉语的人很多。假期，补习班的生意更加红火。小黄上了英语TOEIC托业(国际交流英语，考试)补习班，每天晚上两节课。他说，参加补习的人很多，有时座位很紧张。我问他，这次又交了多少学费？他说这次免费，原因是他到附近的国立釜庆大学为补习班散发招生广告，以劳务费顶替学费。这倒不错，干几个钟头工作，便省去了7万韩元的学费。

26.以人为本的设计

在韩国釜山，很多公共场所的设计显示出以人为本的理念。去超市购物，买的东西比较多，需要包装一下，商场免费提供包装用的纸箱及捆绑用的绳子和胶带。如果你购物金额超过5万韩元，凭购物结算单，可由商场的专车送货到家，按里程长短，顾客不掏或只掏很少的钱。比如，从MEGA MART到我住的公寓的送货费是2000韩元，我自已仅支付500韩元。商场外面有十来个圆桌，有椅子，有遮阳伞，可以坐下来休息或吃点什么。另外还有不少长条木凳，供人休息。美术馆、博物馆内有相当多的沙发，供人休息。火车站广场有不少供人坐着休息的地方，稍微大一点的汽车站也有座椅。外国人到中国后常讥笑中国人不讲礼仪，坐在商场的台阶或大街的马路牙子上，尤其是女性穿着裙子这样坐十分不雅观，殊不知这些人实在是没有更好的地方休息，大多是不得已而为之。大学里，各教学楼内均设有学生休息室，在这里可以买到饮料和食品，如果吃方便面，随时供应开水，方便得很。为了方便学生，文学院的教学楼内还专门设有女生休息室，里面全是沙发。此外，每个年级都有一间学生休息室，室内有类似超市存包的柜子，可存放书包等物。学生大都是走读，每天背的书包很重，仅《中韩大词典》就有二三斤重，如果不想背回家，就可以放在柜子里，第二天来了不影响使用。这些做法当然增加了一些投资，但确实方便了学生。

学校办公楼大厅里，有个电脑装置，每天都有学生在那里排队操作。开始我不明白学生在干什么，询问后才清楚，原来一些同学为了考各种资格证或找工作，需要提交在校学习的课程和成绩。在大厅里，学生很容易就从电脑中调出并打印自己的学籍档案。当然，要交钱，打印一页500韩元，如果要加封面，要加盖学校的公章，那还要交几百韩元，只要将钱投入到机器内（硬币、纸币均可，可找零）。这不禁使我想起在国内的大学，学生想开个成绩证明往往很难。交钱不说，不是主管不在就是盖章的不在，总之让人心里很不是滋味。能否参照韩国做法改一改呢？

此外，在邮局、银行的柜台或餐馆的结账处，大都放着一些水果糖，供人随意享用。我常在校内27号楼上夜间班的课，晚上七八点钟，在大楼前有学生会组织的晚餐点，卖方便面、小吃等，旁边照样有免费的水果糖。有一次我坐校车从图书馆到山上的工学院，车门旁竟然也放了一小筐免费水果糖，而坐该车者99%是学生。这种做法，让人感到很有人情味。当然，必须说明，我从未看到有人不自觉大把拿糖吃，一般只拿一块，顶多拿两块而已，这也是一种文明吧。

27.校外教育费用数目惊人

据韩国《朝鲜日报》2003年11月19日报道，当年小学、初中、高中生家教、补习班等课外教育费用总计可达13.6485万亿韩元。这一数字达到了上年GDP（国内生产总值，590万亿韩元）的2.3%和当年教育经费预算（25万亿韩元）的55%，与两年前（2001年）相比增加了28%。另外，把30%以上的收入投入到课外教育的家庭也增至23.5%。韩国教育开发院表示，通过对19632名学生、家长和老师为对象调查课外教育情况，得出了上述结果。据调查，2003年课外教育费用首次突破了金融危机之前（1998年）的13.2841万亿韩元。1999年曾下降到6.772万亿韩元，此后平均每年递增1.7万亿韩元。2003年普通高中生、初中生和小学生的每月人均课外教育费用分别为28.8万韩元、27.6万韩元和20.9万韩元。参加课外教育的学生比率为小学生83.1%、中学生75.3%、普通高中生56.4%、职业高中生19.2%。费用额的高低，从学生居住地考察，以汉城江南地区、汉城其他地区、广域市、中小城市、邑面（行政单位名称）地区递减。有人认为，韩国目前教育方面的问题在于“私教育”，即课外教育太严重。很多家长和学生都认为只有考上重点大学，才会前途光明。另外，公司招聘职员时，过分重视文凭和资格证，这就引起竞争过热现象，于是学生们想尽办法上各种补习班，找课外辅导，学生筋疲力尽，也给家长带来了沉重的经济负担。

28. “身土不二”

来到韩国后，常常看到一些农产品的包装箱上写着四个大字：身土不二。后来在韩国的一些街道两边，也常常看到这几个字。当时不解其意，以为是什么产品的宣传广告。下半年来韩后，我就这四个字的含义请教了一些老师和同学，又翻阅了有关的文字介绍，才明白其真正的含义。“身土不二”，其字面上的意思大致是说，人的身体应该是和他生存的这块土地是一致的、相适应的，不应该相剥离。基于此，身为韩国人，应该衣食本土之物产。韩国人这种思想与教育，使其国民本土意识非常强烈。以前就听说过，韩国大街上跑的车非常多，但大多是国产车。我曾经留心地观察过，的确如此，街道上跑的车95%以上是现代或起亚等韩国车。我也看到当地有专营德国奔驰、宝马等名牌外国车的商店，但经营情况似乎并不理想。韩国人使用的家用电器和电子产品，也多用民族品牌，比如三星、LG等公司的产品。家具、服装、食品等日用消费品，也以国产为主。美国以经济制裁为要挟，部分打开了韩国的农产品市场，但洋货在市场上无法“趾高气扬”。从美国进口的牛肉的价格要比韩国国产的低10%—20%，韩国人请客吃饭往往要点本土牛肉，这样显得更有面子。近年来，一些农产品、水产品从中国进口，如洋葱、鱼类、贝类等。但在韩国，从多次友人请我吃饭的情况了解到，中国青岛一带进口到韩国的贝类，价格仅为韩国的1/2，从中国进口的河豚，价格也要比韩国本土的便宜不少。这样，人们自然认为请客吃本土的产品更为“高档”、体面。因此，说到底，“身土不二”也是韩国特有的一种民族精神。

29.谢师会

11月17日，中语中文系学生代表到我的研究室，当面正式邀请我参加11月22日（星期六）毕业生的谢师会。所谓谢师会，是毕业班的同学在毕业前为了感谢老师多年来的教育培养，特意举行宴会答谢。韩国大学生是春季入学、春季毕业，这次举行谢师会的同学是明年2月毕业。当然也有个别学生因休学或当兵要到明年8月才毕业。谢师会于22日晚6点多在一家饭店举行。系里老师都参加了，参加的同学有30多人。据大吴教授讲，今年庆星大学中文系的谢师会不如往年隆重。一是往年谢师会学生基本都参加，很少有缺席者，但今年似乎缺席较多，其原因多种多样，总之不像过去那么重视了。二是往年谢师会学生均西装革履，郑重其事，但今年穿什么的都有，这也许是因为当天天气突然特别冷的缘故（当天最终低气温2℃，最高气温10℃）。尽管如此，谢师会气氛依然十分热烈融洽。宴会由学生代表主持，先由系里资深教授致辞，然后学生向老师赠送礼品，接着一一向老师敬酒，师生畅叙情谊。这天吃的是韩国烤肉，喝的是啤酒和烧酒，一个往届毕业生还奉献了5瓶洋酒（后来我听说他是一家酒店的老板）。到了近10点钟，不少老师和同学已经微醉，但这仅仅是第一轮。吃饭结

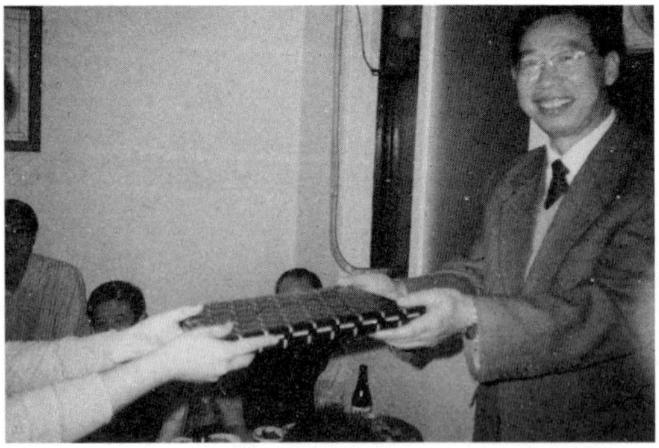

◎ 谢师会上接过学生赠送的礼品

束，全部人马又转移到一家啤酒馆喝啤酒。近12点，再转移到另一家啤酒馆继续喝酒。按我过去参加一些聚会的经验，第三轮本应该是到卡拉OK厅去唱歌和喝啤酒，不知这次为什么变了。我因故提前退席，后来得知，大部分同学都喝醉了，河主任和柳教授也都喝醉了，真可谓“不醉不散”。

30.“骑驴找马”：大学生的就业形势和就业观

由于韩国经济近年来不够景气，失业率上升，大学生就业就成了一个令人关注的问题。据说，2003年应届大学毕业生就业率为60%。面对这个问题，不少大学教师教育学生，不要对就业岗位期待过高，不妨“骑驴找马”，先有个事情做，慢慢找机会，再从事更满意的工作。这让我想起在中国常说的一句话，先就业，再择业，意思好像差不多。说实在话，由于国情不同，相比较而言，韩国的大学生，特别是一般大学的学生，找工作的时候，期望值并不是很高。究其原因，一是韩国大学入学率高，高中毕业生除特别差的外，只要愿意，大都能上大学，因而大学毕业在找工作方面已经没有什么大的优势。二是大的公司企业，眼睛盯着的是少数几所名牌大学的毕业生，如汉城大学、延世大学等。一般大学的毕业生到现代、LG、三星等企业工作的机会渺茫，何况近年来因经济不景气，一些大公司裁员数目甚至大于招聘的数目。对此，一般大学生都有清醒的认识。我教过的学生中，2003年毕业和即将在2004年初毕业的同学，找工作的态度都比较现实，期望值并不高，即便如此，找个工作也不是很容易。去年毕业的一个学习尖子，一直在补习学校当教师，这是个临时工作，尽管他做得很不错。10月，国家招聘海事警察，他终于考上了。但他还不能马上上班，要等明年二三月海事警察厅一些人退休空出指标后才能上班。这个学生水平较高（大学期间多次到中国留学），运气也算不错。更多的同学还是不停地到各地招聘公司去面试，有几个已经到了小公司上班。明年毕业的男同学小张，经老师推荐到华侨中学当教师（因华侨中学情况特殊，不要上岗证），已经正式上班，不仅小张的父母很高兴，也令不少同学羡慕。总的来说，男同学就业要比女同学容易。女同学找到工作的一般是在旅游公司、会展中心等单位，临时聘用性质居多。当中小学教师是不少女同学的理想职业，教师待遇类似公务员，但能如愿以偿者少之又少。一是当教师要通过全国的资格考试，还要有实习的经历，不是很容易。二是随着人们观念变化，出生率逐年下降，生源少了，学校教师需求也就少了。现在已经有一大批取得资格证者还没有机会上岗。大多数同学是“打卯子”，做些临时的工作。如有的在补习学院当教师（这也不容易，要有一定的水平，还要有强有力的人推荐）。今年上半年毕业的小李，一直没有一个比较固定的工作。今年下半年在一个公司干了几个月，结果公司倒闭，还欠了他几个月的工资。最近，他经人介绍当了两次翻译，一次是给中国的旅游团当了几天翻译，一次是给应韩国一个公司邀请来韩国考察观光的山东的一个企业的两个经理做翻译。两次加起来也就十多天。没事干了，他就去补习班学习，再充电提高。一般男同学有了工作，收入还是可以的。比如在华侨中学当教师的小张，月薪100多万韩元，相当于人民币近10000元。小李做翻译，收入不稳定，但至少每天也在7万韩元左右，相当于人民币500元。另外有些同学，特别是学理工科的同学，在家人或朋友帮助下，自主创业，开个小公司，图谋发展。

2004年1月14日韩国《朝鲜日报》记者以“韩国大学毕业生年均12次应聘”为题做如下报道：“据调查结果显示，2003年大学毕业生年均递交应聘相关资料的次数达16.7次，与2002年之前的年均10.1次相比，展开更为激烈的就业战争。”“本月14日，韩国妇女开发院受劳动部的委托，专门拟订了《我国男女就业区别现状及特征报告》。在报告中，做出了上述表示。该报告是以400名男女待业大学毕业生为对象进行问卷调查后拟订的。”“据该报告，男性大学毕业生年均递交应聘相关资料的次数为8.3次，女性则为14.9次。以2003年大学毕业生为例，男性为年均7.5次，有所下降，但女性则达到了24.1次。”“与此相反，以在60家企业已工作2年以上的600名职员为对象进行的调查结果显示，他们应聘的年均次数为5.1次，远低于待业者。”报告还指出，在100名待业大学毕业生中，有10人说“为就业进行了减肥”，有人“接受了整形手术”。此外，为了就业，采取了不少措施和办法，如“参加语言补习班”（51.8%）、“接受技术及相关教育”（27%）、“到劳动部等就业中介机关登记”（22%）、“海外进修”（9.5%）等。

31.庆州与佛国寺

庆州是韩国历史上新罗时期的首都。佛国寺在庆州，它和另一文化遗址石窟庵一起被列为世界文化遗产。庆州佛国寺，是到釜山旅游乃至到韩国旅游必去的地方。我没有欣赏到釜山的秋色，11月26日来到庆州佛国寺，通红的枫叶把寺院烘托得格外美丽迷人——虽然要是早来20天景色会更好，但毕竟赶上了末班车。

此前我曾经去过韩国的通度寺、海东龙宫寺、梵鱼寺，这次又参观了佛国寺，总的感觉是，韩国的寺院从规模上来说似不敌中国的名寺院，没有中国的寺院那么壮观。但就文化环境、氛围及其修旧如旧方面，韩国似乎更胜一筹。再说门票，庆州市博物馆是韩国仅次于国立中央博物馆的国立大馆，门票仅400韩元，相当于3元人民币。而通度寺是韩国三大寺院之一，梵鱼寺也是名刹，门票仅千韩元，合人民币6元多。佛国寺门票稍贵，也只有3000韩元，合人民币20元。寺院自然景观很好，周围并无什么新的人工建筑，更无高层建筑，环境非常好。2002年吾妻吕美颐教授两次借开会之机游览过庆州佛国寺，对其列入世界文化遗产颇不解，似乎中国的很多景点要比韩国的这些景点好得多，这次我算是明白了几分。与韩国相比，也许我们的景点更壮观，历史更悠久，但周围各色新建筑太多，用“杂乱无章”来形容可能过分，但确实乱，失去自然，过于商业化，往往像个大市场。当然，这几年已经有很大改观。新罗将佛教定为国教的第二年，即528年，佛国寺由法兴王母亲迎帝夫人和王妃尹夫人创建，最初名叫法流寺，以后多次重建，到774年由国家完成形成大伽蓝。据传以大雄殿为中心（注：韩国寺院均有“大雄殿”，不若中国称为“大雄宝殿”），有一百余所建筑。后因壬辰倭乱大部分建筑被烧毁，只有金铜佛像和石物幸免。17世纪虽经复建，但佛国寺越来越衰落，逐渐失去原来风貌。从1969年到1973年，在旧址上重建无说殿、观音殿、毗卢殿、经楼、回廊等建筑，并重修大雄殿、泛影楼、紫霞门、石坛等，建成现在的规模。1995年，

◎ 佛国寺

◎ 佛国寺列入世界文化遗产

◎ 佛国寺紫霞门

佛国寺和石窟庵被列为世界文化遗产。整个建筑中，安养门前的莲花桥和七宝桥及紫霞门前的青云桥、白云桥，非常具有特色，也很壮观。当然，韩国人引以为豪的还是大雄殿前的释迦塔和多宝塔。释迦塔的正式名称为佛国寺三层石塔，一般称为释迦塔。该塔是750年左右金大成重建佛国寺时与多宝塔一起建成的，高度都是10.4米。1966年解体修补时，在塔身里发现《无垢净光大陀罗尼经》等28种70多件文物，被指定为韩国国宝第126号。卷纸型的《无垢净光大陀罗尼经》，推定为750年左右写的作品，全长260厘米，宽8厘米，韩国学术界认为是世界上最古老的木版印刷品。刻版技术精巧，字体秀丽，完美地保持着木版印刷品的性质和特征。据陪同前往的柳教授说，有的中国学者认为这件物品是由中国传到韩国的，但韩国学者不以为然。无论如何，这确实是件难得的宝物。多宝塔建筑设计非常奇特精巧，据说其样式世界上独一无二。韩国的10元硬币的背面，即以此塔为图案。作为一个外行，我最为欣赏该塔，但柳教授说，专家们则更看好释迦塔。游客中有几个中国人，听口音像是东北人，见佛就拜，出手大方——到大雄殿等处跪拜是要交钱的。

32.庆星传统：大学生经营一天啤酒馆

2003年11月27日，是庆星大学中语中文系经营啤酒馆的日子。我接到学生会代表的邀请，但不理解这是什么活动，经多方打听，才算是明白了。原来，这是庆星大学的一项传统活动，不少系都这样做。具体情况是这样：一个系在一年的某一天，承包一个啤酒馆。这次承包的啤酒馆，订的合同是一天要给老板50万韩元承包费。合同签订后，学生会便印制精美的门票，面额是一张3000韩元，票面背景是中国1元人民币的图案，以示中语中文系的特色。之后，便由学生会代表等去推销，推销对象是本系同学及有关系的单位和个人，比如兄弟系同学及本系往届毕业的同学，特别是从事经营的一些校友。不少人一买就是四五张。27日当天，买了票的人便来到啤酒馆喝酒。而本系教授属特邀，不买票。27日晚，啤酒馆相当热闹。我不仅接到学生代表的邀请，也接到系办公室通知，当晚6点要参加，说这是系里的一次活动。因当天晚上6点我有课，上完一节课后才去。场面相当热烈，系里教授早就来了，学生也有五六十人。另有校友参加，其中一个是专门做中国贸易的，主要从中国进口海产品，另有一人是在北京朝阳区开了个大的快餐店。停留1个多小时后，我便告辞，因为8点40分还有课。后来得知，有不少人是我走后才去的，因为有课或者工作脱不开身，所以晚去一会儿。据说，这个活动目的有二，一是为学生会活动筹集经费，听说一次能赚50万韩元左右（相当于人民币3000多元），二是对于学生来说，这也是一次很好的社会实践活动，可以增长才干。这倒真是个不错的点子。

33.釜山近代历史馆和临时首都总统府

2003年11月29日，我去参观釜山近代历史馆和临时首都总统府。坐地铁2号线转1号线，在中央洞下车，按照大吴教授给我画的示意图，先到了釜山近代历史馆。虽然有示意图，也着实找了一阵子，原因是我没有想到该馆是一个不起眼的三层小楼，且招牌极不显眼。该楼原是日本统治朝鲜时期“东洋拓植株式会社釜山支社”的办公楼。该组织曾经在朝鲜进行了各种经济侵略活动。第二次世界大战结束后，该楼成为美国海外公报处属下的“釜山文化院”。釜山近代历史馆的展出有三部分内容，第一部分是揭露从19世纪末到第二次世界大战结束日本对朝鲜的侵略，特别是在釜山的各种活动。其中包括釜山的开港史与港口城市发展史，展品有部分当时的印刷品，另外多为照片和图片。第二部分是韩国与美国的关系史。第三部分为釜山的现当代发展史。均以照片、图片或当时的印刷品为主。虽然展出

◎ 釜山近代历史馆

◎ 临时首都总统府

历内容不够丰富，但很有点意思，可以使人了解一个世纪以来釜山的发展。当天我去时参观的人不多，不到10人。从该馆出来后，我仍按照大吴教授画的示意图，去找临时首都总统府，一路经过多次和小学生、中学生打听后，终于找到了。该馆英文名为“PROVISIONAL CAPITAL MEMORIAL HALL”，中文名译为“临时首都总统府”。朝鲜战争爆发后，釜山成为韩国临时首都，该处即为李承晚办公和居住的地方。这是一座二层红色小楼，现分为6个展室，即李承晚及其夫人的起居室、李承晚的办公室、警卫室、厨房及餐厅、浴室等。据说共有152件收藏品，以照片为主。参观过程中，我没碰到其他参观者，出来时，才来了一位学生模样的女士。看来平时来此的人一定很少。韩国的一些旅游资料上这样介绍该馆：“这里是‘6·25’当时的临时首都，是使后代继承和发扬克服国难精神的历史现场，提醒人们记住民族史的黑暗时期，是促进统一和繁荣的活教室。”参观出来，天下小雨（本预报无雨），我未带雨伞，匆匆忙忙赶往土城洞地铁站乘车返回。

34.网吧开业——向猪头磕头行礼

前几天听学生小黄说，他的一个朋友要开一个网吧，最近正式开业，问我是否有兴趣去看看。小黄说，业主租房子、购置设备加装修，共花去四五千万韩元。据说开业后一天可赚几十万韩元，除去各种成本，我算了一下，至少三四年才能收回投资成本。去网吧的人主要是学生，其中大多又是大学生。网吧地点在龙虎洞，位置还算可以，附近有釜庆大学、庆星大学和釜山外国语大学等，估计生意会不错。11月30日下午4时，网吧开业。说是开业，实际上是12月1日才正式开业，

30日是庆祝次日开业，亲朋好友前来祝贺。我是下午5点到的，网吧设在二楼，楼下是商店门面房。房间不算太大，放有30多台电脑。我之所以想去看看，主要是听说当天有类似祈祷、祭祀的仪式。前来祝贺的人都要面对供桌磕头。供桌上放有时令果品，中心位置是个大猪头。来的人要跪下来对着猪头磕头，还要往猪头的鼻子和嘴里放上钱，据我所见，钱的多少是随意的，当然最少也得一万韩元。这种情景我似曾相识，年初我刚到韩国时见到庆星大学中语中文系学生新学期做平安祈祷时和这个一模一样。网吧业主是小黄中学同学，又是非常要好的朋友，昨天晚上小黄忙了个通宵，为他的朋友帮忙。这天下午我和小黄一起去的。他给朋友买了点礼品，我也不好空手去，买了两个带镜框的风景画，表示那么点意思。小黄说画可以挂在洗手间。我们到网吧时已经有不少人先来了。小黄下跪磕头，往猪嘴里放了钱。他问我磕不磕，我说不磕了（当时我口袋里没有钱，因为走时匆忙，没有穿风衣，而钱放在风衣口袋里了）。我照了几张相，便告辞。店主追到楼下道别。返回研究室的路上，我突然想起，小时候（20世纪50年代初）在春节（或是中秋节）要上供，大人们，特别是我奶奶和妈妈，要面对供桌跪下磕头，供桌上好像也有个猪头。但那个猪头是生的，完事后还要煮熟。而在韩国几次见到的猪头是熟的，仪式完毕即可分而食之。我去札嘎其市场（韩国著名的海产品市场）时，就曾经见到卖这种猪头的。记得今年9月13日中秋节给在北京的母亲打电话时，告诉他韩国人中秋节放假三天，家家都要祭祀，还要上供。母亲当时感叹不已，说："还上供？咱们这儿的老礼早就都没了。"我问她老人家："我妹妹、妹夫他们回去了吗？"老人说："城里人不过中秋节，都没有回来。"她的意思是，城里人中

◎ 网吧开业祭祀也摆上猪头

秋节不放假，所以都没有回来。妈妈和我弟弟住在一起，住在郊区。

35.皇帝不急太监急

期末考试眼看就要到了。我教的本科生的几门课考试时间分别安排在12月4日（上午日间班，晚上夜间班）、8日（上午日间班，晚上夜间班）和10日（夜间班）。中语中文系其他老师的考试比我要晚开始一周。我吸取上半年教训，因为选修我的课的同学太多，改卷任务量太大，上半年和其他老师同一时间开始考试我很被动，全部考完三四天就要将成绩交系办公室，发到学生个人的电子信箱里。说起考试，我最挠头的是有些同学不认真对待。这样的同学当然不多，又集中在夜间班，有五六个人。我最怕的是学生考试不及格，因为庆星大学规定学生不及格不许补考，必须重修，浪费了青春，也给家长增加经济负担。庆星大学成绩采用相对评价法，即A^+和A等不超过30%，B^+和B等不超过35%，就是说必须有35%的学生成绩在C^+至F等，F为不及格。我又不会实际上是不愿意也不能送人情分，唯一的希望是学生都好好复习，考及格。但总有些学生不用功，实在无法，只好给不及格。上学期期末考试我就给了10人次不及格，我当时共教3门课，选修的学生近300人次（研究生除外）。这学期开学，我想上学期不及格的学生可能不会选我的课了，可是错了，他们除一人外照选不误，而且也感觉不出他们怨恨我。既然你还选修我的课，这次该用功了吧，可还是有人不当回事。其中一名男同学期中考试时不到10分钟就交卷了，我一看，什么也没有写。我赶紧追出教室把他叫回来，告诉他一定要好好考，能多得几分算几分。因为期中考试占期末总成绩的40%，期中若得0分，期末肯定不及格了。可我叫他他还很不情愿，好像我求他似的。真是应了中国的那句俗语：皇帝不急太监急！最近上课我一直给几个学习差的同学加油，鼓励他们好好学，增强信心，争取期末考出好成绩。对他们来说，考个D（及格）等就算是谢天谢地了。凡事都有例外，韩国学生还有要求老师给不及格的，甚至要求老师由良好改为不及格的，令人难以理解。据《朝鲜日报》2004年1月5日报道，2003年12月26日，某大学法语系学生金某查阅大学最后一个学期的成绩后，要求历史教师将自己的成绩由B^+改为F（不及格），以便推迟毕业。金某云，因为找不到工作，只好推迟毕业，“虽然要多拿一个学期的学费，但也没有其他的方法，如果没有工作（又不上学）会非常不安”。

36.“学校应向补习班学习”

据《朝鲜日报》中文网站报道，韩国教育开发院院长李宗宰在11月28日举行的“减少课外教育费听证会”上质问道：“补习班积极组成讲师阵容并详细介绍讲课内容和方法，甚至进行高考指导，而学校能向学生和家长提供多少信息？”他认为，对上述问题，政府的最高负责人、教育副总理及实际负责教育事务的各市、道教育监督应进行认真回答。如果其答案是“学校不如补习班”，那么这个国家的教育负责人就应该鼓励学校向补习班学习，而且把这一问题当作韩国教育的重要课题。李宗宰认为，学校（指中小学）要求学生早上7点上学，而整天面对学生到底都教了什么内容，使学生下课后纷纷到补习班，用疲倦的眼睛盯着黑板。从这一点上看，那些鼓励学生参加补习班去学习学校教育中不足的部分才是有良知的老师。如果教育不能使优秀的学生更上一层楼，使落后的学生达到中等水平，那么这种教育还有什么存在的意义？如果学校只能让学生荒废白天的时间，那么不得不令人深思，这个国家为什么一定要设立学校？这种毫无意义的教育每年吃掉25万亿韩元的教育财政资金，这无疑是把教育的消费者——国民当作了“冤大头”。如果公共教育和私人教育只是教育和受教育的区别，不同点只在于由谁任教，那么倒不如把公共教育的权限交给民间机构反而更好。教育副总理和教育监督不应该压制为建立真正意义上的学校而投入全部资产的“改革者”，不应该企图利用规定和指示全力限制其行动，而应该出面开展“学校向补习班学习”的活动。上述议论或有过激之处，但也确实反映出学校教育中的问题。这里主要说的是中学，实际上大学中也有类似问题。前面说过，一位学习优秀的大学生告诉过我：学习好的同学，几乎没有不上补习班的。而学习差的同学，上补习班也是必然的事。另外，补习班挑选教师比较严格；学校教师系公务员待遇，是否有惰性？又据韩国《朝鲜日报》2003年12月28日报道，汉城大学不定期对入校的新生进行数学与英文测验，成绩很不如人意。以数学科目为例，竟然有24%的人达不到一定水平。今年考试内容比去年更加容易，以前曾出现过接近满分100分的分数，但今年没有一名考生达到80分以上。文章认为，“由于不切实际的学校教育，学生只能到课外课堂或补习班寻求高质量教育。也就是说，由于所有的学校、所有的讲课内容都浅尝辄止，如果想掌握广泛的知识，只能在补习班学习。这相当于徒具其表的平等主义教育，只会导致穷困却聪明的学生断送前程”。文章还认为，“通过此次对汉城大学录取生的能力评价结果，也暴露了补习班只注重正确答案式、过分针对式教育的现实”。文章还说，“新任的教育副总理安秉永信心十足地说：‘将在坚固的公共教育的基础上，培养具备竞争力的精英。’话虽如此，但只有实践自己所说的话，才能算是真正的教育改革”。

37.在韩国的中国教授

一天，在网上见到署名“槟榔”的一位中国在韩教授写的《在韩琐记》。该老师在文章中介绍了他在韩的生活和感受。他来韩国快两年了，马上就要回国。他的在韩生活有一点特别值得我羡慕，就是常和在韩的中国教授接触。他在韩国大田市某大学任教，在他们那里，每次有中国教授期满回国时，大家都去送行。新来的，大家要为其接风，可见关系融洽，也可排遣难耐的孤独寂寞与挥之不去的乡愁。我这里的情况和他那里不同。在韩国釜山任教的中国大学教授和访问学者有几十人，但相互间没有什么来往。上半年听说有个在釜山大学任教的潘教授有意做东，把大家召集在一起聚一聚，但很快他与校方就待遇问题闹翻径自回国了。复旦大学一位老师在釜山外国语大学教书，我们两个学校相距不太远，住在同一小区，她住的公寓8号，我3号，本有会面的机会，但终未能谋面。她已经于暑假回国了，留下了些许遗憾。今年韩国大学生汉语演讲大赛在釜山庆星大学举行，我想是个难得的见面机会，不想有的老师演讲大赛一结束便走了，留下来参加晚餐的仅有4位，即釜庆大学的陆老师（来自北京大学）、东亚大学的李老师（来自中国社科院文学研究所）和一位来自上海的青年教师，再者就是我了。好在中国驻釜山总领事馆的张领事也在场，大家还是很兴奋的。我们交流了各自的情况，大家都很忙，除完成校方给的任务外，还要做些自己的事。所谓自己的事，是指在国内大学的事，比如写论文等。因为在国外一两年，不能在国内发表论文，没有论文发表，在国内的岗位、提职等就会受到一些影响。由于各自都忙，以后再也没有联系。席间说到在釜山大学任教的潘老师因为待遇问题和校方闹得很紧张，来了不久就提前回国了。张领事告诉我们，来韩时应认真签署协议，签完后只能一切按照协议办。“槟榔”老师的文章说他就要回国“过辛苦的生活了”。我想“辛苦”可能是指工资待遇和生活工作条件而言。该文说其在南京的住宅仅一室一厅，而他在韩国的公寓则是两室一厅；工作上国内是多人挤在一个教研室，韩国则每个教授都有一个宽敞的研究室。但回国和家人团聚，不又是一大快事吗？真是应了那句俗话，甘蔗没有两头甜。祝福回国的和仍要继续在韩工作的老师们健康愉快！到了年底，不少中国教授陆续回国了，我却因为合同未到期，寒假还有一门课，要坚守到2月下旬。据说，在釜庆大学任教的北京大学的陆教授也回去了，校方希望他明年再来，他没有答应。原因是他已经在韩国任教两年，如果再在国外一年，担心回到北大没有自己的岗位了。

38.国有企业土地公社招聘不填学历

《朝鲜日报》中文网刊载《高学历对就业毫无帮助》一文。文章说，近日，韩国互联网就业门户网站JOBLINK（WWW.JOBLINK.KR）针对1087名硕士、博士、留学派、MBA工商管理硕士、AICPA(美国注册会计师)等高学历人才进行了问卷调查，结果：硕士、博士、MBA等高级求职人才中，六成人认为学位或资格证对自己找工作毫无帮助。而实际上，大部分企业在招聘职员时并不对高学历给予优惠。调查结果显示，60.3%（656人）的人认为，学位和资格证反而影响他们就业；认为学位和资格证有助于自己就业的仅占32%（348人）。特别值得注意的是，有416人承认曾隐瞒过自己所取得的学位或资格证，占总调查人数的38.3%。同时还有76.6%的人称，为了就业，愿意从事待遇低于相应学历的工作。该网站还对132家公司进行了“高学历人才招聘实况”调查，结果显示，只有18.9%（25家）的公司对高学历人才加分，而其余81.1%（107家）的企业则说不会给高学历者任何优惠。同时在这些企业中，44.7%的公司认为高学历者的业务能力与一般职员差不多，而只有25.8%的企业认为高学历者的业务水平比一般职员优秀。另据调查，在各个行业中，金融、制药、IT等行业对硕士、博士的需求比较高。在与金融、财务类相关的行业中，需要持有美国注册会计师和特许金融分析师（CFA）等资格证的高级人才。另据10月13日《朝鲜日报》报道，韩国国有企业韩国土地公社10月13日表示：“学历？只要有能力就可以了。”该国有企业在招聘新职员时，删除了应征表格上的学历栏。土地公社表示，这是20世纪90年代初以来，第一次大规模公开招聘250名左右新职员。招聘领域有商业经营、房地产等5个事务职位和土木、城市规划、造景、环境等8个技术职位。土地公社在此次公开招聘中，彻底废除了学历和专业的规定，因此，在应征表格中无法看到最高学历、毕业学校、专业等有关学历的条款，而且在面试中，应聘者对考官不提供有关学历或出生地区的信息。招聘只规定年龄在20—28岁，并且托业、托福、TEPS等英语分数要超过一定的标准。虽然在一些民间企业的面试考试中，也有不问学历、出生地等情况，但是像此次在应征表格中删除学历栏却极为少见。土地公社有关人士表示：“国家人权委员会也提倡删除学历栏，这是为了增加有实力但因对学历和专业的偏见而经历困难的毕业于地方大学和非专业者的就业机会。”据我了解，有的岗位，如大学教师，那还是首先必须有博士头衔的。因而上述情况反映的只是一种现象或趋势，不能一概而论。

39.韩国将主办第八届世界华商大会

世界华商大会于1991年由新加坡中华总商会发起，成立原意是便于海外华商相聚与交流。随着华商经济力量的扩张、中国经济快速发展及全球化的冲击，世界华商大会的功能显然已经改变，更加积极多元。第七届世界华商大会2003年7月27日在马来西亚举行，会期4天。据8月10日出版的香港《亚洲周刊》刊载的特稿云：世界华商大会到处可见中国大陆商家的影子，中国大陆、台湾、香港、澳门的商人和海外华商的力量惊人，“足以左右全球经济动向”。狮城（新加坡）、大马（马来西亚）、中国、韩国都想成为世界华商的区域中心。顺便说一下，庆星大学中语中文系大吴教授是香港《亚洲周刊》（半月刊）的特约记者，每期新杂志一到，大吴教授立即送给我先看。两年一度的世界华商大会不仅是华商建立全球网络、寻找商机的平台，也是中国企业家开辟海外疆土的舞台，更是各国争取华商投资的契机。韩国、日本、英国及中国澳门，注意到这股经济实力，所以力争下届世界华商大会的主办权，以期借用海外华商的经济力量，为本地经济出一把力。最终，事前不被看好的韩国击败其他竞争者，成为第八届主办方。第八届汉城世界华商大会筹委会副委员长张庆国在吉隆坡出席华商大会时透露，下届世界华商大会原由日本举办，而韩国将办第九届。不过在韩国华侨经济人协会向遴选单位分析由汉城举办的意义与重要性后，汉城终于获得机会提前举办，日本则主办2007年大会。张庆国指出，韩国华侨人口只有2.3万人，占韩国人口的0.05%，长期以来受到政府的打压与歧视，在经济上未能有太大的作为。“1997年金融风暴和中国崛起改变了政府对华侨的态度，拥有一兆亿美元流动资产的亚洲华商是一股不能忽视的力量，若能因势利导，可转化为本土经济成长的动力。”张庆国指出，过去韩国政府的政策对华人不友善，以至世界华商在韩投资没有信心，30年间，华资只占总投资额的5%。“金融风暴后，政府反省后表示，如果当时能够借助华商的力量，就不用向国际货币基金组织举贷，令国家蒙羞。”韩国华侨经济人协会会长袁国栋指出，韩国政府在冷战时期打压国内华侨，当时中国市场仍关闭，致使华侨经济走向衰退。1992年中韩建交和1997年亚洲金融风暴，为华侨经济发展提供了有利条件。韩国政府因而决定对外国人开放投资，使韩国华侨能自由地进行经济活动。日本中华总商会第一任会长在该会出版的会讯《华商》中分析失去2005年世界华商大会的主办权的原因是韩国近年掀起“中国热”，韩国政府全力支持华商经济人协会争办世界华商大会。韩国总理金硕洙亲自写推荐信，支持华侨协会主办世界华商大会，韩国政界、商界也应允全面配合，并愿以此为契机建造“中国城”。1999年韩国政府批准华侨经济人协会成立，主要目的是吸引华商投资。张国庆认为，“世界华商大会在韩国举行将有助加强华侨经济发展，提高华侨的经济地位，并使华侨能够积极融入韩国社会，推动本土化”。他表示，该协会的理想之一就是希望在汉城建立“中国城”。不过限于华侨有限的经济力量，一直无法实现。他希望随着世界华商大会在汉城举办，华商对韩国当前的政策与投资环境有更深切的了解，能到韩国投资，协助打造“中国城”。袁国栋也称，该协会希望“中国城”不仅能成为华侨的经济和社会中心，更是华商经贸交流中心及华商进入韩国市场的窗口。笔者曾就2005年世界华商大会在韩国召开之事请教大吴教授，他说：韩国以前对华侨华商采取歧视政策，因而不少华侨华人已转移到其他国家，现在在韩国的华商人数少，资本也有限。如果韩国政府不采取切实可行的有力措施，大力吸引华侨华商，2005年世界华商大会难免会出现尴尬局面，难以达到预期效果。

40.中语中文系系友聚会

在一周前的四年级谢师会上，我遇到了一位中文系的毕业生，他是20世纪80年代毕业的，现在经营水产品方面的国际贸易。他告诉我，下周六中语中文系的校友会有一个聚会，邀请我届时参加，我表示感谢并愉快地答应了。大吴教授让我下周六下午6点在研究室等着，坐他的车一起去。12月6日，星期六，下午我乘吴庆第老师的车前往。聚会在釜山市文化会馆附近的一个海鲜店，饭店名字叫SEA CLUB。我们到达时系友们早已经来了，教授们被安排在一个小的包间内。这天来的系友有五六十人，以20世纪80年代至90年代毕业的学生居多。系友会有会长一名，副会长多名。会长是82级的，人们称其为大哥，背后也叫他“老大”。韩国凡此类聚会必不可少的是喝酒。喝了一个多小时后，全体老师来到大厅与系友见面，并一起继续进餐、聊天。经介绍得知，参加此次聚会者，有专门从汉城赶来的。女同学不少，因而带来不少小孩儿，有八九个，小的一岁，大者六七岁。其中有一小男孩儿刚满一岁，很可爱，我抱了他一会儿，可能是我太

◎ 系友聚会野餐烤大虾

想我的小孙子的缘故吧。20世纪80年代毕业的那批同学，不少人都曾在天津短期留学，在天津师范大学或南开大学。后来，不少人在天津工作过。据说，至今仍在天津工作的尚有10人，他们今天在天津也举行聚会。在天津者大都已经是韩国企业的经理，有的已经是总经理。经营的行业主要是贸易、餐饮业。坐在我旁边的有两位曾在天津留学并工作过，现在在釜山经营水产贸易，从中国进口水产品如螃蟹、章鱼等，生意似乎不错。今天来的饭店，即是他们的客户之一。在韩国吃的海鲜，不少是从中国进口的，较韩国国产的要便宜不少。另有一对夫妇，大吴教授幽默地说，当了陶渊明，实际是在经营一个小农场。整个聚会气氛热烈融洽，充满师生情、同学情。韩国的尊师是我们很难想象的，他们讲这是儒家文化的影响。可能因为做海鲜贸易者有几个，当天吃的以海鲜为主，有生鱼片、生熟大螃蟹等，极好吃。近10点，我和大吴教授告辞回家，其他同学和老师按惯例会移师另一家啤酒馆，“不醉不散”，再度过一个愉快之夜。系友会，韩国称之为“同门会”。

41.资讯业是韩国经济增长主力

2003年12月7日香港出版的《亚洲周刊》公布了2003年亚洲企业1000强排行榜。该周刊配发了题为“亚洲企业释放澎湃动力”的评述。评述指出：亚洲企业1000强排行榜揭晓，以营业额为标准，日本的丰田汽车蝉联冠军，亚军是三菱商事，季军是三井物产。最赚钱的前三名是丰田汽车、中国石油、三星电子。1000大企业纯利润上升1.47倍。日本企业转亏为盈，韩国企业纯利急升201%。中国大陆、中国台湾、中国香港、新加坡、马来西亚企业的盈利增长也不俗，显示亚洲经济的强劲实力。韩国三星电子纯利居亚洲第三，增长1.3倍。它是全球第三大手机品牌，并连续两年成为全球价值上升最快的品牌。金融风暴后积极改革的韩国，去年7月至今年年初出口持续两位数的增长，其中半导体、汽车电脑及相关设备、手机等是主力产品，以出口为主的韩国企业三星电子、现代汽车、三星集团、LG集团、起亚汽车表现不俗。不过总体而言，2003年2月以后，韩国的经济发展显得有点后劲不足，增长率前三个季度只有2.6%，9—10月跌入低谷后，借助出口好转和生产增加逐渐回升，预计在第四季度经济进入回升期，然后到明年上半年将会出现5%左右的增长。统计显示，由于半导体、通信设备、电脑与办公设备出口大幅增长，第三季度韩国出口额大增了16.8%，特别是和电脑网络相关的高新技术和产品的活跃出口，例如“电子政府”软件系统、网上游戏产品等，逐渐使得韩国摆脱过去的那种劳动密集型的产业结构，走向经济发达国家以技术密集型为主的产业结构。韩国三星经济研究所2003年11月18日预测，2004年韩国经济将以IT产品为中心继续保持增长势头，年增长率将达到4.3%左右。

42.韩国学生的“合作学习”能力在经合组织（OECD）中排名最低

据经合组织最近发行的题为“Learners for Life”的调查报告中显示，在参评的21个OECD成员中，韩国学生的合作学习指数最低。所谓“合作学习指数”，是综合评价学生对“我喜欢帮助集团内其他学生能够学得更好”“我在集团内和其他同学一起学习时会学到很多东西”等合作学习相关提问的看好程度而得出的一项指数。

此次OECD调查主要评价学生的学习态度，从2000年到2001年，包括OECD成员在内的41个国家和地区的5000—6000名15周岁的学生参加了评价。据调查结果显示，合作学习指数最高的国家和地区依次是葡萄牙（+0.59）、丹麦（+0.50）、美国（+0.35），而中国香港（+0.05）在参评的21个OECD成员中位居第8位。除韩国外，合作学习能力较低的国家有卢森堡（−0.40）和冰岛（−0.29）等。韩国学生（−0.85）显然不喜欢合作学习。调查报告中显示，韩国男生为−0.81（列第21位），而女生为−0.90（列第21位），与女生比男生更喜欢学习的其他国家不同，韩国女生似乎比男生更不喜欢学习。对上述情况，韩国教育评价院的有关人士表示："受过分的入学考试竞争影响，我国不鼓励学生合作学习。也可以说，我国教育中尚未有合作学习的概念，因此才有了上述结果。"他还说："外国学生可以通过团体项目学到团体成员中出现的意见分歧，而且培养调整分歧的能力，我国在这方面与他们有相当大的差距。"

上述消息来自《朝鲜日报》12月的中文网站。我不了解合作学习的内涵及合作学习指数对学生的成长究竟会带来哪些影响。但文中说的韩国女生比男生更不喜欢学习似乎是事实，这从我教的学生中男女同学的表现可以明显看出来。我先后教的几个班中，女同学学习成绩好的比例并不比男同学低，但不爱学习，或说不大喜欢学习的比例要比男同学高。什么原因呢？我一时还很难下结论。但恐怕与韩国过去女生毕业后特别是结婚后即不工作有关。近年来此种情况有了较大变化，但可能仍有不少女生对将来的丈夫依赖性较强。而男生从小受到的教育和在家庭、社会中受到的感染不一样，社会责任感更强一些。是否如此，尚有待进一步调查分析。

43.韩国主要企业集团明年将扩大投资

据韩国媒体12月7日报道，在内需持续不振、国内经济情况不容乐观的情况下，韩国国内主要企业集团计划在明年（2004年）增加投资，其增加幅度比今年（2003年）提高10%左右。究其原因，是企业家们看到世界经济出现恢复趋势。随着以美国为中心的世界经济恢复趋势不断加快，韩国国内主要集团预测，对韩国生产的电子产品、汽车、钢铁、石油产品的需求将增加。三星集团今年进行了9.5万亿韩元的设备投资。三星计划在明年(2004年)提高今年投资额的10%以上，进行10万亿韩元的设备投资。三星结构调整总部有关人士表示，有可能根据对信息需求的恢复趋势，增加20%以上的投资。LG集团已经决定，在明年投入2.9万亿韩元的研究开发费，这比去年增加了12%，他们还计划进行增幅相等的设备投资。如果这样，LG集团新年度总投资额将增加为8万亿韩元左右（今年为7.4万亿韩元）。LG电子计划在PDP（等离子显示器）方面投入巨额资金。而LG化学计划将重点放在增设中国工厂、信息电子材料、扩充设备等。SK集团计划保持以往的设备投资水平，但增加研究开发投资。现代、起亚汽车计划为开发新车和设立海外工厂，与今年相比，将增加10%以上的投资。还计划扩建预计在2005年竣工的美国工厂和中国工厂，并对建立东欧工厂方面投入巨额资金。

44.大学教师招聘全过程

在韩国，我经历了一次大学招聘教师的全过程。整个招聘工作体现了严谨、公开、公正、公平的原则。招聘开始，先在有影响力的报纸上向全社会公开招聘信息，说明招聘的专业、研究方向及学历要求（必须有博士学位），应聘者自愿报名。这次庆星大学中语中文系招聘教师一名，研究方向是汉语语法。报名者有8人。报名者将个人的背景资料寄到中语中文系，中语中文系组成考评小组。小组由5名教授组成，其中本校教授3名，外校教授2名。考评小组对应聘者的资格和背景资料进行认真研究，本校教授与校外教授分别独立进行，互不通气。经过仔细筛选，从8名应聘者中确定3名候选人。12月9日下午，3名应聘人进行试讲，分别安排在2点、3点和4点。应聘人互相认识，分开时间试讲不让他们见面，是为了免去不必要的尴尬。试讲每人25分钟，15分钟用韩语讲，10分钟用汉语讲，讲课内容自定。第一名试讲者1968年出生，讲课内容是“汉语语序、语气的重要性”。讲完后由中语中文系的教授和学生提问。第二名试讲者系女性，1953年出生，已经有7年大学任教的经历。她讲的题目是“当前中国的流行语”。顺便说一下，为什么已经是大学教师还要应聘到别的学校呢？大吴教授告诉我，原因大致有三：一是可能庆星大学的地位比其原任学校高一些，工资也相应高一些，人往高处走，很自然。二是有的人家在釜山，在外市任教，应聘庆星是想离家近一些。三是庆星大学董事长、校长比较开明，在这里工作会更顺心。庆星大学民主气氛较浓，比如，校长完全由教授会议选出，董事长一般情况下不干预。对已经聘任的教授充分信任，让其发挥自己的才能和智慧。学校金董事长很能干又明智，比如，董事会有规定，校长不得超过两任。他当了8年校长后就不再继续当了。其实学校就是他的，没有其他人任何股份。学校从他祖父起创办，由小到大。他父亲任过校长，但不幸早逝。如今的董事长很年轻就当了校长，两任之后他要继续干也没有人能阻挡得了。但他坚决不干了，由教授选举了如今的朴镜文校长。也正因如此，董事长在教授中威望很高。第三位试讲者30多岁，最年轻，讲课内容是“中国语的昨天和今天——关于汉语音韵学方面的问题”。全部试讲提问完毕后，教授回系里为应聘者逐个打分并撰写评语。在整个试讲过程中，评委、参加的教师乃至每个参加的研究生、本科生，均有茶点招待。当然试讲者的讲台前也有，只是他们顾不得或不好意思享用罢了。由考评小组打分写出评语后，即封存上交校长。次日（12月10日），由董事长、校长接见应聘者，实际上又是一次面试，之后，便由校方决定录用谁了。以过去经验论，教授的打分和评语在录取工作中起最重要的作用。中语中文系教师当晚到一家日本餐馆用餐。我不仅去吃了一顿日本菜，更体验了这种餐会，实际上也是一种工作的方式，系里的教授要在用餐时讨论决定一系列的工作上的问题。2004年1月16日，大吴教授告诉我，招聘教师已经定了，就是第一名试讲者李博士，韩国人，曾留学中国，在北京大学读的硕士，南京大学读的博士，应聘庆星大学前在另外一所大学任教。此外，韩国招聘大学教师不同专业还有专业的不成文规定，比如，招聘中语中文教师，教授考评组中应有中国教授。比如釜山外国语大学招聘中文教师时，就曾邀请我担任考评组成员，不过我因故未能参加。

45.会餐与工作

12月9日下午6时，考评招聘教师工作结束后，中语中文系的教授在系主任河教授主持下，马不停蹄地研究系里的工作。因为本学期工作即将结束，对下个学期的工作必须要有一个明确的安排。议题有：一、明年3月三年级同学赴郑州大学留学问题；二、明年上半年的各年级课程安排及任课教师的工作分配；三、中语中文系研究所主任人选的确定等。关于第一个问题，主要由河主任通报学生报名情况。他说，三年级同学报名赴郑州大学留学者到目前为止为75人，并说明年赴郑州大学先由釜山乘飞机到上海，再由上海乘火车（硬卧）赴郑州，大件行李由郑州大学方面派大客车从上海运回。第二个问题，由于三年级尚有十数位同学不去郑州，还要开课（今年和去年因极少学生不去郑州，三年级不再开课），课程数目增加，工作量加大。经研究，确定明年上半年所开课程及系里老师的分工，又专门研究了兼职教师的选用、承担的课程及时数。由于时间已晚，先去吃饭。于是大家乘车来到一家日式饭店，主要吃生鱼片及其他海鲜。大吴教授和河主任知道我不能吃生鱼片，特意嘱咐饭店服务员上几道熟菜，我虽听不懂韩语，但从个别词中明白他们所说的意思，当即表示感谢。菜很可口，我吃了油炸大虾、土豆饼、烤小鱼及烤鱼段，而且第一次吃了熟的鲸鱼片。边吃边喝，也没有忘记谈工作问题。讨论的内容广泛，比如，有关于文学院承担的国家项目CT PARK方面的问题等。餐间还协商确定，由小李教授任研究所所长一职，大家举杯向他祝贺。说明一下，文学院，同时也是一个研究所，中语中文的研究自然由中语中文系教授承担，我不知韩语怎么称呼这个研究机构，即称之为研究所，大吴教授表示认同。他还说，研究所其实事情也不是很多，但因为有课题、经费等问题，还需要些组织协调工作。此前已经明确小吴教授明年出任系主任。这样，明年的领导人及工作计划都算有了眉目。顺便说一下，庆星大学的系主任是由教授轮流承担的，据说十年前还不是这样，这也是民主化推动的结果。轮流担任，任期两年，但自明年起，改为一年，这可能是谁也不愿意一下子承担两年行政工作，那样对业务影响太大。吃饭结束，工作也谈完，几个老师酒兴未尽，换个餐馆继续喝。我和大吴教授告辞，大吴教授近来胃有小毛病，医生劝其不要喝酒。老李教授因为年事已高，也一起离开。老李教授虚岁64岁，按规定明年8月退休，席间商定如何纪念，要出个论文集，并邀请我也要提供论文一篇。截稿日期是2004年5月。结账时我特意看了一下，共花费26万韩元，其中饭菜每人3万韩元，7人共21万韩元。另外5万韩元是酒水钱。26万韩元合人民币两千多元，我和河主任开玩笑说，你到了郑州，我可请不起你这么贵的饭菜。他笑着说，没关系，中国物价便宜。

46.“遭遇”小姐之尴尬

此处所谓“小姐”，乃“三陪小姐”之谓也。三陪小姐，耳闻当局是明令禁止的，但据说实则禁而不止，或说根本不可能禁止。我未曾出入过相关场所，对此类事之了解也只限于“道听途说”。这次到了韩国，第一次“遭遇”小姐，鄙人自然“大开眼界”，也弄得我狼狈不堪。11月上旬，庆星大学文学院设宴盛情招待从中国来的两位客人，我应邀出席。韩国朋友热情、好客、真诚、豪爽，那是没说的。饭后到了一个啤酒馆继续喝啤酒。令我想不到的是，这次老板娘还叫了几位小姐，陪侍两位客人左右。我哪里见过这种场面，既新奇又紧张。得知我也是中国人，老板娘便冲着我来了。这个老板娘年纪也就三十岁上下，人也标致，一上来就要和我喝酒，吓得我仓皇逃窜。她一把抓着我的衣服，好在还是我的劲大，终于逃了出来，到另外一桌没有小姐的地方与其他教授聊天。喝完酒走出饭店后，我才心里踏实了。可没想到小姐与老板娘出来送行，老板娘二话不说就要和我拥抱。就在这关键时刻，我手中的香烟救了我，老板娘就要和我拥抱时，突然发现我手中燃着的香烟，立刻苦笑作罢——你想啊，她那身高级衣服要是烧个窟窿，那可就不值得了。

47.考试作弊趣谈

从理论上来说，世上只要有考试，作弊现象就难以断绝。韩国学生考试也有作弊的，但并不严重。这里要说的是一年来在韩国见到、听到的考试作弊的事。早在上学期期中考试前，系主任就告诉我，要注意，考试会有作弊的，监考严一点。我自然在考试前要进行一番考场纪律的教育，并在监考时特别留心是否有打小抄、传纸条什么的。2003年10月期中考试时，我教的一门课考试安排在晚上7点50分进行。30分钟后，就交卷的。凭我的经验，最先交卷的，多是一些学习较差的同学。我随便拿起一张卷子看了看，果然，两个大题都空着。但有个小题引起了我的注意。题目是这样的：按顺序写出中国古代各个朝代的名称。这个学生居然全部答对了，这倒没什么奇怪的，奇怪的是他还把每个朝代的起止年代一个不差地写了出来。说实话，我教了这么多年的历史，让我正确写出这么多年代，也没有这个本事。后来又发现一张卷子，与上一张试卷答案一样。我想，坏了，我忽略了一个环节：很可能有的同学将上述内容输入手机，届时看手机作弊。事后和同学聊天，说起此事。有的同学说，用手机作弊，有可能，但也可能是另外一种办法，事先将记忆性的考题答案写在书桌上，考试真考这个题，一抄就可以了。此话有理。上半年期末考试时我就听说过，一个同学和他的好朋友说，今天考试要早去一点，占着一个座位，把有些内容写在课桌上。看来，这也是作弊的老招数了。进而从同学那里了解了更多的作弊方式，.这里不一一介绍，因为多数我见到过或听说过，不新鲜。这里说一个有韩国特色的作弊手段——替考。替考，在中国本也不新鲜。这里说的新鲜，是具有韩国特色。一是韩国学生均不住校，往往一个年级的学生也有不太熟悉的。加之韩国教育体制比较灵活，一个年级中，有各种各样的插班生，比如有服兵役退伍回来的，有从专科学院毕业到此插班读本科的，有别的系转专业过来的，互相之间就更不熟悉。特别是韩国大学选课比较自由，比如我教的课除中语中文系的学生外，还有汉语系、韩语系、日语系、贸易系、旅游系的学生，甚至还有计算机系的学生。替考往往发生在选修外系课的学生身上。如，两个中语中文系的学生选修了法学院的国际法课，这类课选修的人较多，上课的人也多，就是我们说的大班上课，同学之间不熟悉，教师能认识的学生就更有限了。于是，学习差点的或因工作脱不开身的（韩国高年级学生很多没有毕业即开始工作了），就请另外一位替考。一个人无法分身，怎么办？和老师说好，白天因为有工作，要求参加夜间班考试。于是充当枪手的同学白天为自己考试，晚间替朋友“两肋插刀”。有更绝的，是请“铁哥们儿”先代替听课，再代替考试。事情是这样的，作弊者因故一段时间无法上课，当然也就无法通过考试。而这门课自己的哥们儿并没有选修，于是“委托”哥们儿先去替自己听课，最后再替自己考试。上面说过，同学之间不熟悉，教师更不熟悉学生，这种做法还相当“保险”。当然，这和韩国大学体制有关，一是不像中国的大学有政治辅导员，而是完全学生“自治”（年级、班级有学生选举的学生代表，“学生代表”这个词不错，有民主气味），少了一层辅导员的管理和监督。二是韩国学生“觉悟”没有那么高，即使有人知道作弊，也绝不会“揭发检举”，忙自己的事还忙不过来呢。

48.任意选课带来的麻烦

韩国大学的学生选课比较自由，这固然有好的一面，比如，学生可以根据自己的兴趣爱好选修课程，也可以根据未来人才市场的需要选修课程，于私于公都应该说是个好事。但这也会带来一些麻烦，比如，有时学校根据情况要求每个班的成绩要按照3、3.5、3.5相对评价，就是说一个班A和A⁺占30%，B和B⁺占35%，C⁺以下占35%。这可让我为难了。比如我教二年级的某门课，但选修的有四年级和三年级的同学。三、四年级的同学少还好办，但偏偏不少，有时占到10%以上。这样期末给成绩相当麻烦。你想啊，二年级上学期的课，是在二年级同学学习汉语时间很短的情况下开始的，考试时他们怎么能比得上三、四年级的学生呢？尤其是四年级的同学，已经学习汉语至少三年了，其中有的还到中国留过学，优势自然明显。可是考试是同一试卷。这样，好成绩必然让高年级占去了很多，二年级的同学获得A和A⁺的机会就少了，而得C⁺以下的概率大大增加了。而各科成绩不仅关系到学生评奖学金，也关系到学生将来找工作，韩国不少公司招聘职员对大学期间的学习成绩有要求。所以，每次考试完评卷打分都让我非常为难，一些同学对此也颇有微词。还有让人为难的事呢。韩国大学生上四年级时就有人开始找工作了，有的已经开始上班了。上了班，就不可能按时来上课，在外市上班的同学有的甚至不能按时来考试，只能采取补考的办法。这样一来，就给我出了个难题，成绩怎么打？缺课的、补考的成绩总不能比正常上课、学习还算努力的人还高吧！但分数打低了，有可能影响他已经找到的工作岗位的确定，如何是好，也真让人伤脑筋。我和庆星的老师们说过，教书的过程很愉快，考试打分很为难，让人为难之处，上述问题算是一个重要方面。

49.热闹的周六、周日

我几乎每个星期六、星期天都会去研究室看书或上网，只是在那里停留时间或长或短而已。按理说，庆星大学的学生绝大多数走读，到了星期六、星期天，校园里应该是寂静的。其实不然，有时倒是很热闹。星期六、星期天为什么热闹呢？一是有不少中小学学生或幼儿园的孩子到学校来玩，有的是来学校鸟类馆参观，也有人是到运动场踢足球或打棒球。其实在平时，天气好的时候，也常有幼儿园的阿姨带孩子来庆星鸟类馆参观，当然也会顺便到学校办公楼旁边的小花园转转，花园水池里面的大金鱼特别招孩子们喜欢。最热闹的时候，是有大赛和考试的时候。所谓大赛，我经历过两种。一种是全市中学生电子竞技设计方面的比赛。那天，从上午10点到下午5点，前来参观者络绎不绝，还有不少老师跟着。中午时我观察了一下，汽车已经把停车场和文学院院子的空地塞满了，前往运动场的路上也停满了车。有比赛结束往回走的，有前去赛场的，整个校园，人山人海。所谓考试，是指资格证一类的考试。比如说，英语资格证的考试，汉字等级考试，音乐美术测试，等等。最壮观的就是汉字等级考试，这类考试似乎一年进行好几次。参加考试者，大多系中小学生。当然，也有社会青年和大学生来考的，有一次我就碰到我教的一位大学二年级的学生也来考试。据说，汉字等级考试合格证书对将来找工作会有用处。而小学生来考试，不但有爸爸、妈妈陪同，往往还有小弟弟、小妹妹跟着一起来，所以校园里的人格外多，格外热闹。这种“热”而“闹”，我往往身在其中。原因是，考场就在文学院的大楼里，我的研究室在五楼，对面教室就是一个考场。成帮成伙的孩子来参加考试，考前孩子们在走廊里嬉笑，父母老师抽空再做一次叮嘱，走廊里那个乱劲就别提了。时不时还有人敲开我的门，问点什么事，不过白搭，我听不懂韩语。考试完毕自然就更热闹了，跑的，跳的，说的，笑的，叫的，简直像个热闹的市场。开始我还真有点烦，但很快就适应了，岂止适应，简直是喜欢上这种场面了。因为在研究室或在公寓，都是我一个人，孤独寂寞有时难以忍受。孩子们的天真烂漫，暂时驱走了我的愁绪。我曾经问过韩国的朋友，利用庆星大学的教室考试要不要交场地费（如同中国那样），朋友说，不交，或者交很少一点。他笑着说，交什么钱啊，这不是庆星大学最好的广告吗？是的，面临生员一年一年地减少，做活广告，也许会收到意想不到的效果呢！活广告也许真的起了作用，今年大学招生报名后，庆星大学的校长非常高兴，因为报名上庆星大学的人数，远远高于东义大学等学校的。当然，最重要的因素是庆星大学的地理位置好，大门外即是地铁站，且有七八路公共汽车通过，交通很便利。韩国大学生多走读，交通是否方便对他们来说非常重要。真应了那句话：天时不如地利。

◎ 参加汉字等级考试的学生年龄悬殊

◎ 汉字等级考试考场里的考生

50.韩国企业招聘新职员要进行汉字考试

上一节谈到汉字等级考试，据《朝鲜日报》2003年12月30日报道：韩国企业界正在推进在招聘新职员考试项目中增加汉字考试的方案。因为企业界认为年轻职员的汉字水平较低，在与中国、日本等汉字文化圈的国家进行商务交往时，往往成为“绊脚石”。韩国全国经济人联合会、大韩商会、韩国贸易协会等五大经济团体12月30日决定，从明年（2004年）开始在招聘新职员时进行汉字考试。五大经济团体决定，积极建议所属会员公司在招聘新职员时进行汉字考试，而且将积极开展活动，鼓励使用标有汉字名字的名片。五大经济团体当天召开副总裁会议，一致认为，“随着韩、中、日之间的经济交流日益增加，汉字的重要性也越来越大，但是汉字教育的比重反而下降”。据悉，在企业，由于大学毕业的新职员汉字水平较低，在与外国贸易伙伴交换名片、建立人际关系及搜集信息等业务方面遇到不少困难。贸易协会副会长李锡瑛表示：“汉字是将东北亚三国带入共同文化圈的唯一交流手段，是建立东北亚经济中心的必需因素。如果提高汉字表达能力，企业则能通过增加搜集信息和加工能力、有效的营销活动，最终确保企业的竞争力。”据该报报道，韩国国内企业中，已有SK、锦湖韩亚集团、三宝电脑等在招聘新职员时进行汉字考试。

51.非法竞选资金问题引起的政坛风波

近一个多月来，围绕2002年大选的非法竞选资金问题，引发了韩国政坛一场风波。卢武铉的助手在卢竞选总统期间接受非法政治献金丑闻曝光后，大国家党提出建立一个独立的调查机构的提案。韩国国会于2003年11月初以绝对多数票通过了由大国家党提议的《特别检察法案》（简称“特检法”），对去年大选中的非法资金问题进行调查。但卢武铉总统于11月25日运用否决权驳回该法案。11月26日，韩国最大的在野党大国家党代表崔秉烈开始绝食，以抗议卢武铉总统否决国会通过的特检法。同一天，大国家党的149名国会议员向崔秉烈递交了集体辞呈，并拒绝出席一年一度的定期国会。由于大国家党议员在国会议席中占有绝对多数，他们一旦缺席，国会工作便处于瘫痪状态。针对崔秉烈和反对党的院外抗议行动，卢武铉认为这是“抛弃民主原则，多数党在进行非法政治罢工”。韩国总统府一发言人说：“崔秉烈是在通过院外抗议活动搞政治‘讹诈’，他现在正在采取像绝食这样的极端政治行动，令民众感到恐慌。”据韩国新闻界民意调查显示，反对在野党搞过激院外斗争的高达71%。12月1日，韩国大国家党、民主党、开放国民党和自民联的代表和总务，在国会与议长朴宽用等举行联席会议，开始就缓解僵持局面、恢复国会的问题进行讨论。韩国国会12月4日重新进行表决，两次通过了特检法。这是1954年以来，韩国政界首次出现被总统否决的法案再度被国会通过的情况，韩国媒体称这是卢武铉总统的一次政治失败。12月6日，卢武铉总统向国会让步，宣布通过特检法。据悉，对此案的独立调查，于明年（2004年）1月开始。

2003年12月14日卢武铉总统在青瓦台会晤了大国家党代表崔秉烈、民主党代表赵舜衡、开放国民党中央常任会议长金元基及自民联总裁金钟泌等朝野四党代表。在会晤中，卢武铉就非法竞选资金问题表态说："如果（自己的）非法竞选资金超过大国家党的十分之一，将辞去（总统）职务并退出政坛。"当时，大国家党代表崔秉烈就大国家党的非法竞选资金问题说："真是无颜见人，我将承担所有责任，尽快结束公正的调查，政界应进行'不花钱'的选举和政治改革。"次日，也就是12月15日上午，韩国最大的在野党大国家党前总裁、第十六届总统大选该党候选人李会昌，就总统大选期间该党收取非法政治资金问题，向韩国检察机关自首。李会昌承认，在总统大选期间该党在其授意下收取了500亿韩元左右的非法政治资金。他表示，对此要彻底负责，并做好了被判入狱的准备。开放国民党则认为，李会昌意在"丢卒保车""以退为进"。新千年民主党则认为，总统大选期间的总统候选人都要接受调查，包括卢武铉在内。这里要说明的是，卢武铉正是新千年民主党将其推上总统宝座的，但卢武铉已经在2003年9月29日宣布退出新千年民主党，其意在挥起改革大旗，向旧的政治秩序挑战。崔秉烈、金钟泌表示，考虑到对经济产生的不利影响，最好尽快结束检察机关对此事的调查。但卢武铉则说："我不能向检察机关下达命令，而且也没有这样的权力。如果政界积极配合（检察机关要求的）调查并提供相关资料，调查会很快结束。而且该问题得以澄清后，从长远的角度看，对经济会产生有利的影响。"卢武铉还说："在议会选举和竞选资金的调查结束后，将研究制定政治改革的方案。届时，将出现相辅相成、相互合作的新政治。"这场风波如何发展，人们还要拭目以待。而参与政治献金的有韩国著名的大公司，如三星、现代、LG、SK等，这场政治风波，是否也会在经济圈内产生影响呢?

52.文学院海选院长

2003年12月文学院朴院长任期到届，12月17日，文学院召开全院教授大会，选举新一届文学院院长。庆星大学院长选举采取海选的办法，不指定任何候选人。先由教授们无记名提出自己的候选人选，选票集中统计后，公布获得最多提名票的前三名，然后全体教授在这三名人选中选出自己最满意的一名。三名候选人中，得票最多者即当选为院长。大吴教授将此选举法称为“罗马教皇选举法”。17日下午3时前，文学院的教授们陆续来到大会议室。会议室实际上是个大阶梯教室，有一百多个座席。会议室已经按选举的要求布置好，前面有一讲桌，供会议主持人及候选人讲话使用，讲桌旁则设一投票箱。讲桌后的教室两个角落，设有带屏风的供选举人写选票的小桌，绝对能保护选举人的画票隐私。教室后面，备有饮料、水果、点心等，教授们自由选用，在一些座席上也有装着糖果的盘子。3点10分，主持人宣布选举办法，申明每个参加会议的教授都有选举权和被选举权。大吴教授当场向主持人发问：是否每个院里的在册教师都有选举权？大家笑了。主持人回答，必须是副教授以上的教师才有选举权。当场清查，出席会议的仅有一名是讲师，当然他是没有选举权的了。我是客座教授，自然也没有选举权。我当然知道这个规定，只是想见识一下，何况4点钟我还有培训班的课，3点50分就要离开。出席会议的教授有68人，分两个点领取选票，并到秘密写票处写票，然后投入票箱。很快，3名得票最多的候选人名单出来了，下一个程序就是3名候选人进行竞选演说。第一名是历史系的金教授（男）。他说，他对文学院院长职务没有兴趣，故放弃。文学院的教授大都知道他正准备竞选国会议员，因而借此机会他又说明：竞选国会议员的事已经告吹，原因是他所在的政党（大民主党）最近已定，将这个名额给一位女士，以示男女平等，并提高竞争力。第二位候选人也是位男教授，姓什么我记不清了，是国民伦理系的。每个候选人演说10—15分钟，可他说了近20分钟。底下有一位老教授的手机响了，这位候选人说，是否是时间到了，催我结束啊？大家哄笑。他继续讲。我一看表，上课时间就要到了，立即起身出去。我没有听到第三名候选人的演说，而她的演说才是我最想听的。第三位候选人H教授是法语系教授。她是我的学生，上学期跟我学习汉语的三名女教授之一，也是学得最好的。事前我已经听说，她和伦理系那位教授都进行了一些竞选活动，找了不少人拉选票，这在韩国是合理合法的，人们习以为常。也正因此，院里的教授也分成了两派。很遗憾，我没有听到H教授的演说，也没有亲眼看到最后的选举情况。院里选举结束，经由董事长、校长任命，院长就可以上任了。据大吴教授讲，学校校长选举方式和文学院院长选举方式一样。不过董事长本人要参加校长竞选，需要有更多的教授联名推荐，因为董事长不是教授。由于选举当天我急于上课，不知选举结果。次日一上班，我便去问大吴教授。大吴教授说，真遗憾，H教授落选了。她的票数比当选者少了不到10票。据吴教授分析，H教授落选原因有二，一是她竞选演说时太紧张，离话筒又远了点，声音不太清楚。二是人们还有轻视女性的旧观念。在韩国，企业事业单位招聘员工，还有歧视女性的现象。文学院的女教授很少，大吴教授介绍说，一些男性认为，女性一下班就要回家照看孩子、家人，而韩国习惯下班后特别是周末同事经常一起去酒吧喝酒，其实喝酒既是交际，也是工作的继续，往往是一边喝酒一边继续谈工作。而且在喝酒过程中，人们都会谈心里话，在那种场合，还可能骂起来甚至动起手来，但骂完打完之后，消解了矛盾，第二天就没事了。人们认为女性不去喝酒，或喝一会儿就走了，不能坚持到底，因而对聘用女性不热情。总之，各种因素加在一起，H教授落选了。新当选的文学院院长将于2004年3月1日新学期开始时上任。

53.公寓前的一棵柿子树

我住的公寓前，有一块绿地。绿地上除了草坪外，边上还长着一些树。我住在二楼，从阳台的玻璃窗向外望去，可以看到两棵银杏树，其他的多是松树或柏树。因为距离我住的楼十几米外便是一条小马路，这些松柏便成了马路边的绿化树，树下则是由迎春花长成的“墙”。从2003年3月12日到此处住下后，我一直没有发现，树丛中还有一棵柿子树。直到深秋的一天，我从阳台随意往外看，突然发现左前方不远处的一棵枯枝上，挂着数十个红红的果实。小黄告诉我，那是柿子。我仔细看，真是柿子。我怎么没发现这儿还有棵柿子树呢？原来它长在松柏中间，又都是绿色，很难看出那是棵柿子树。深秋了，柿子红了，在一片萧瑟之中，格外显眼。从那天起，我一站在阳台上，肯定要斜过身看那红红的柿子。这棵柿子树紧靠马路，或者说就在马路边上。过路的行人如果用力一摇，柿子就会掉下来，那棵树仅有茶杯口那么粗，很容易就摇动的。我经常看着那红红的柿子出神，也时常担心，要是碰到哪位嘴馋或手痒的，那柿子可就完了。我的担心是多余的，现在已经是冬天了，啊，今天正好是冬至，那树上的红红的柿子还高高地挂在树枝上。有太阳的日子，看着那红红的柿子会让人

◎ 柿子树

心情不错。透过柿子树的树枝，看到的便是远方的蓝天、白云和大海。看着由蓝天和大海作背景的柿子树，有时我会觉得这是一幅绝妙的油画。感谢大自然，也感谢那些爱护大自然的文明人。1月1日还见到红柿子，但1月3日一看，树上的柿子全没有了，究竟什么原因，不知道。

54.韩国暴发禽流感

最近一周，韩国各媒体的头几条新闻中，肯定有关于禽流感暴发的消息。据媒体12月22日报道，12月中旬在韩国出现的禽流感，迅速扩散，有可能殃及全国。韩国农林部12月21日表示，经调查确认，禽流感的发生地是忠清北道阴城郡一养鸡场，接着在警戒区（发生禽流感处10千米以内为警戒区）内的禽流感肆虐忠清南道天安市北面的一养鸭场。同时距最初发生地170千米的庆尚北道庆州市安江面（面是行政单位）养鸡场和距其230千米的全罗南道罗州市三浦面等6处养鸡场、养鸭场已经出现了类似禽流感症状，防疫当局正在确认中。农林部决定，把在警戒区内饲养的40万只鸭子全部宰杀、掩埋。自禽流感发生之日到21日，已经掩埋或决定掩埋的鸡鸭数量已增加到61万只。21日由国务总理高建主持的禽流感对策会议上，政府决定投入30亿韩元的预算支援灾区农民。12月23日农林部公布，据报告，全罗南道罗州市共有5处养鸭场发生疑似禽流感病例，至此全罗南道、光州地区已经确诊和正在接受禽流感检查的农场增加到了10处。全国被确诊感染禽流感的农场为9处，正在接受检查的农场为13处。全罗南道和光州市饲养的鸭子达407万只，在全国782万只鸭子总数中占52%，这里是鸭子的主要产地。农林部担心，如果禽流感扩散到整个区域，会动摇养鸭产业的基础。之前日本和中国台湾地区已经宣布禁止进口韩国产鸡肉。中国政府也于23日宣布，将禁止进口韩国产鸡肉，以防禽流感进一步扩散。当天，中国农业部通过官方网站公布，已经返还、控制韩国产鸡肉相关产品，并下达严密控制运输这些产品的卡车和飞机的命令，这些措施是从12月22日起实行的。据韩国媒体说，韩国暴发的禽流感不会使人感染。但我已经小心行事，原来我经常吃鸡肉，现在决定近日不再买鸡肉。但前日晚媒体又报道，在金州市发现猪瘟。这下麻烦了，金州市紧靠釜山市（釜山的国际机场就是金州机场），看来吃猪肉也要小心了。日前又传出美国进口的牛肉有疯牛病，各大小餐馆的肉食销量剧减。而有的商场，鸡蛋价格降到人民币3角钱一个（前些时候最贵的约人民币2元一个），买的人也不多。但愿一切会顺利过去。

55.平安夜在华侨天主教堂

◎ 平安夜教堂中放烟花的华侨儿童

12月24日晚，平安夜，我是在华侨天主教协会的教堂度过的。这是宗教聚会，也是釜山的华人聚会，像过大年一样热闹。釜山的天主教教友比较少，基督教教徒比较多，所以与天主教教堂仅一墙之隔的基督教教堂人要多得多，但我选择天主教教堂，因为和这里的人比较熟悉。晚上9点，弥撒开始。这次高神父从汉城开车来，带来了7名神学院的学生，其中有2名中国人，是山西太原清徐的，他们正在汉城神学院读书。由于汉城来的人多，这次弥撒要正规隆重得多，完全按照天主教的仪轨进行。仪式开始，圣堂熄灯，在几名神学院学生导引下，高神父步入圣堂。然后焚香，弥撒开始。共进行1小时15分钟。这次参加弥撒的教友有40余人，不少人还带来了小孩，显得格外热闹。弥撒结束后，孩子们燃放烟火，嬉笑玩耍，高兴劲儿跟中国过春节一样。与此同时，教堂向每个前来的人发礼包，每个人一袋，里面装有水果、点心和糖，小孩子们自然更高兴了。接着大家会餐。本来大吴教授已经和饭店订好饭，但一对从事餐饮业的华人教友夫妇主动给大家准备了丰盛的晚餐，用汽车运来，都是中国菜，有白菜肉卷、海鲜、炸鱼、酱肉、猪肉炖粉条等，另外有汤和啤酒及各种饮料。大家高高兴兴美餐一顿。整个过程中，大家不断互祝平安快乐，交流工作、学习的体会，送上新一年的祝福，显得亲密热烈。因为有一些老人前来，聚会持续到晚上11时不得不结束，人们都有些恋恋不舍。

56.2003年韩国经济五大关键词之一是“中国”

韩国《朝鲜日报》每月两次（月中、月底）收集该报经济栏目上出现频率较高的词语，结果显示，“江南房地产”“SK集团局势”“信用卡”“低利率”“中国”成为2003年经济新闻的五大关键词。汉城江南区房价今年初为每坪（1坪约等于3.306平方米）990万韩元，而10月底则直接升到每坪1154万韩元。其中江南区大峙洞的TOWER PALACE公寓，每坪价格超过2500万韩元（约合每平方米5万元人民币）。为了解决房价不断攀升的问题，韩国政府于9月、10月先后两次出台综合调整房地产政策。下半年出现了“信用卡危机”，尽管政府采取了各种措施，但“信用卡危机”仍旧造成IC卡公司的破产危机，因而出现了多达360万的信用不良者。自亚洲金融危机后，韩国国民已经习惯于超过两位数的利率，一时间很难适应每年3%—6%的“低利率”。如今国民最关心的是在“低利率”时代，应该选择什么样的理财方式。2003年12月26日的《朝鲜日报》在题为“今年我国经济五大关键词”一文中指出：“全世界的热门话题‘中国’，中国的突飞猛进已成为全世界的热门话题。外报纷纷以‘中国有可能采取人民币升值措施’‘中国的需求猛增’‘中国的银行进行改革’为题陆续刊登了与中国有关的报道。韩国也不例外，全力以赴引进外资的‘中国’已成为失去增长动力的我国（指韩国——引者注）经济的榜样。12月，中国蓝星公司被认定为收购（韩国）双龙汽车的首选协商对象，中国资本已来到了我们的面前。”

57.大邱行

12月31日，2003年的最后一天。早上很早就醒了，干什么去呢？我决定去大邱。一是因为大邱是庆尚北道的首府所在地，大邱市又是广域市，直属中央政府领导。而庆尚北道和中国河南省是友好省，在国内时我曾在郑州看过庆尚北道艺术团的文艺表演。因此，应该去大邱走一遭。二是大邱有著名的韩国国立大邱博物馆，值得去看。早上8点10分，我出发了，乘地铁，经过四五十分钟（中间要从2号线转乘1号线），来到地铁1号线的终点站老浦洞。没有想到这么方便，站内即

◎ 小朋友在民俗馆体验民俗文化

有长途汽车售票处，而从地铁站走下来便是长途汽车站。买了票一看，9点20分发车，只有5分钟了，赶紧上车。车上仅有不到10个乘客。车票是对号入座的，我的座位号是10号。我用英语征求司机意见，可否“FREE（随便坐）”，司机示意可以，于是我坐在第一排，以便视野开阔，观察沿路风光。开车后，其他旅客渐渐入睡，我却一直兴奋地看着沿途的山水和建筑。两个小时后，车到了大邱，至于是大邱的什么地方，我不清楚，因为我不懂韩语，手头又没有大邱市的地图。出了汽车站，我在附近转悠，目的是记清楚汽车站的方位，为回来时做准备。太巧了，我很快看到了东大邱火车站的大楼，于是我知道，这个地方是东大邱。既然来到这儿，我得先观察一下火车站，回去时干脆坐火车，免得坐汽车堵车。因为今天是31日，明天元旦，下午或晚上乘车去釜山的人一定很多。事实证明我的判断是正确的，下午汽车堵得比较厉害。我在火车站看好了买票的地方和车次后，便出来了。大邱火车站比釜山火车站漂亮，也很有特色，是新落成的。因为不认识路，我想坐出租车直接去博物馆。没想到找了两辆车司机都不懂英语。于是在街道旁找个大学生模样的青年，向她说明我的意思，再由她告诉司机。还好，顺利地来到了国立大邱博物馆。国立大邱博物馆于1994年开馆，收藏品达两万余件。该馆建在一个小坡上，形成了一个公园。馆内分三个展室，一个是考古室，一个是美术室，还有一个民俗室。考古室陈列着旧石器时代以来的出土文物，美术室则是展出各种佛像、金银器皿等。该馆民俗室很有特色，我对展出的“乡村酒礼”和朝鲜王朝时的文武两班（知识分子）的生活尤感兴趣。博物馆有一个数十平方米的活动室，称为“体验学习室”，专为青少年和儿童而设。在这里，他们可以动手体验民俗文化，可以亲手做拓片，仿做陶土器皿，尽情画画；可以感受传统的洗衣（用棒槌）、舂米、磨磨等劳作，亲身体验过去人们的生活，当然要交一点儿费用。说到费用，韩国的博物馆和旅游点门票价格很低，大邱博物馆仅400韩元，才合人民币两三块钱。听说在济州岛要贵一些，我没去过，具体情况就不清楚了。参观完博物馆，我乘公共汽车在市内转了两小时。大邱是个盆地，街道要比釜山宽阔得多。物价则和釜山差不多。回到东大邱火车站，我到外国人购票专口买了票，那里排队的人少，票价比来时坐汽车贵了2000多韩元。上了车才知道，这趟列车是“新村号”。韩国火车“新村号”最贵，服务也好；其次是“无穷花号”，无穷花是韩国国花；最便宜的是“统一号”，统一号很慢，停靠站也多，但可以观赏乡村景色和韩国电影摄制的一些外景地，可以说是观光专列。我乘坐的类似中国的软座席，可以斜躺着休息，很舒服。在车上还有个小插曲。一对夫妇带两个小女孩，买了三张票，其中大一点的孩子（后来知道6岁）在我的座位上躺着睡着了。其父让我在他的位子上休息，而他自己在另一个位子上抱着小一点的孩子躺着。车进入釜山境后，大一点的女孩睡醒了，一看旁边不是她父亲而是陌生的我，跑到她母亲怀里大哭。经其父母解释后又破涕为笑，向我说：“HAPPY NEW YEAR！”很可爱。车票贵了点，但速度很快，1小时10分钟就到了釜山，比来时少用了50多分钟。

58.新年观海上日出

一周前媒体便报道，元旦早晨广安跨海大桥封闭，以便于市民到大桥上观看海上日出。1月1日早6点半，我从公寓阳台往大桥望去，隐隐约约看到大桥上已经

◎ 观海上日出

有许多人影。我赶紧叫起学生小黄和小李（事先约定早起看日出，昨晚他俩住在我这里），从公寓走了出来。路上有不少行人，都是去看日出的。来到大桥的引桥，黑压压的全是人，有不少人已经开始往回走了。我们继续向前走，许多警察在维持秩序。我们随着前行的人流来到大桥二层靠海的一面，不能再往前走了，因为前面人很多，估计很难找到靠近桥栏杆的位置。后来的事实也证明确实如此，因为不少人又从大桥上面回来了，不得已而求其次，到下面找个靠近栏杆的位置。天上有直升飞机盘旋，海上有巡逻艇巡游，甚为壮观。据气象部门预报，釜山当天日出的时间是7点40分。天公不作美，东方日出的地方有云，直到7点45分太阳才从云彩里冒出来，海水霎时泛出一片金黄，让人激动。按照韩国习惯，观看新年第一天日出时，要许个愿。人们纷纷双手合十祈祷。小黄问我：老师你想祈祷什么？我随口就说，我祈祷中国SARS不要再流行了，然后我又默默地祝福家人健康幸福。这里也有个小插曲，和我们一同来的小李，上了大桥后突然要拉肚子，只好扭头往回走。他只能站在公寓的阳台上看日出了，真遗憾。当天上大桥观日出者估计在10万人以上。据当晚媒体报道，还有不少的釜山人在海云台海滨、广安里海滨等处观新年日出，也有许多人到金井山上去观日出。人们祈祷新的一年更加美好。返回公寓已经8点30分。昨天去大邱很累，今天又起了个大早，吃完早饭后我躺在床上便睡着了。新年的第一天，也是我本命年的第一天，就这样度过了。头一天晚上11点，我和小黄、小李去街上吃饭，找了半天找到一个饺子馆，吃的是大肉水饺、煎饺和泡菜馅的饺子，高兴地度过了2003年最后的一夜。

59.考试评分接受学生质询

韩国大学实行民主管理，前面所言民主选举校长、院长是一个方面，另外也体现在学生管理工作上。如每个年级、班级均有学生代表，不叫班长、年级长之类，学生代表由学生民主推荐选举。这里说的接受学生质询，是这样的：期中、期末考试完，老师评卷后，要先将每个学生的成绩发到学生本人的电子信箱，然后有三天的时间，接受学生的质疑，也可以叫质询吧。质询期过后，系办公室才将成绩报到学校相关部门，这才是最后的正式成绩。上学期和这学期的期末，都有一些同学到我的研究室找我，询问成绩的事，情况真可谓五花八门。有的同学说，老师在中国教我的时候还给我A⁺，怎么这次只给A呢？也有的同学说，我觉得我考得不错，怎么才得B呢？遇到这种情况，我就先让他们看自己的试卷，告诉他们哪个地方扣了分，为什么扣，正确的答案是什么。这样，学生明白了，怨气也就消了许多。有时通过看试卷，发现确有个别地方扣分不够合理的地方，便予以纠正。也有这种情况，期末考试试卷评分没错，但忽略了该生期中考试较好或平时学习态度好，总评应给予适当加分，于是也作适当调整。我认为，这种质疑不仅是学生行使民主权利的过程，也是融洽师生关系的过程。当然，也遇到过比较特殊的情况，一位计算机系选我课的学生找到我说："我的成绩有问题，怎么才得个C呀？"其实他基础极差，我让他看了他的试卷，顶多得个D，只是考虑他平时还算用功，才给了他一个C。解释了又解释，他还是不满意。他不高兴，我也不愉快。

60.“四五正”与“李太白”

据韩国媒体报道，2004年1月8日，韩国国立国语研究院发表了题为“2003年新词汇”分析报告，据统计，2003年韩国新出现并被广泛运用的新词汇达656个。最为广泛流行的新词汇有“四五正”（45岁正式退休）、“五六盗”（如果到56岁不退休，就相当于强盗）、“三八线”（38岁提前退休）和“李太白”。“李太白”一说我早就听说，但不解其意。报纸上说，“李太白”是指“20多岁的人还是两手空空的失业者”，我还是有些糊涂。后经询问学生才明白，“李太白”三个字中的“李”，是韩语中20多岁中的“2”的音译；“太”是大多数的“大”字的音译；“白”是韩语中BAI SHOU(意思是吃白饭)的第一个字的音译。“李太白”，是说20多岁的青年人，大多数失业，在家吃白饭。我原来理解的是20多岁的人不容易找到工作(韩国近年失业率较高)，因心情苦闷，天天喝酒，所以叫“李太白”，这一理解虽不准确，却也八九不离十。反映政治和社会潮流的新词汇有：意为手握一半权力的总统的“半统领”(韩国称总统为大统领)，讽刺年初在同总统对话时检查员态度的“像检查员的家伙”，等等。“升级病”反映了新产品一上市就想购买的现代人心理；“数码照相病”讽刺用数码相机胡乱拍照的人。新词语还有：一上网就开始骂人的“骂民”，喜欢网上“乐透彩”（一种在韩国很流行的彩票）的“赌民”等。据报载，2003年新出现的词汇中，外来语占35.8%，而纯用韩语新造的词汇只占3.7%。说到外来语，想多说几句。在韩语中，直接使用外来语的情况比比皆是，如计算机、病毒、键盘、公共汽车、出租车、公寓，等等，直接用英语。韩国的企业名字也多以英语作为标识，如三星、现代、LG等。另还有SK(韩国第四大集团公司)、POSCO（浦项制铁）等。一些建筑物直接用英文名字，如BEXCO（釜山会展中心缩写）。一些公寓也是英文名，如NEW BEACH、BEACH TOWN等。我住的公寓则为SAMICK TOWER，前面一个词是韩语“三益”的音译，后者是英文，这是韩语、英语混合用了。韩国大的超市以英文命名者更多，如E-MART、MEGA-MART、HI-MART等等。E-MART集团公司已经打入中国市场，1997年2月在上海建立1号分店，中国名字叫“易买得”，据说是中国一位大学生给起的名字。E-MART在韩国已经有60家分店。韩国香烟的牌子也多以英文命名，如一般人常吸的THIS、THIS PLUS、ONE、SEASONS，等等。说到香烟，还要多说几句。韩国禁烟呼声甚高，政府将于近年内大幅度提高香烟价格。韩国人与朋友交往中，敬酒不敬烟。韩国香烟焦油、尼古丁含量比中国烟低，如THIS、THISPLUS中上述两种物质的含量仅是一般中国烟的二分之一，而ONE中两种物质的含量只及中国一般香烟的十分之一，抽起来味甚淡。也正因此，韩国烟民认为中国烟劲太大。韩国的大卷烟厂似乎就一个，名字叫KT&G(前烟参公社)。韩国的啤酒主要有两个品牌，名为HIT及CASS。韩国啤酒度数仅及中国的一半。韩国人喜欢喝啤酒和烧酒，烧酒瓶子上注明是稀释白酒，23度（后降到18度）。另外也有度数较高的白酒，大多是中国酒，韩国人喝白酒的似乎不多，价格高也许是重要原因。

61.韩国E-MART（易买得）正式启动攻占中国市场计划

据韩国《朝鲜日报》报道，E-MART决定2004年启动攻占中国市场计划。1997年E-MART作为韩国超市首次进军上海，建立1号分店。该企业计划与中国流通企业九百集团合作，于今年6月和12月在上海分别设立易买得2号店和3号店，并计划到2007年将分店的数量增加到10家。该企业还计划，在3—4月进军天津，并开始在该地区进行1号店建设工程。E-MART计划，“如果结束对上海和天津地区的攻略，就进军中国首都北京，并在2012年之前在中国地区建立由50个分店组成的销售网体系”。“E-MART还计划，由于中国产品在质量和价格方面具有很大的竞争力，因此把从中国直接进口的产品种类由原来10种扩大到50种。”该企业有关人士表示：“去年国内（指韩国国内）E-MART分店数已达到60家，从而在国内市场几乎具备了领先体制，将积极攻占中国市场，从而将发展成跨国企业。”

62.无巧不成书

2003年10月10日韩国大学生汉语演讲大赛结束时已经快晚上7点了，东道主庆星大学方面安排了晚餐，到一家饭店吃烤肉，到场者二三十人。自然而然，中国人凑到了一起，包括在韩国的中国客座教授和总领事馆的张领事。落座之后，人们先自报姓名及在中国和韩国的工作单位。当我说明我是郑州大学历史系的教师时，北京大学社会学系的陆教授立即问我："你认识郑州大学历史系一位年龄较大姓吕的女教授吗？"我笑着说："太认识了，她是我老伴儿！"一句话说得大家都笑了。可为什么陆先生知道我妻子吕美颐呢？我不免有些疑惑。陆教授细说端详。说来话长，2002年，北京大学社会学教授王××学术不端事件闹得满城风雨时，又出现了一件与我老伴儿有关的事情。当年她去北京参加中国妇女理论研究会理事会，发现《××研究》杂志上有一篇文章，很感兴趣，想知道有关问题研究的新进展，于是买了一本。一看，文章是抄袭自己1995年在《天津社会科学》上发表的一篇文章，抄袭者系北京大学社会学专业博士生。返回郑州时，她与我说起这件事，气尚未消。但她"心太软"，几天后便说："这件事拉倒吧。闹不好学生会被开除，再出点人命什么的，我一辈子心不安。"十几天后早晨7点多，我在家接到一个电话，原来北大那个博士生来郑州了，我们在郑州大学东门见了面（其丈夫陪同前来）。她诚恳地认错道歉。我代表吕教授回答说："如果北大方面与我们谈到此事，我们可告之你已经非常诚恳地道歉了，我们不作任何追究。"该生旋即乘火车返京。此后，我们就不知道事情的下文了，只是想该生免不了挨一顿批评。陆教授说，当时因有人举报此事（陆教授特别强调，不是吕教授举报，是北京某单位的人举报的），陆教授受北京大学学术委员会的委托负责核实该论文究竟是否抄袭。陆教授说，经反复认真核对后，结论是：该博士生的论文90%以上抄袭吕教授在《天津社会科学》上发表的那篇文章。我急忙问是如何处理该生的，他说："除名了！"我沉默良久。回国后，我把事情的结局告诉吕美颐，她也沉默了。是啊，我们对学术界的不正之风很痛恨，但真要处理年轻人，我们心中还真不是个滋味。在韩国，在这样一个场合，我们知道了事情的结局，真是无奈！

63.韩国注重保护无形文化遗产

韩国政府非常重视文化遗产的保护，对于有形文化（即物质文化）遗产，公布了许多国宝级及宝物级文物，进行重点保护。如汉城火车站附近的"南大门"，被定为国宝第一号；而汉城市内的"东大门"，则被定为宝物第一号。这种做法，与各国大同小异。值得注意的是，韩国还特别注重对无形文化（即非物质文化）遗产的保护。比如，在釜山，无形文化遗产的保护对象就不少。分别列入重要文化遗产第18号、43号、45号、62号及82号的，是"东莱野游""水营野游""大金散调""左水营鱼坊游戏""东海岸别神巫俗"。东莱野游是该地方流

◎ 滨海街道上文化遗产"渔祝祭"即将开始的宣传标语

传下来的假面戏剧，通过幽默相声和动作表演的韩国传统的戏剧形式。水营野游是一种乡村传统游戏活动。大金是新罗时代演奏三重奏乐器中最大的乐器，似一种大型横笛。左水营渔坊游戏，是水营湾渔民捕小银鱼时，为提高统一作业效率而唱的民谣。每年春天，广安里海滨都要进行渔民祭祝活动，此时便演出这种民谣。我很关注此事，还拍了有关该项活动预告的条幅的照片，可惜举行该活动时我正好有别的事，未能亲见。东海岸别神巫俗，是祈祷乡村的平安和渔业丰收、船员安全的乡村活动。此外还有不少釜山广域市无形文化遗产被列入保护名单，计有：第2号“水营农厅游戏”、第3号“东莱鹤舞”、第4号“忠烈祠祭享”、第7号“多大浦甩唱”、第8号“伽倻琴散调”、第10号“东莱鼓舞”等。这些无形文化遗产不仅用政府文件形式公布出来，而且年年有活动，对丰富市民文化生活和传承民族文化都有积极意义。

64.游韩国东海岸路过骨窟庵和浦项制铁（POSCO）

2004年1月14日（星期三），入冬以来最冷的一天，最低温度−2℃，最高温度2℃。教育厅师资培训班的同学停课野游，几位任课老师一同前往。经过两个小时的车程，我们来到庆州市东部的名叫骨窟庵的一处著名的旅游点。骨窟庵在佛国寺的东稍偏北的方向，位于含月山地区，按旅游景区划分，已经属于东海岸景区。据说，此处开放时间不长，也就10年左右，来的人还不是很多。骨窟庵似已没有了，正在复建。这里最有名的是骨窟庵摩崖如来坐像。该坐像系石灰岩削壁雕刻

◎ 培训班部分学员

而成，气势雄伟。如来像高十数米，神情严峻，面容刚毅，据说有典型的新罗末期佛教文化特色，被列为韩国国家宝物第581号。由于年代久远，风吹雨淋，石灰岩风化，坐像背景部分已有损坏。政府为佛像造一支架，上有透明玻璃遮风挡雨。有其利亦有其弊，支架在一定程度上破坏了佛像的格局，从视觉上看不甚舒服。加之开放不久，有些设施尚不完备，去佛像的山路有的地方还要靠人手拉绳索才能前行，于老弱者颇为不便。从摩崖石刻下来，乘车直奔韩国东海岸。在一海滨饭店用餐并休息，蔚蓝色的大海非常迷人，老师们、同学们不畏寒风纷纷照相留念。在此处共停留约两个半小时。乘车沿东海岸北上，我坐在车的右侧，一路尽情观赏大海景色，心旷神怡。约50分钟后，来到位于韩国陆地最东端的一个半岛上。有同学戏言，这里是韩国的小尾巴。此时风较大，海浪高达4米左右。这里有韩国最东端的标志。我们从来时的路标中得知，半岛上还有一个航标博物馆，可惜已无时间参观。停留半小时后，天色已晚，乘车沿海岸继续北上30分钟后，进入浦项市，在国际上颇具知名度的韩国最大的钢铁企业浦项制铁——现在韩国人直书其英文名POSCO——就在眼前。从该企业几个大门前经过，高大的炼钢炉和烟囱果然壮观，但给我印象最深的还是该厂大门上的标语：一个大门上写着CLEAN &GREEN POSCO（洁净的POSCO，绿色的POSCO），另一个大门上方写着汉字“资源有限，创意无限”，体现了该企业的某些经营理念。从浦相再转上京釜(汉城—釜山)高速公路南行，近3个小时才折回釜山。学员和同去的其他老师意犹未

◎ 在韩国大陆最东端的海岸边

尽，准备在海云台的一家卡拉OK继续联欢。我因体力有限，乘车直接返回公寓，抵达公寓时是晚上9点15分，距离早上8点多离开公寓，已经过去了13个小时。

65.2003年对华投资韩国名列第四

据北京媒体2004年1月15日报道：中国商务部昨天公布2003年全国利用外商直接投资的相关数据，数据显示，去年（2003年）1月至12月，全国新批设立外商投资企业41081家，比上年增长20.22%；合同外资金额同比增长39.03%；实际使用外资金额同比增长1.44%。按照实际投入外资金额计算，2003年对华投资前十位的国家或地区依次为中国香港、维尔京群岛、日本、韩国、美国、中国台湾、新加坡、西萨摩亚、开曼群岛和德国。与2002年外资来源地排名前十的国家和地区相比，除了前两位的“座次”没变以外，2003年从第三位到第十位外资来源地的“座次”

发生了较大变化。其中座次下滑的国家和地区有：2002年排在第三位的美国落到了第五位，2002年排名第四的中国台湾下降到第六位。新加坡对中国的投资在过去两年中保持住了第七的位置。排名上升的国家和地区有：在2002年排在第五、第六的日本和韩国跃升为第三和第四，排在第九、第十的开曼群岛和德国分别上升了一个座次。英国被甩出了前十名，“后来居上”的西萨摩亚在今年排到了第八名。外资来源地的变化充分证明了去年年初商务部专家的分析和预测。在商务部贸易研究院发表的报告中表明，在亚洲总体投资比重下降的情况下，来自日本的投资却从1993年开始出现活跃的迹象；欧美投资呈现起伏不定的趋势；自由港名次有所上升，如维尔京群岛、西萨摩亚、开曼群岛等。

66.韩国外交通商部长官易人，潘基文上任

2004年1月16日，韩国总统卢武铉发布命令，任命自己的外交顾问潘基文（注：后任联合国秘书长）为外交通商部长官，取代不太听话的尹永宽，以使自己的外交理念和政策得以顺利贯彻和实施。由于部属攻击总统外交政策，以及本人没有积极贯彻“自主”外交，韩国原外交通商部长官尹永宽在15日引咎辞职。据媒体称，今年60岁的潘基文是一位资深外交家，2000年和2001年，他在韩国金大中政府担任外交通商部次官。卢武铉2003年2月就任总统以后，潘基文担任总统外交政策顾问至今。他立场温和，经验丰富，作风务实，深谙外交通商部的情况和工作机制，弥补了青瓦台总统府中年轻顾问经验欠缺的不足。我国媒体关注此次事件，《解放日报》发表署名评论文章，涉及韩美关系，特摘要如下：

随着韩国外交通商部走马换将，韩国总统府与外交部的矛盾得以化解，但担心韩美两国之间的矛盾进一步升级的忧虑却与日俱增。对此，韩国国家安全保障会议事务次长表示，主张同美国保持一致的尹永宽被罢免，但是韩美同盟及合作关系不会因此发生根本变化。美国国务院发言人理查德·鲍彻15日在新闻发布会上，就尹永宽被罢免一事表明立场说："我们希望韩美关系能够稳固和加强。"华盛顿的一位外交人士认为："尹永宽被罢免意味着韩国国内亲美官员失势，'自主派'官员得势。今后韩美两国之间围绕在调整同盟关系和朝鲜核问题的矛盾将会浮出水面。"代表布什政府内部保守派立场的《华尔街日报》16日分析说，尹永宽被罢免，今后的韩美关系有可能进一步恶化。《纽约时报》当天也报道称，随着尹永宽被罢免，试图减少对美依赖的卢武铉取得了胜利。在过去50多年中，韩国和美国互相把对方当作"铁杆"盟友。不过，随着韩国国力的提高，国内对韩美关系的现状出现不满，韩美关系出现裂痕。早在2002年，韩国两名女中学生被美军装甲车轧死，美国军事法庭却判两名肇事军人无罪。韩国各界极为愤慨，举行了韩国20多年来最大规模的反美示威游行，连宗教人士都参与其中，人数最多时达30万，要求"修改《驻韩美军地位协定》""美国撤军""美8军司令部必须迁出汉城"的呼声不断。在朝鲜问题上，布什政府从其全球及地区战略出发，在上台之初，就改变克林顿政府的"接触"政策，咄咄逼人地把朝鲜归入"邪恶轴心"，大肆渲染朝鲜出口导弹，声称朝鲜正在研发核武器，从政治、经济和军事各方面加大对朝鲜的压力。对此，韩国政府大为不满，坚决反对美国对朝鲜的强硬政策，认为这加剧了朝鲜半岛局势的动荡，危害韩国的国家安全。卢武铉认为，在朝鲜核问题上，即使美国对朝鲜采取局部性的军事行动，朝鲜也会对韩国进行报复性攻击，届时一场全面战争将会爆发，因此必须通过对话，和平解决朝鲜核问题。分析人士认为，由于韩美两国在朝鲜问题上各有其不同的利害关系，随着韩国政治家和民众独立自主意识的增强，韩国和美国的分歧和裂痕将不可避免。

67.韩国224万枚“独岛”邮票3小时全部售出

韩国与日本之间关于“独岛”（日本称“竹岛”）主权之争，愈演愈烈。“独岛”是位于日本海（韩国称朝鲜东海）的一个小岛，韩国和日本围绕这一岛屿的主权问题一直争执不休。目前，韩国实际控制着这个岛屿，已在岛上修建了灯塔和简易码头。2004年1月16日，韩国包括汉城光化门邮局在内等全国2820家邮局从上午8点开始迎接了许多欲购“独岛的自然”邮票的市民。全国各邮局从上午9点开始出售邮票，到12点左右，全国各邮局的预售邮票已全部售罄。正在休假期的小学生们购买邮票之后高兴地欢呼起来，而且“独岛维护队”等有关独岛团体会员们购买邮票后，用特快专递方式向日本首相小泉等日本各内阁官员寄发了贴有独岛邮票的抗议信。当天发行的独岛邮票以滨旋花、海菊花、白腹穴鸟、黑尾鸥等生长、生活在独岛的植物和动物为素材，发行量为224万枚。其中，除了收藏用邮票、向海外销售的邮票、向海外邮政厅分发的邮票等预备用邮票之外，在总共187.4万枚邮票中，通过邮局销售窗口售出了94.8727万枚，通过电信订购售出了92.5273万枚。光化门邮局表示，从早晨开始，就有很多人为了购买邮票而排起了长队，这是自20世纪80年代初流行集邮之后，时隔20年第一次出现的现象。当天，邮政总部为使更多的人能够买到邮票，把每人邮票购买量限制为最多16枚。另外，为了保持邮票价值，计划不再发行“独岛”邮票。

出现“独岛邮票购买热”的原因是，发行独岛邮票之前，日本政府的部分内阁官员对韩国发行邮票表示反对，引发了外交矛盾，同时也引起了国民的关注。韩国外交通商部发言人12日表示，不管日本方面对韩国发行“独岛”邮票怎么表态，独岛从历史上、地理上和国际法上都是韩国固有的领土，这是不可更改的事实。韩国邮政部门计划从1月16日开始发行以独岛花鸟为题材的邮票。日本总务省9日要求韩国邮政当局重新考虑这一邮票的发行计划，日本首相小泉纯一郎当天表示独岛是日本的领土。对此，韩国邮政事业本部表示不会停止发行独岛邮票的工作。韩国各政党和市民团体对日方的表态反应强烈，称小泉是在“妄言”。9日以来，韩、日两国的网民也在网上就独岛问题进行争论，并相互攻击对方网站。

68.釜山水族馆

来韩国前即听说釜山水族馆很有名。釜山水族馆位于海云台海滨，到达釜山后，我多次到海云台，但没有去过水族馆。原因是，我一般只有周六和周日才有空闲外出，而此时水族馆前购票者常常排成长龙，人特别多。2004年1月18日，星期天，上午，我来到水族馆门前一看，大概是因为冬天的原因，排队买票的人不算太多，仅十几个人。我买了票，票价比较贵，14500韩元，合人民币一百零几元。水族馆规模较大，在地下分为两层。地下第一层有许多玻璃水槽，展示电鳗等鱼类和珊瑚类，其中还有个触摸池，小朋友们可以用手去触摸一些展品，这自然使他们感兴趣。不过在这一层里最吸引人的还是位居中间、规模最大的企鹅馆。企鹅的滑稽模样很是吸引小朋友的眼球，而每天上、下午各一次（上午11点半，下午5点半）喂企鹅表演，更为精彩。我是11点进馆的，恰好赶上喂食表演，只见游客不分老少，一齐拥了上来，孩子们天真的欢笑声不绝于耳。地下第二层的面积比第一层要大不少，展示的玻璃水槽更多，也就是说展示的海洋动物的种类更多。海底隧道最迷人，而在硕大的鲨鱼槽前看潜水员在里面喂食，更显惊险奇妙。这里的喂食表演一天两次，上午12点，下午4点。我正好12点来到这里。两名潜水员出来了，一名在后面做各种形体表演，而靠近观众一面的潜水员则手提一箱鱼进行喂食表演。大鲨鱼们不太配合，可能吃饱了吧，潜水员送上来的30—40厘米长的鱼它们大都不闻不问，倒是另外两种较大型的鱼被连续吞食。我看了看，当时观看表演者约200人（有阶梯座位），中小学生占百分之六七十。另有一节目是与潜水员对话，那要等到下午2点了（每天5次），小朋友们耐心地等下去，而我这个“大朋友”则要告辞了。出了水族馆门，便是美丽的海云台海滨。冬天的海云台海滨别有一番景致，尤其是成群的海鸥和游人们嬉戏，当然它们瞄准的是游人手中的食物。这一切令人心旷神怡。我曾不止5次来这里，但从来没有看到过这么多的海鸥，前几次只看到成群的鸽子和几只海鸥。

69.韩国2005年起所有产妇将享受生育津贴

据韩国《朝鲜日报》2004年1月19日报道，韩国政府为了阻止因低生育率而造成的人口减少，决定从下一年开始向所有产妇提供生育津贴，金额为20万韩元（约合人民币13000元），同时向患有不孕症的夫妇支援部分治疗费。还决定研究实施对生育两个子女的家庭每月提供一定金额的儿童津贴的方案。政府已确定内部方针，为了减少子女抚养费方面的负担，对于抚养两个以上孩子的家庭每月提供5万—7万韩元的儿童津贴，但考虑到财政负担，决定由下届政府对其进行阶段性的实施。与此同时，政府正在研究对于有三个子女的家庭施行一系列优惠住宅政策的方案，如简化国民住宅规模公寓的转让手续，优先转让租赁公寓等。韩国政府还计划，为了适应即将到来的老龄化社会，使老人们的雇佣稳定，阶段性地废除退休年龄制度，根据业绩评估使其能够获得继续工作的机会。为了减轻老人的医疗费负担，决定从2007年开始引进养老保险制度，通过增加30万老人工作岗位等方法激发老年人的工作欲望。对于养老年金，决定放宽财产等选定标准，从而扩大受益对象。韩国政府有关人士表示："因为低生育率和老龄化对策需要庞大的预算作为后盾，所以，我们计划，一旦引进上述制度，将根据生育率变化情况等，调整支援对象。"

70.15名中国偷渡者在韩国集体潜逃

近日来，韩国媒体均在显著位置报道中国吉林省"延吉世达足球队队员"在韩国潜逃事件。事情真相如何，看到2004年1月20日北京《新京报》的消息，才弄明白。该报说，1月6日，15名吉林省延吉偷渡者冒充延吉世达足球学校队员，以参加足球比赛为名前往韩国，到达韩国后，全部脱逃。此案受到了中央的高度关注。目前，5名组织者被全部抓获，1名偷渡者被遣返，其他14名偷渡者下落不明。经查，延吉世达足球学校系私营足球学校，原校长朴云哲、现任校长金永洙（原延边足球队队员）与李学三（延边足球俱乐部对外联络部部长）等人合谋以世达足球学校的名义组队去韩国参赛，李学三与韩国某市足球协会专务理事金某、朴某联系，组织15名想到韩国打工赚钱的偷渡者，伪造延吉世达足球学校学生身份，以赴韩国参加足球比赛为由偷渡到韩国。偷渡者出境时全部携带因私护照，其中14人申请出境事由为探亲访友，一人为劳务，申请办理护照所提供的审批要件齐全，申请时间为2002年4月至2003年12月不等，偷渡者每人交款7.5万元人民币。1月6日上午9时抵达韩国。办理完入境手续后，团队乘客车到汉城江南区汽车站，15人在此全部脱逃。韩国警方抓获其中一名偷渡者崔东春并遣返回国，据其交代，偷渡的目的就是在韩国打工赚钱。目前，其他14名偷渡者仍下落不明。在接到吉林省公安厅通知后，5名主要参与者李京静、朴云哲、尹正一、金永洙先后被抓获。1月13日，延边公安局抓捕小组在海南省公安部门的大力协助下，在三亚市合成茶坟麻将厅将主要犯罪嫌疑人李学三抓获，他对伙同韩国人以营利为目的组织他们偷越国境的犯罪事实供认不讳。

71.风雪汉城行

2003年12月6日，买好火车票，与小黄、小张一起去汉城。气温下降，风雪交加。下了火车后，在市中心地带找了一家小旅店。旅店虽小，但位于城市中心，价格仍贵。赴汉城，景福宫、昌德宫、德寿宫等地方自然是要去看看的。但印象深刻的是去国立民俗博物馆，更多更集中地了解了韩国民俗。我感兴趣的是介绍韩民族祖先衣、食、住方面的文化。其中韩服的演变过程、韩屋的形态、泡菜的种类与材料，很有看头。韩国泡菜据说有几百种。釜山某女子大学中设泡菜博物馆，内设体验馆，交百八十元人民币即可学习泡菜的全过程。某日我有意去学习，但跑了一个多小时也没找到地方，只好作罢，至今想来还感到遗憾。到了汉城，我参观了货币金融博物馆。该馆的展室分四部分：我们的中央银行，货币的一生，钱和国家经济，货币广场，另有韩银画廊。该馆于纪念韩国银行创建五十周年时开馆，展出韩国国内外各类货币和韩国银行的历史。

◎ 景福宫中的中和殿

◎ 景福宫中的庆会楼

◎ 景福宫中的兴礼门

第三部分：
2005年3月7日至6月21日

1. 又到韩国

应韩国庆星大学的聘请，我第二次赴庆星大学中语中文系任客座教授。2005年3月7日，乘国航CA125航班，于上午11点25分抵达金海机场。出港后不见来接的人影。这时我才意识到，我把航班到达时间通知错了，以为到达的时间是北京时间11点25分，实际上是韩国时间12点25分。还好，多日奔波加之旅途疲劳，我的形象肯定狼狈不堪，还有一个小时，我可以在机场候机室稍作休息调整。12点30分（以下均为韩国时间），河教授和系主任小吴教授来了，老朋友见面，分外高兴。本来已经说好，不麻烦他们了，有学生小黄接就可以了。两位教授说，那怎么行，你可是贵客呀！12点多了，仍不见小黄来，他说好一定来接的。12点40分，小黄和他的一个朋友赶来了，并为迟到一再道歉。原来小黄工作很忙，只请了半天假，12点下班才急匆匆赶往机场。经介绍，才清楚小黄的那个朋友我们也见过面，经营一个网吧，开业时我和小黄曾一起去祝贺。小黄开玩笑说，由于开业时我曾前去“祝发展”，借我的吉言，该网吧事业兴隆。我们一行来到某饭店，吃的是类似于中国的包子又像大饺子的东西，绝对中国口味，另有牛排骨汤等。之后，驱车去公寓。稍事停留，来到文学院，一一见诸位教授。领了课表，便与小黄一起奔向MEGA-MART超市。由于我住的公寓已经不是原来住过的了，里面的日用品如锅碗之类全无，一通采购，装了三大纸箱，花费折合人民币1500元。飞机在釜山上空时，即见到地面白茫茫一片，下了飞机才知道前几日才下过大雪。据媒体报道：韩国东海和釜山出现暴雪天气，降雪分别达到90厘米和37厘米。从3月4日凌晨开始到6日为止，釜山地区降了37.2厘米的大雪，创下了自1904年气象观测以来的最高值。此次的降雪量远远高出被称为“100年来3月份的最大暴雪”的去年3月5日的中部地区降雪量（最高49厘米）。虽然我到达釜山后的几天气温不低，但到今天，背阴地方的雪仍未化完。一场大雪使得这里的空气更加清新，我的心情也格外好。

2.韩国20岁后半段职业女性人数25年内翻一番

据韩国《东亚日报》报道，韩国劳动部下属的中央雇佣情报院7日发表的《女性的雇佣结构和特别报告书》称，2004年25—29岁女性的经济活动参加率达到63.7%。20岁后半段女性的经济活动参加率从1980年的32%增长到1990年的42.6%、2000年的55.9%等，显示出了激增势头。而全体女性的经济活动参加率从1980年的42.8%增长到去年的49.8%，仅有小幅上升，从这一点考虑，20岁后半段女性的经济活动参加率显得更为突出。同期，10岁后半段（15岁至19岁）的情况是，从34.4%减少到11.3%，减少了三分之二，20岁前半段（20岁至24岁）是从53.5%增长到61.5%，仅增加了8个百分点。雇佣情报院将此解释为是受到了女性较高的大学升学率、产业结构的变化对结婚、生子的社会性认识变化等因素的影响。女性的大学升学率从1990年的30.8%激增至2003年的79.1%，约增1.6倍。以2003年为标准，达到了和男性大学升学率（80.4%）持平的水平。另外，随着经济增长产生的产业结构变化，也和女性经济活动参加率的变化趋势有密切的关联。20世纪70年代和80年代以制造业为主的产业结构，导致低学历技能职业女性进军社会的较多，但是从90年代开始，女性进入金融、服务业等第三产业的比重增大，医生、法律界人士、教师、行政管理人员等专门职业，高学历女性的参加比率也在不断增长。雇佣情报院的相关人士预测："在20岁后半段的女性中，经济活动参加者在短期内也会继续增长。"据我观察，韩国女性参加经济活动和中国有很大不同。就大学毕业生而言，由于升学率高，一般她们对工作选择的期望值不是很高，太高也不现实。我教过的女性毕业生中，有的在小公司办公室打杂，有的在书店整理书架，甚至有的在超市卖菜。加之经济不甚景气，工作不好找，多数属于就业—学习或待业—有机会再就业的状态。

3.釜山市民为独岛问题示威

韩国人说的独岛，日本人称之为"竹岛"，归属问题颇有争议。据韩国联合通讯社消息，韩国市民团体"走向统一的人们"所属20多名会员11日上午在釜山市东区草梁洞日本领事馆（草梁洞外国人较多，中国街也在那儿）前举行示威和其他各种活动，强烈谴责日本霸占独岛的野心。这些人在集会中表示，如果日本首相小泉纯一郎不阐明独岛是韩国领土，将开展运动反对小泉纯一郎参加11月在釜山举行的APEC领导人会议。随后，他们还拉禁入拦绳，以此反对小泉纯一郎参加釜山APEC会议，并且同时进行了发送不允许小泉纯一郎参加APEC会议的警告书、向日本领事馆内掷大型纸飞机等活动。该团体在活动前向小泉纯一郎提出了三个要求，具体包括：承认独岛是韩国领土、对岛根县等日本国内进行的所有试图夺取独岛的行为进行道歉、替换主张独岛是日本领土的日本驻韩大使高野纪元等。他们同时表示，如果不接受这些条件，将计划与其他市民团体一起开展反对小泉纯一郎参加APEC会议的运动。

4.庆星大学新校长

3月7日抵达庆星大学。次日上课，第四节课还剩20分钟时，系主任小吴教授敲门告知，校长要会见我。我匆忙对学生的学习进行了布置，走出教室。韩国大学对客座教授很讲礼节，往往到达后很快校长就会见。我回到研究室拿了礼品，随小吴教授、河教授、柳教授来到办公楼。校长金秀焕先生对我的到来表示欢迎问候，并说你上次来庆星大学学生、老师都对你评价很好，希望这次保持。我转达了郑州大学校长、主管外事副校长、国际交流处处长、国际教育学院院长对金校长的问候，这些负责人金校长都认识，他去年曾经访问郑州大学，我也曾去宾馆看望他并送茶叶一盒表示谢意。这次我送上的礼品，是一幅文物出版社印制的南宋名人画，他表示谢意，并说这礼品很珍贵。金教授原为学校教育长，上次来庆星大学是他先会见我，并签署协议。他的地位相当于常务副校长，为人谦和、能干。上年年末，原校长任期满谢任，经教授会议选举产生了新校长。由于种种原因，董事长对新校长不予承认，金秀焕教授代理校长。新生开学典礼时，新选校长与代理校长都登台，场面不快，当地媒体多有报道。据说，校长风波对学校工作有些影响，我自然感觉不出来，也无必要多问，做好自己的工作是正事。

5.柳教授委托查找宋史资料

这学期开学后，我的事情不少。第一件是研究宋史的柳教授为写论文急需一些文献资料，让我帮助查找，计有李德身《王安石使北诗考》、聂崇岐《宋辽交聘表》、傅乐焕《辽帝后生辰改期受贺考》及《说辽主见宋使非拘于数地》等。我立即与妻子吕美颐教授联系，并告诉她，一是刊登李德身论文的《南充师范学院学报》，郑州大学历史系资料室没有，可写信委托我教过的该院历史系教授康大寿先生代查、代复印，并说明南充师范学院已经改名为西华师范大学；二是聂崇岐、傅乐焕先生著述，可请我的研究生谷银波、程二奇两人在《辽使论丛》中查找并复印。柳教授做学问比较严谨，此次正在对王安石任护辽史期间的若干史实进行考证。他所需资料后来由吕教授寄来，柳教授十分感谢。柳教授的论文用汉语写完后，曾请我帮助在文字方面修订。另外，由我主持的庆星大学文学院中国语角活动上周正式开始，地点设在文学院院内藤萝架下。第一次中文系教授都去了。第二周，来了两三位教授，还有中国的留学生，挺有意思。特别是每次活动都由中语中文系出资准备橙汁等饮料，还有小点心，学生自然更喜欢来了，尤其女同学，毫不客气地吃，看来有钱才好办事。我教的二年级和四年级学生来了不少。

6.新生祭祀与抗议学费太高

3月16日，天气晴好。上午未去学校，整理内务并采办生活用品，因与助教约好，中午去海关出入境管理处办理登陆证。中午12点半，助教小李开车来，助教小赵同来。本来昨日上午约好下午2点钟去，因今天下午2点日间班新生有祭祀祈祷活动，改为12点半出发。小李开车很老练，很快到达位于南浦洞的海关。排序105号，前面已叫到95号。填表约10分钟（带学校文件、护照、二寸照片两张、交一万元韩币）。等待40多分钟。办理登陆证很快，不到8分钟就好了。驱车赶回学校，已经2点20分，新生祭祀仪式已经完毕。甚憾，因为我本打算入乡随俗，对着猪头磕头，并献金（将钱插在猪头的嘴里，募捐来的钱供学生会活动），可惜错过了。2点35分，有学生来请我下去（我的研究室在五楼）和老师们、同学们一起喝酒。到了下面，见小吴教授、柳教授正与学生喝酒聊天（教师有米酒，学生饮雪碧），便加入。席间少数高年级学生也参加。有一文姓同学，我曾教过他，印象里他的跆拳道很是了得。后他参军入伍，到了伊拉克，最近才从伊拉克回来，尚未退伍。另一学生光浩君，2002年我曾在郑州教过他，后在韩他也选修我的课，前日搬家，他闻讯赶来，出力甚多。问及其学号，答曰：98，即1998年入学，期间当兵两年，又休学、留学两年，今年暑期毕业，在校长达八年之久。据我所知，有这种情况的绝非仅他一人。随即拍照片两张。祭祀仪式系每年新生入学后的一种祈祷，意在祈求神保佑平安、顺利、幸福。文学院各系新生分别在院内进行，很是热闹。就大多数学生而言，这是一次聚会，大家可以在一起喝酒、游戏。供桌上的猪头（烤熟的），很快被切成肉片，成了下酒菜。各系分别举行仪式后，全院学生集会，一起联欢。唯2003年时见学生敲锣打鼓，今年没有，概因楼上尚有高年级学生上课之故，但实际上同学们的喧闹声和话筒的声音也不小。从楼下返回研究室走到二楼时，见有学生摆了几张桌子，征集签名。问柳老师何故，答曰：学生抗议学校学费太高。问：学费涨了吗？曰：没有。并说各大学学费数目不一，庆星大学相比较而言，不算太高。到四楼后吴、柳二位教授回自己的研究室，我一人又返回二楼，向学生示意友好拍照抗议场面。主持签名的女学生们似有点不好意思，扭过脸去。我向她们表示了歉意。

晚上，在大运动场举行欢迎新生入学的大型文艺晚会，邀请韩国明星出场。我因晚上有课，看了几眼便离去。

7.遭遇地震

先后来釜山两年，遭遇了三次釜山历史之最。一次是2003年9月中旬的大台风，系有记载以来釜山因台风造成损失最大的一次。二次是2005年3月4日，釜山下了百年不遇的大雪。三次是2005年3月20日，由日本福冈7级大地震引发的釜山未曾经历过的较强地震。这一天是星期天，上午我从公寓（注：前几天我从原住处搬迁到釜山LG大城旁的现代公寓23层）对面的超市采购归来，在卫生间里，突感强烈晃动。我立即意识到发生地震了。说来很有意思，我对地震极为敏感。早在1965年河北邢台地震时，在山西长治搞“四清”的我即有明显感觉，不过当时我还从未经历过地震，是从房东一位老人口中听说是“地动了”。1976年唐山大地震时，我在千里之遥的黑龙江大庆市的公寓中有明显感觉，且看到屋内电灯晃动，当即就和对门的一位老师说，地震了！20世纪80年代初，我在河南大学任教时，又赶上山东东明地震，开封震感强烈，学生纷纷到我家躲避，因为他们住的是楼房而我住的是平房。由于听说釜山从未地震过，在卫生间，我一刹那曾想过是否头晕了，但很快否定了。我迅速走出卫生间，楼在晃动，看到晾在阳台上的衣物也在晃动，阳台是封闭的，因天气比较冷，窗户并未打开，不可能是风吹的。没有挂衣服的衣架也在晃动，我更加确定是地震了，看看手机，时间是10点56分。一丝恐惧在我的头脑中盘旋，如果再有强地震发生，可能就没命了，因为我住在公寓的23楼，跑是无论如何来不及的。远离祖国，孤悬海外，人在这时神经是如此脆弱，我想到可怕的死，不由得想到了远在祖国的母亲、妻子、儿孙。11时，我拨通了学生小黄的电话，他尚未起床。我说，地震了！他说，没有感觉到，但他的女朋友曾打来电话，告诉他地震了。放下电话后，我心里仍不踏实，又拨通了大吴教授的电话，他说确实地震了，当时他拉着妻子跑了出去。并告诫我，如果再发生强震，千万别进电梯，因为那里更危险。我说，据我判断，可能是日本发生大地震，波及釜山。他说，很可能就是釜山地震了。又说，釜山从来没有过地震呀！

公寓里电视尚未接通闭路天线，我无法从媒体上得到任何信息。恐惧仍在我的头脑中盘旋。我决定走出公寓，到安全的地方去。我往一公里以外的二妓台公园走去。进了公园，我也无心欣赏风光，只是慢慢地走。下午2点许，才又返回公寓。4点后先后来了三位同学（其中两位已经毕业工作，事先约好到我这里来玩的），告诉我电视中已经有报道，是日本福冈发生7级地震。我的心平静了许多，但立即想到，我的朋友郑州大学历史系的张教授正在福冈，他的情况怎么样?我只有默默地为他祈祷。晚上与妻子通电话，她告诉了我一些在网上看到的地震消息，我公寓中没有电脑。次日7点，我还没有穿好衣服就打开房间取送到门口的《釜山日报》，从报纸的示意图中得知，3月20日10点53分，日本福冈发生7级地震。釜山距福冈直线距离为173千米，处在4级地震圈内。吃点面包后，赶往学校。从网上了解到，釜山地震使500余人受伤，1人死亡。上海也有明显震感，特别是住在15层楼以上的住户。中国驻福冈总领事馆消息，在福冈的5000余名中国留学生，无一伤亡。又从妻子的电话中得知，在福冈的张教授平安无事，便放心了。4级地震不算大，但因我住在23楼，感觉强烈，怪吓人的。

8.韩国大学生找工作难

由于经济不甚景气，在韩国，大学生找工作比较难，女生尤其难。我教过的2003年、2004年毕业的学生，多数已经就业，但有的工作岗位并不理想。2004年毕业的小黄，学习好，中英文均行，到了一个造船机械公司工作。每天早上7点从家出发，晚上往往九十点钟才能回家。原因是他负责与外国客户联系，由于时差，需要晚上八九点钟与南北美洲的客户通电话。他经常出差，去过中国的上海、大连、台北、高雄，也去过新加坡、马来西亚、土耳其等地。在国内，他常奉老板之命招待一般客户，喝洋酒，找小姐（陪酒10万韩元，加性服务20万韩元），一次常常花上一二百万韩元。小黄的工资每年两千多万韩元（合人民币不到20万元）。对现在的工作，小黄满意的是有锻炼外语的机会，与外商打交道多，也锻炼了自己的能力。但他的理想是有了一定经历后到中国的韩国企业工作，一是挣钱多些，也有利于后代学习中国语。问及何时结婚（其女友也是我的学生），他说三年以后。因为结婚租公寓一年至少要四千万韩元，自己现在无此能力。学生小张曾在华侨中学教书，后感到此工作于自己前途发展不利，辞职到了一家公司，这家公司在中国无锡有厂。小张负责来韩的中国研修生的管理，听说他也不想干了，理由是太累。他的口头禅是“走着瞧”，辞职后一边学习，一边找合适的工作。

小吴正在等一个公司的录用消息。此前他曾在上海为三星公司工作过一段时间。小李、小崔即将去中国，为韩国中小企业协会搞市场调查。2004年他们曾在中国工作半年。小金曾在一家公司工作了一年，现在在学习，准备找新的工作。男同学的情况总体是好的，虽然多数工作不够稳定，时断时续，或被老板炒，或炒老板，有的至今做“李太白”（前面提到过，“李太白”是韩语谐音，意思是二十多岁，在家吃白饭）。女同学情况要差很多，许多人尚未找到工作，找到的不少也是临时性的。小张的女友小李（也是我的学生），先在银行工作，管理年金，后停工学习年金专业知识，现在在一家银行工作。而小赵则尚未找到合适工作，她一边学习，一边协助父母管理自家的小超市。好在韩国的传统思想很重，结了婚，女性做全职太太，人们认为没有什么不正常，而男性则要养家，没有工作怎么行？做公务员是最理想的工作，但很难有机会。在小公司工作不稳定，38岁就有被炒的可能（所谓“三八线”）。谈到找工作时，不少人就有点愁。这种情绪，也感染了即将毕业的在校生。上述情况带有一定的普遍性，但名牌大学毕业生就业情况相对好得多。

9.物价上涨

此次来韩，发现物价上涨了不少。地铁10站以内由700韩元涨到900韩元，公交车车费也相应提升，香烟每盒上涨500韩元。近日买菜，两棵中等的大葱要8元至9元人民币，洋葱合3元人民币一个。但鸡蛋和肉的价格似乎没有太大变化。橙汁等饮料虽较中国贵许多，但降价者或买一送一者天天有，算下来比中国还便宜，至少不比中国贵。看病费用不低，虽大都有医疗保险，但似乎“保小不保大”，小病因有保险，自己花钱很少，但大病不少项目要自费，包括B超等，因而自己花费颇巨。随着物价上涨，韩国家庭课外教育经费也明显上涨。韩国学生课外教育花费颇大，前面已经提及。据韩国《中亚日报》中文网站报道，2004年韩国国内课外教育经费接近8万亿韩元。加上海外留学及国外研修费用，家庭课外教育总支出将超过16万亿韩元。据韩国银行4月4日发布的统计结果，2004年家庭支出的国内课外教育经费是7.9563万亿韩元，比2003年（7.4191万亿韩元）增加了7.2%。2004年韩国家庭的教育经费全部支出为23.3322万亿韩元，比2003年（22.0105万亿韩元）增加了6%。虽然经济不景气，但是课外教育费支出额反而大幅增加，在家庭的国内教育费支出中课外教育费所占比重，2000年占28.4%，2001年占32%，2003年占33.7%，到2004年达到34.1%，显示出逐年增长趋势。估计2005年会继续提高。

10.外国投资者在韩国金融市场收益极丰

据韩国《东亚日报》网站4月4日报道，《东亚日报》采访组综合分析金融监督院和证券交易所的有关资料后，对外国投资者利润规模进行首次公布。据分析结果，以去年（2004年）年末为基准，与7年前相比，通过股票差价及美元兑换，外国投资者获得1214亿美元差额利润，并且以分红形式赚取了108亿美元。外国投资者在韩国证券市场的投资全面自由化前的1997年末，持有61亿美元的国内上市股票，外国投资者在此后7年时间里购入价值398亿美元的股票。因此，相当于外国投资者以459亿美元的投资获得了1322亿美元，纯利润达到288%，年平均纯利润为41.1%。

期间韩国国会曾要求财政经济部、金监院、证券交易所等提供有关外国投资者投资利润的资料，但是监督当局表示："对一万一千余家外国集团投资机构和五千余名外国个人投资者的交易记录进行分析无法进行，因此无法统计准确数字。"并以此为由拒绝提供有关资料。韩国财经部高层负责人针对《东亚日报》采访组的分析结果表示："计算出正确结果有一定难度，因此没有在正式场合进行公布，但是我们对大致情况还是掌握的。因韩国金融危机这一特殊情况和资本市场的全面开放同时发生，外国投资者获得了高行市差价。"如果换算成韩元，也会得出相似结果。在外国投资者7年时间的投资利润中，如果除去美元换算利润，以韩元为标准进行评价，实现了包括12.8455万亿韩元红利在内的128.2153万亿韩元利润。1997年末外国投资者持有的上市股票金额为10.3580万亿韩元，7年时间追加购入金额达到47.4299万亿韩元。这相当于外国投资者投资57.7879万亿韩元，经过7年时间实现221.9%的收益率，年平均收益率为31.7%。在这7年中，外国投资者年投资收益率最低值为-34.6%（2000年），最高值曾达到184.7%（1999年）。1999年外国投资者的投资收益率为韩国国内全部股票型基金平均收益率（62.3%）的3倍。

11."韩日友好年"冲突不断，韩日"独岛"之争白热化

去年（2004年）韩日双方协议将2005年定为韩日友好年。谁料想，友好年很可能成为冲突年。近来，韩日关系趋于紧张，主要是因为独岛主权问题和历史教科书问题，而这两个问题又联系在一起。2005年2月23日，日本岛根县议会决定将每

年的2月22日定为“竹岛日”。24日驻韩日本大使高野纪元在一个记者招待会上讲话，说“竹岛明明白白是日本领土”，引起韩国舆论沸腾。韩国政府发言人正式声明：“无论是从历史的角度，还是从地理的角度，独岛都是韩国的领土，韩国无法接受日本方面的这种无理主张。”韩方要求岛根县当局立即取消“竹岛日”计划。3月14日，67岁的朴俊佳老太太与40岁的男子赵宋玉用刀切自己的手指，对日本声称对独岛（日本称为竹岛）拥有主权表示强烈抗议。韩国从首都首尔到各城市，抗议日本的群众活动接连不断。独岛问题正闹得沸沸扬扬时，日本歪曲历史教科书问题又引起韩国朝野强烈反响。和日本岛根县结为友好城市的庆尚北道全面中断了与岛根县的友好往来和交流，禁止岛根县派往庆尚北道的日本公务员上班，同时召回了派往岛根县工作的韩国公务员。一个名为“独岛守护队”的民间团体在各地举行展览，展示从国内外搜集到的大量可以证明“独岛是韩国领土”的历史资料。该团体负责人说：“盲目地高喊独岛是韩国领土毫无用处，我们从日本政府发行的资料当中已经直接证明了独岛原本是韩国的领土。”互联网上90%以上的韩国网民认为，即使冒着韩日关系恶化的风险，韩国政府也应该做出积极果断的回应。也有网民主张，不能堵死与日本外交对话的渠道。

12.2005年上半年迎新会

2005年4月2日，中语中文系举办迎新晚会。教师们从不同的地方会集到一家饭店用餐。下午4时我随几位老师一起从学校出发，同去的有大吴教授、小吴教授，另外有三位兼职教师（即韩国的所谓时间讲师）。我与一位女老师同乘大吴教授的车。该女老师告诉我她姓朴，但她说这是她的韩国姓，她是天津人，来韩已经10年了，我看她的年纪少说也有近50岁了。我们的车开了四五十分钟，来到一个离学校很远的饭店。饭店很有特色，其中之一是老板办了个私人博物馆，里面收藏的东西很杂，比如传统的手工艺品、农具、生活用具、旧课本，还有20世纪70年代前使用的货币。那时的货币面值小，最大者才500韩元。据大吴教授讲，那时的500韩元起码相当于现在的20000韩元。该馆还卖纪念品，比如仿古的瓷器等。因为不好带，我没有买。饭菜很讲究，价格肯定不低。其中一道菜将肉放在南瓜里烤熟，很好吃。我们国内也有一道菜“南瓜钟”，但似乎是蒸熟的，口味不一样。另有鸭子，里面有糯米、松仁等，也是烤熟的。我最喜欢的是类似俄罗斯酸黄瓜的菜品，吃了两盘(一盘吃完后，又特意给我加了一盘)。参加聚餐的有系里的教授，三位兼职教师（均为女性），两位助教，退休的老李教授也参加了。另一位年轻的李教授正休学术假未出席。在车上大吴教授告诉我，河永三主任荣升为学校教务处处长。

◎ 在街头私人博物馆里

◎ 和中国留学生在一起

教师聚餐后乘车赶往学生晚会处，该处名曰松亭，是个海滨游览区。2003年迎新会我来过，但当时到达时已经是夜晚，什么也看不清。此次来又是7点钟了，还是只能看夜景。照惯例，教师有义务参加这种活动，与同学一起联欢，且为学生演出的节目评比打分。松亭的海边很热闹，我们去的旅馆是个不大的三层楼，专门接待集体旅游特别是学生活动，因为是“大通炕”（实际上是地铺，有地暖），容量大，也就便宜。灶具俱全，看来中午学生已经集中在这里活动了，厨房还有烤肉的痕迹。中国留学生来了5人，其中有郑州小陈（原在武汉大学就读，其家住郑州大学路）和她妹妹（在韩国大邱的一个学校留学），丹东来的小商，天津来的小李，还有小冯（周口西华人）。我们见面非常高兴，在一起照了相。

我们所在的旅馆周围有不少类似这样的旅馆，也都住满了大学生。大约是在举行迎新晚会或开展其他活动。我看了两个学校的学生，他们玩得很尽兴。旅馆外边还挂了不少衣服，起初不解，询问后得知，是学生在海边玩耍，不少人衣服湿了，放在外边让风吹干。我到海边转了转，相当凉，但还有不少学生在做游戏，其中一个班的学生在沙滩上举行背人比赛，男背女，有意思。因为是周末，海滨人非常多，找个停车位都比较困难。小旅馆旁有家旅馆，据大吴教授解释得知是汽车旅馆。门口有布条式的帘子，汽车直接开进去。帘子是为了保护隐私，让人看不见从车上下来的男女面貌。这类旅馆是专门接待情人幽会的，或是开车找小姐者。比一般旅馆稍贵，便宜的需人民币一二百元，也有高档房间，所谓“丰俭由人”了。大吴教授说，近年这类旅馆突然多了起来。晚10点50分左右，我乘大吴教授的车回公寓。后来听说其他老师可能玩到凌晨，而学生则是第二天接着玩。

13.初二学生获汉字考试最高等级“师范”级

每年都有大批中小学生和成年人参加韩国的汉字级别资格评定考试。前些天，釜山的这一考试在庆星大学举行。前来参加的考生加上陪同的家人，使文学院院内熙熙攘攘。此事前面已有述及。考试结果，韩国《朝鲜日报》记者的报道中有较细的描述，摘录于下

此次韩国“汉字教育研究会”实施的第26届汉字级别资格评定考试中，韩国光州永川初中二年级学生金胜永通过了13个等级中的最高等级“师范”等级，获得了合格通知书。今年共有36名考生参加了“师范”等级考试，但只有5人（14%）通过。金胜永第4次参加“师范”等级考试，就获得了通过。他的弟弟也通过了2级考试，目前正准备参加1级考试。金胜永每天下午5时都与弟弟金镇荣在补习班学习汉字，两人从2001年开始学习汉字，如今已有5个年头。一到假期，两个人就每天进行4小时的“集中”学习。“师范”等级要求考生认识5000个左右汉字，并能正确翻译汉文文章。汉字教育研究会理事长李权宰表示：“即使是大人，也要多次参加师范考试才能通过。师范考试并不简单，初中生获得通过是非常了不起的事情。”“学汉字很有意思，而且对学习其他科目也有帮助。”有着一张娃娃脸的金胜永看起来有些腼腆，他说：“学汉字对正确理解概念和意思有很大帮助。越是学习汉字，对学习越充满自信。”去年第二学期，他的社会课（地理、世界史）成绩全年级（398名学生）排名第一。而且在第二

学期全部12个科目中，10个科目获得90分以上，在学校成绩也名列前茅。金胜永现在还学习书法，他的“计算机应用能力”也达到了2级水平。金胜永自2001年通过汉字5级考试后，不断提高了等级。去年，在汉字教育研究会和成均馆大学共同举办的第4届全国汉字能力竞赛上，获得了状元，令周围的人大为惊讶。金胜永说：“我的理想是成为一名法务长官。”

14.“不生孩子的社会”没希望

韩国2005年6月2日《东亚日报》发表一篇文章，题目是《“不生孩子的社会”看不到希望》。作者采访了一位只有一个女儿的上班族金女士，该女士说：“再要孩子是非常吃力的一件事。”文章指出，在韩国，生育主力层回避生育的现象非常严重。不论有没有子女，30—34岁的已婚人士中有50%回答“没有生育计划”。同金女士的想法一样，就算要孩子也只要一个。在6月1日举行的社会文化政策关系长官会议上，由保健福利部提出的报告书中，预见了上述灰暗的人口前景。韩国人口学会在福利部的委托下，最近以全国20—40岁的1008名男女为对象进行了问卷调查，结果显示，30—34岁的已婚人士中有一半回答“没有生育计划”；每10人中就有1人回答“虽然有生育计划，但是一再延期”。谈及原因，主要是经济上的负担及工作和家事的双重负担。不仅是已婚者，未婚者的情况也不容乐观。回答“推迟结婚”（32%）或“没有结婚计划”（17%）的人也大约占据了总数一半。究其原因，选择“因为经济上的情况”者占32%，“因为没有遇到满意的对象”者占27%，选择“因为想享受单身生活”者占18%。在过去一年中，韩国出生的新生儿为48.1085万人，创下了自1970年统计厅开始进行人口统计以来的最低纪录。因此平均1名女性（15—49岁）一生中生育的孩子数（即合计出生率，合计出生率是指，15—49岁女性平均一生所生育的子女数)也被推测为1.15名，预计将创下历史最低值。虽然韩国政府提出计划，宣称将合计出生率提升到经济合作与发展组织（OECD）水平的1.6名之后，再逐步达到1.8名的水平，但是专家对此提出了质疑。人口学家表示："在导致低出生率的原因上，虽然也有已婚女性生孩子少的缘故，不过较大的问题是可怀孕期的女性不结婚或晚婚。"他们认为："要想提高出生率，就要展开结婚促进对策。"首尔大学人口学教授曹永台分析道："自经济危机以后，对未来的不确定性不仅导致未婚者推迟结婚，还造成了已婚人士回避生育。"据OECD的预测，如果引进扶持人口的多样的政策，韩国的合计出生率将会上升到2.5名。这与美国（2.4名）、法国和英国（均为2.1名）、日本（2名）、瑞典（1.7名）等国家相比，是相对较为乐观的数字。但是韩国保健社会研究院的副研究委员徐文姬表示："在OECD举出讨论的多样政策是指，能够兼顾工作和家庭生活的育儿休职等工作体制政策、保育政策及保育费的支援。""但是从实际来讲，(在韩国)不仅是企业，就连政府能够对兼顾工作和家庭生活的政策给予多大的支持都是个疑问。"另据《朝鲜日报》6月1日报道，韩国保健福利部在社会文化政策相关长官会议上提出了《考虑人口、经济、社会福利、环境的韩国适度人口》报告，报告中说，韩国的适度人口数为4600万—5100万人。对于目前人口数为4800万人的韩国而言，如果想要达到上述适度人口规模，合计出生率应达到1.8—2.4人。但是韩国目前的合计出生率仅为1.19人。据该报告，包括朝鲜在内，如果韩国半岛要达到适度人口数，合计出生率应达到2.2—2.3人。报告指出，最近针对韩国1000名20—40岁男女进行的调查结果显示，60%的被调查者回答"南北韩人口应超过1亿"为宜。这表明，韩国部分民众似乎向往"人口大国"。问卷调查结果显示，40%的被调查者认为，包括课外辅导费在内的整体教育费用的减少被排在生育奖励政策的首位。其后是将女性的工作和家庭予以区分（16%）、支援子女养育费（14%）、扩充托儿设施（13%）、对生育2名以上子女的家庭给予奖金（12%）、支援妊娠及分娩费用（5%）等。

【补记】上海《报刊文摘》（2015年2月2日）摘录《中国之声》1月27日报道：2015年1月，韩国各大主流媒体头条几乎都被“年终结算改革方案”所占据，其中最引人注目的内容就是“单身税”。近日，为了有效解决韩国低生育率和老龄化等问题，韩国政府推出的税改方案规定，今后年收入6600万韩元（约合38万人民币）以上的未婚职场人纳税金大幅上升。而年收入2000万到3000万韩元（约合17万人民币）的未婚职场人，也要多缴纳20万左右税金（约1100元人民币）。这和2004年韩国政府提出年薪5500万韩元以下收入阶层不增税，变化太大。这些规定能否施行，施行之后对解决低生育率又能否起到预期作用，还有待观察。

15.研究生论文答辩

最近参加了一位研究生的论文答辩会，导师是柳教授。该研究生是教育系招进来的，论文题目是“关于韩国中学汉语教材中的插图问题”。据说这类论文要比中文系、历史系的难度小一些。但不管怎么说，研究的视角很有意思。作为答辩委员，我对论文作者提出两个问题，或者说是建议。其一，应该指出一些教材中的插图非常滞后，如“这是中国人”的图画还是清代的中国男人，留着辫子，岂有此理！其二，在插图中是否有性别歧视问题，也是作者应该考虑的问题。总之，论文应进一步修改，使其内容更丰富，思想更深刻。说起研究生的论文选题，我所在的中语中文系的三个研究生的选题分别是“《洛阳伽蓝记中的虚词研究”“王维诗歌与佛教”及“当代汉语中的新创词研究”。前两天遇到一个历史系研究生，他的论文题目是“中国古代佛塔研究”。韩国的硕士研究生平时课程较轻松，主要精力放在撰写论文上，当然还要通过英语考试。硕士论文答辩不必外请专家，博士生论文答辩则必须外请专家主持。论文答辩后，由学生修改，然后再交给答辩委员最后评阅，决定通过与否。答辩会后到一饭店吃饭(老师与研究生都去)，吃鱼、虾、蟹等海鲜，主要吃生鱼片。我试着吃了一些，说实话，挺好吃（以前我不敢吃，因胃有些小毛病，怕吃了不舒服）。每个人消费大概要四万至五万韩元，合人民币三四百元。费用来源，不得而知。我因为晚上还有课，提前退席，不知他们喝酒到何时。晚上回公寓后胃稍觉不适，不知是因天凉还是因吃了生鱼片，看来还是应小心为妙。

16.华国饭店、华侨中学、华侨幼儿园

5月26日大吴教授请客，主要是宴请其女儿的研究生导师，加上另外几位釜山大学的教授和庆星大学药学院的院长，邀请我参加。大吴教授女儿在釜山大学药学院读研究生。据大吴教授说，我这次来韩后，其妻子身体一直不好(这次宴请她也未参加)，没有请我吃饭，这次一块儿请了。我马上想起一件事。2003年3月我到韩国时，大吴教授正作为留学生领队在郑州大学，他太太和女儿也去了。几十天后他太太返回釜山，我曾去他家取我妻子托她给我捎来的药。她说要请我吃饭（在郑州时我和妻子曾请她一家三口吃饭），我婉言谢绝了。她当时用韩语对和我一起去的学生小黄说：“郑教授真不给面子！”其实我是怕给她添麻烦，谁知却引起了她的误解，好在事后小黄向她作了解释。这次就餐的饭店名称是“华国饭

店”，老板姓王，是釜山华侨协会的会长，也是韩国行政院侨务顾问。他10年前去过郑州，去年又去了一次，对郑州印象不错。王老板是山东人，1948年来韩国，到釜山经营饭店也有二十来年了。饭店是个两层楼，据说生意不错，一年可赚不少钱。王老板答应我有时间可以到釜山华侨协会找资料，到时给他打个电话即可。吃的菜以海鲜为主，比较可口，喝的酒是山东孔府家酒，两瓶。5月27日上午11点半，我和两位吴教授驱车去华侨中学，庆星大学中语中文系有几名同学在那里实习，次日实习即将结束，此次去主要是感谢华侨中学校长、主任及辅导老师。到华侨中学时，校长还在上课(他们是上午8点半开始上课，中午11点40分下课)。趁此机会我们先参观了校图书馆(不大，叫图书室更名副其实)。新书架是中国大使馆赠送的，还赠送了不少新书，大多是中国侨办组织在香港出版的关于中国文化方面的书籍。图书馆内更多的书来自台湾，也有欧美一些百科全书。从楼上下来到操场，我看到了一个幼儿园，其中一位教师是我早就认识的姜女士，她是教友。她姐姐我也认识，由于她们特别想嫁给华侨，而华侨中可选择的男性不多，姐姐已经错过了最佳婚龄，至今尚未婚配。人称呼两人为大姜、二姜，人品都很好，相貌也

◎ 华侨幼儿园

不错，对人和善热情。姐姐无固定工作，有时教教汉语，有时做点儿别的事。幼儿园不是中学的，是小学附属幼儿园。小孩子们主要是韩国人的子女，收费也较高。有趣的是，韩国人想把孩子送到华侨幼儿园，而华侨却愿意把孩子送到韩国人办的幼儿园，原因同样是便于学“外语”。华侨中学校长60岁开外，很有素养，一看就是个敬业、干练的人。他是山东人，对祖国感情很深。中学的范主任也是个能干的人，书法很见功夫。楼内公示黑板上有一栏，名曰“中心德目”，据说两周一换。本周的“中心德目”是“孝顺”，并注明“孝顺”的意思是“孝敬父母，和顺家庭”，当然是用以熏陶华侨后代的。下午1点钟，我们一行来到“一品香”饭店。以前我来过这里，菜品以海鲜居多，主食有蒸、炸两种饺子，很可口。酒喝的是二锅头，天津出的。“一品香”位于上海街，也叫中国街，生意不错。经营饭店所有事情的全是老板自家人，这也省去许多开销。两层小楼是老板自己买下的，据说一年有可观的收入。在釜山的华侨，开饭馆和诊所者居多，而从事工商业者极少，这可能有历史的与现实的原因。

17. 又到大同节

2005年5月21日下午，大吴教授告诉我，下星期一晚上的课不上了。问其原因，答曰：星期一是23日，星期二到星期四（24—26日）是学校大同节，不上课。而星期一晚上大同节即拉开大幕，举行大型文艺晚会，所以不上课。回忆起2003年大同节前一天晚上，我仍坚持上课，估计学生对我意见不小，只是口头上不说而已。韩国的大学在教学方面教授们的权力似乎很大，就是在大同节期间的三

◎ 大同节开幕式会场。红拳、蓝拳分别代表韩国与朝鲜，中间的布袋图案象征魔鬼，颇具寓意。

天，上不上课教授有权力决定，实际上这几天确实有的教授坚持上课。23日下午两三点钟开始，大运动场开始热闹起来，大型演出舞台已经搭好，文学院前通往运动场路上的行人络绎不绝。“大同节”来观看演出的不少是中小学生，还有校外的大妈们。因为有著名歌星来演出，追星族也来了不少。晚会7点半开始。由于演出在大运动场举行，除了坐在前面设置的若干排椅子上的观众外，后面要想一睹歌星的风采就有点困难。所以7点半后，大批的人还往操场进，也有一批批的人往外走，总之，通往操场的马路上全是人。操场里、马路上，做小买卖的不少，像中国的庙会。有卖小吃的，有卖饮料、水果的，有卖荧光棒等小物件的，卖档次不一的望远镜者，竟也有两三摊。想一睹明星真容吗？买个望远镜倒是个办法。晚会几时散的不知道，因为我提前回公寓了。

24日，大同节第一天。我上午来到校园，一直到吃过午饭，校园都是静悄悄的。下午三四点后，校园热闹了，有的人在搭建好的帐篷里忙着刷锅、洗碗、洗菜，有的人已经开始营业了。马路边占据有利地形的是个卖脐橙的帐篷，由贸易系的学生会会长出面大声吆喝着，向过往的人推销。2号楼前一大排帐篷，多是卖烧烤的，我被一个仅有几张桌子、人们纷纷前去签名的地方吸引过去，原来这里是征集支援安哥拉难民的签名和募捐，桌子旁边有显示难童惨境的大幅照片。了解情况后我也签了名，并献上了自己的一点心意。想去年大同节主题之一是反对美军进攻伊拉克，今年变成了声援安哥拉，这倒也真符合追求“大同”之本意，世界“大同”了，一个国家的人民才能真正大同。

热闹的大同节，将会在晚上达到高潮。外面的世界很热闹，但图书馆照样有不少学生在看书。大同节过后一两周就要期末考试了，有的同学不敢大意。还有的同学8月份毕业，工作尚无着落，且前景不容乐观，“大同”不起来，就到图书馆准备英语或其他功课，找工作还是用得着的。看来，对大同节比较热情的低年级同学比例要大得多。

欢庆大同节的帐篷一座接一座。与此气氛不太协调的是坐落在图书馆前的三座白色帐篷，两座是教授选举会为静坐教授搭建的，一座是1988学号毕业生静坐声援教授的，因校长选举问题已与学校财团僵持了半月之久的抗议活动，不知何时才有个结果。尽管学生此时对该事并不关心，但这三座帐篷多少也给大同节蒙上了一层阴影。往年大同节师生同乐，有不少教授也穿上民族节日服装表演传统舞蹈，今年却没有了。

18.大学毕业生为何争做清洁工

前面散记中谈到庆星大学中语中文系毕业生在书店当营业员的事，今天在网上则看到另一条消息：一些大学毕业生争当清洁工。据《朝鲜日报》报道，韩国京畿道安山市今年计划招聘清洁工12名，申请者达到了400人，呈现出33：1的高竞争率，比去年选拔20人时的13：1有大幅提高，其中女性申请者有37人。更奇者，报名者中专科大学（2年制）和一般大学学历以上（包括几名研究生）的分别为18人和25人，超过全部人数的10%。清洁工招聘出现如此高的竞争率，原因有二：一是韩国出现的就业难所致，二是安山市给予清洁工的福利待遇不亚于其他上班族。初任该职的年薪为2900万韩元（合人民币2万多元），同时可得到退休保障、全额支付初高中子女学费、支付外部奖学金等以公务员为标准的各种福利待遇。但值得注意的是，一般大学毕业生在招聘中并不占优势。韩国为申请者年龄限制在18—55岁。其中，高学历者大部分为首次找工作的20岁左右的青年。如果申请者不属于“对国家有贡献者”等情况，则很难被选拔，因为会在“追加分制度”中落后。即能够得到追加分的基本前提为：是否是失业后的再就业、有无在读子女、长期居住在安山市、家庭状况等。这对高学历者非常不利。安山市厅方面表示：“家庭困难并且子女多的家长会被优先选拔。”据报道，安山市的清洁工中，年龄在40多岁的人最多，达230人，其次分别为30多岁（102人）、50多岁（52人）、20多岁（16人）。安山市有关负责人表示：“进行面试时，20岁出头的高学历者因被认为可能频繁更换职业而被减分的情况较多。”

19.观看世界青年举重锦标赛花絮

5月18日至24日，世界青年举重锦标赛在韩国釜山举行。这件事我事前就知道，因为前几天我教的一个学生请假，说届时他要去当志愿者。21日，星期六，我上午11点来到了比赛地BEXCO(釜山会展中心)。据报道，中国举重队14日将派出由奥运冠军刘春红、金牌教练陈文斌和马文辉等27人组成的代表团，参加5月18日至24日在韩国釜山举行的世界青年举重锦标赛。这是中国队自雅典奥运会后第一次派出如此庞大的阵容出征国际比赛。由于本次锦标赛将首次实行“国际举联”新的竞赛技术规则，国家队内所有的一线教练全部出动，通过实战指挥切身感受新规则所带来的变化，为今后的世界举重锦标赛乃至2008年北京奥运会作准备。本次参加锦标赛的中国15名大力士将分别参加男子8个级别、女子7个级别的比赛。他们当中大部分人都是国家队的二线年轻队员，增加国际大赛经验对他们格外重要。作为中国队中出征釜山的唯一一名奥运冠军，刘春红希望在锦标赛上更多地了解变化后的新规则，在今年11月的世锦赛上占据主动权。国际举联今年3月在全体会员大会上通过了新规则，与原来的规则相比，新规则要求在举重比赛中，运动员每次试举增加重量由原来必须增加2.5公斤或2.5公斤的倍数改为增加1公斤或1公斤的倍数。新规则的实行必然会增大比赛的变数，对教练员指挥的灵活性也加大了要求。培养出石智勇、张国政两位奥运冠军的教练陈文斌接受新华社记者专访时说：“新规则对运动员的心理素质、平时的训练基础，以及比赛中的成功率都是极大的考验。”男队教练王国新表示，新规则的改变并非只是针对中国队这样一支强队。他说：“新规则面前人人平等。中国举重队也要向乒乓球队学习，在比赛规则不断改变的情况下，依然保持世界领先的地位。”比赛在该中心B3场馆举行，当我来到B3场馆门口时，一个女服务人员叫了一声：“郑老师，你好！”原来这个志愿者是我前年教过的学生小金。师生相见，格外高兴。旁边的另外一个来自东亚大学的志愿者也上来向我问好，她们给了我一份大会秩序册，还送我一件加油助威的“道具”，一把长柄扇子，把儿的一端是个痒痒挠，设计得还真有意思。小金告诉我12点比赛才开始，现在观众还未进场。于是我先到中心的广场上转转。广场上已经集结了一批高中生，他们是由教师带队来当啦啦队的。这时我看学生们正一字排开，在广场上拉网式地向前走。原来，他们趁进场前的一点时间，仔细检广场地面上的杂物，一片纸屑、一根草棍也不放过。其实广场上已经很干净了，他们认真地寻找“猎物”的神情与精神令我感动。返回B3馆门口，小金给我送上一个印有“GUEST CARD”的胸牌，哈哈，我成了宾客了！在小金的带领下，我在客人席落座，每个宾客席位前的桌子上有矿泉水、糖果。在该处落座的有远高于我的挂着VIP胸牌的要员，更多的是比赛完的选手或队中的工作人员，坐在这里为队员加油或拍照的。比赛过程中，喊叫声、加油声最大的是日本人。一是他们人多，有数十人，而自始至终我看到的中国选手只有两三个人。观众席上韩国学生啦啦队对各国选手比赛完都会抱以热烈掌声，但对日本选手的掌声明显要小得多，甚或没有。于是在日本选手比赛时基本上就只听日本人在下面大喊大叫了。啦啦队有人“领掌”，由几名志愿者面对观众站着，每人手拿一个牌子，上书“安静”(一面是英文，一面是韩文)，当运动员要正式做动作时马上举起，馆内立即肃静。动作完成时再示意鼓掌或欢呼，学生们很听指挥。每个学生都有一张抽奖券（不是入场券，因为入场是随便的）。一场比赛结束后有抽奖，每念到一个中奖号时底下就一片欢呼。12点开始的比赛是男子77公斤级B组（比赛分A、B两组，A组实力较强，中国运动员参加A组）。这个级别的比赛大约1点半结束。休息时小金领我去见另一个庆星大学的志愿者，原来是我正在教的学生小姜，他在运动员休息室服务。据说还有其他同学在运动员住的宾馆服务。同学们都利用各种机会锻炼说汉语，也锻炼自己的工作能力。小姜跟我说，前一天中国教练狠狠批评运动员，他很不解，因为他知道前两天中国队的成绩是最好的，“成绩好为什么还要批评呢?何况还是青年人呢!”小姜口中念叨着这两句话。小金去年曾经到中国大陆留学，如今已经毕业，现在有个临时工作，准备再努力提高汉语水平，找个比较理想的工作。小姜在我教的班上是尖子生。两点钟后是女子63公斤级A组比赛，中国选手表现尚佳，但俄罗斯的选手实力也不凡。这时学生啦啦队已经全部撤出，馆内不多的观众，可谓举重迷了，其中老人不少。比赛休息期间，我见到了中国台湾的教练，在他的指引下，我在运动员入口见到了中国队的带队、工作人员，还见到三名比赛完的男选手，福建、浙江、广西各一人，都还是一脸孩子气。他们都要忙着做自己的事，来不及多聊几句。由于我晚上与柳教授有约，无法看晚上的比赛了。没有看到中国男运动员的表现，有点遗憾，祝他们好运！

20.关于泡菜的两则趣闻

韩国贸易振兴公社(KOTRA)为在海外设立分社和出差时作参考，以2004年12月底的价格、汇率为准出版了《世界主要城市的生活条件》，该书详细地介绍了纽约、伦敦、巴黎、东京等世界78个主要城市的物价，包括住宅租赁费、办公用品、食品、公共交通费等116项。该社称在世界主要城市中韩国泡菜的价格苏世黎最高(每千克34.2美元)，此后依次为哥本哈根(26.32美元)、斯德哥尔摩(23.50美元)、米兰(22.50美元)、奥斯陆(20.65美元)等。泡菜价格最便宜的城市依次是大连(1.82美元)、胡志明市(3.20美元)、青岛(3.63美元)、曼谷(3.89美元)等。又据韩国《朝鲜日报》报道，泡菜与世界级的法国烹饪学校——法国蓝带烹饪艺术学院(Le Cordon Blue Culinary Schools)的调理法相遇，变身成为混合料理。韩国农水产物流通公社2005年5月17日举行了法文版和英文版烹饪书《泡菜与法国蓝带》的出版纪念会和料理试演会，该书中含有法国蓝带开发的20种混合泡菜烹饪法。驻韩外交使节和酒店厨师等各界人士应邀参加了当天的活动，在活动中，法国蓝带烹饪艺术学院总裁安德烈-宽特罗成为第一位被任命为“名誉泡菜宣传大使”的外国人。据悉，法国蓝带烹饪艺术学院方面认为，泡菜世界化的可能性很大，因此连烹饪法的开发费都没有收取。韩国农水产物流通公社的欧美市场开发部部长金学洙表示：“为了迎合欧洲人的口味，率先制作了法文版和英文版，不过也在准备面向韩国主妇出版韩文版。”韩文版将于今年10月面市，并且还将在互联网上公开烹饪方法。

21.韩国各地隆重纪念“五·一八”民主运动二十五周年

2005年5月18日，是1980年光州“五·一八”民主运动二十五周年纪念日，韩国各地隆重举行纪念活动。各大学校园内，也到处可以看到这方面的大标语。据《朝鲜日报》及《东亚日报》等媒体报道，光州接连举行了纪念仪式、牺牲者英灵超度仪式、重现1980年民主盛会、光州人权奖颁奖仪式等追悼、纪念活动。当天上午10点，在光州北区云亭洞“五·一八”国家陵墓举行了二十五周年纪念仪式。韩国总统卢武铉、国务总理、国会议长、大法院院长、政党代表、政府人士、遗属、功臣和市民等2000多人参加了纪念仪式。在阴雨绵绵的天气下举行的纪念仪式按照国民献礼、献花、烧香、遗属会会长郑水万作报告、纪念演出、卢武铉总统致纪念辞、合唱纪念歌曲的顺序进行。卢武铉总统表示：“‘五·一八’光州的勇气和牺牲转化成民主化火种，燃起了1987年6月斗争，并终于推翻了军事专政。这是胜利的历史。我们要继承‘五·一八’的崇高精神，实现成熟的民主主义，给我们的后代留下骄傲、自豪的历史。”卢武铉在纪念辞中强调：“市民社会已成为带动国政的核心主体，现在应表现出符合其地位的成熟面貌。”卢武铉总统还表示：“现在要创造尊重对方，通过对话和妥协解决问题，并根据规则堂堂正正地竞争，心甘情愿地接受竞争结果的成熟的民主主义文化。”当天从韩国各地前来光州祭拜“五·一八”陵墓的人络绎不绝。“五·一八”陵墓管理事务所表示，仅一天就已有3万多人来到陵墓祭扫。木浦、罗州、海南等全罗南道市、郡和首尔、釜山、大田、全州等全国主要城市也举行了纪念仪式和追悼活动。“五·一八”民主运动是以大学生为主体在光州为反对独裁政权而举行的民主运动，被当局镇压，死难颇重，该运动被认为开启了韩国民主运动的先声。

22.韩国50岁一代人像青年人一样追求时尚

据韩国《东亚日报》报道，5月15日，记者在乐天百货商店首尔中区小公洞总店2楼的清新休闲装卖场看到，周末购物的10—20岁女性顾客中夹杂着不少40—50岁女性的身影。记者问，是在给女儿买礼物吗?家庭主妇金京爱(51岁)回答说：“不是给女儿而是买我自己穿的衣服。”金某说：“专为家庭主妇设计的裤子腰线过长，已经过时，清新休闲装的设计更合我意。”40—50岁女性购买10—20岁女性阶层中流行的衣服，中年男性玩单排轮滑都已经不是什么值得惊讶的现象。最近，网络购物中心Interpark针对《CECI》《时尚女孩（VOGUE GIRL）》的阅读者年龄进行了调查，这两种期刊以15—25岁年龄段为对象发行。调查结果显示，这两种刊物30岁以上读者的比重分别为42%和41.5%。在百货商店卖场碰到的30—50岁女性一致表示“不喜欢老气的衣服”。新世界百货首尔江南店清新休闲装卖场中，40岁以上顾客的购买比重为51%，超过了一半。现代百货首尔狎鸥亭总店清新休闲装卖场销售额的41.8%，乐天百货小公洞总店销售额的21%都是40岁以上顾客创下的业绩。消费趋向年轻化同样发生在男性消费者当中。对“最近一年时间对偏爱的色系和设计出现反差最大的是哪一个阶层”的问题，乐天百货绅士服卖场137位管理人员中的100人（73%）表示是50岁以上男性消费者。乐天百货商店客户朴某说：“最近偏爱花纹或条纹衬衣搭配牛仔裤穿着的40—50岁男性正增加。虽然年纪已过40岁，但是心理年龄似乎只有30岁。”服饰咨询企业韩国IF Net work公司研究员文昭媛表示：“消费之所以不受年龄的限制，是因为人们想融入年轻一代的流行之中。”他们不愿意人们称呼自己为大叔、大婶。有关专家指出，品质生活（Well-being）、健身热潮也体现了正缩短的消费年代差距。消费形态匹配社会传统尺度正逐渐转变成“我所愿意”的消费动机。另外一种分析指出，互联网的普及使各年龄阶层的消费趋向逐渐统一。以10多岁一代为中心产生的新趋势，通过因特网正快速向20岁、30岁、40岁年龄层扩散。

23.大学生首选职业是公务员，教师职业让女人更具女性魅力

据最新调查，韩国大学生选择职业看好相对稳定的公务员。韩国就业门户网“job link”2005年5月18日称，以6463名大学生为对象进行调查，结果显示大学生最看好的职业是公务员(8.4%)。其后依次为大企业职工(7.9%)、教师(6.7%)、电脑程序设计师(6.4%)、广告宣传专家(6.3%)。此外入围前10名的还有，网络内容策划(6%)、教授(5.6%)、企业高级执行官(5.2%)、多媒体设计师(4.7%)、记者(4.4%)等。按性别分，男生希望的职业首位是公务员(8.7%)，其次是大企业职工(8.2%)和电脑程序设计师(8.1%)，而女生看好的职业依次是教师(8.3%)、公务员(8%)、大企业职工(7.4%)、广告宣传专家(7.3%)。选择职业时考虑最多的是兴趣和擅长(25.6%)，以及自己的专业(21.8%)。韩国婚姻信息网5月16日公布了对韩国530名（男女各265

名）未婚男女进行的关于各种职业形象的问卷调查结果，29.2%的人将“教育工作”选为最具安全感的职业，所占比重最高。其后依次为法律工作(17.9%)、公务员(17.3%)、公共企业(12.4%)等。被认为生活品质高的职业依次为外交官(21.2%)、教授(19.3%)、医生及药剂师(14.8%)、律师(13.1%)、企业经营者(10.9%)。对“平时压力最高的职业是什么”问题的回答，32.1%选择“医疗工作”。对于“生活最不规律的职业”这一问题，选择“演艺人”的占38.2%，居首位。24.3%的人认为“有礼貌和细心的男人职业”是外交官，42.2%的人认为教师职业是让女人更具女性魅力的职业。

24.成人节看成人仪式

5月15日，街上卖花者又一时大增。次日早上来学校，看到卖花者排列在校门两侧，不解其因。后询问助教，乃知今天，5月16日，是韩国“成人节”，韩国20岁（虚岁）算成人。汉文系要在当天举行成人仪式，给20岁的男生行冠礼，20岁的女生行笄礼。2003年我参加过一次这样的成人仪式，前已有述。这次，汉文系的教授还邀请我坐在主宾席上，我说明要拍照，辞谢。本次仪式程序如前年，不再重述。其不同者约有数点：一是参加成人礼的学生要比上次多，计冠礼者5人，笄礼者10人；二是本次来了比较多的家长，有的家长还带了小孩子来，更增加几分热闹。我吸取上次教训，早早准备好相机（数码、传统相机共两个）。上午10点半，仪式在文学院前的广场（平时为停车场，当天特腾出来举行仪式）举行。随着仪式的进行，我手中的快门也频繁按动。男同学仪式完毕后，我即找一个同学，特别拍了主持教授赐给他的字。这是一张宣纸（似比前年略小，字数也略少），上用毛笔书曰："郑斗赫，东莱人，乙酉生，字慎之。《诗》曰：节彼南山，维石岩岩。赫赫师尹，民具尔瞻。有国者不可以不慎。"女同学仪式完毕后我也找了一个同学看教授赐给她的字，其宣纸上书曰："金海金氏善惠，字曰迪吉。《大禹谟》曰：惠迪吉从逆凶，乙酉五月十六日。"男女书写格式略有不同，想因不同教授所为，而非男女有别吧。整体意思一样，有学生籍贯，如该男生是东莱人，釜山最初为东莱府，现东莱为釜山一个区。女生金海金氏，系金海市姓金者。金海市紧邻釜山，但金海国际机场并不属金海市，属釜山江西区，概因为方便管理，从金海市划到了釜山市。男生的字慎之，用《诗经》上的话加以释义；女生字迪吉，用《尚书》上的话释义，还真够讲究的。整个仪式结束后，有"茶果宴"，汉文系通过中语中文系主任小吴教授邀我参加宴请，我辞谢再三，但小吴教授说，参加才算有礼貌，我于是从命。主持仪式的教授、外请的嘉宾和家长代表一起用餐。有水果，有茶，不失"茶果宴"之名，而实际上主要还是每人一份比较高级的便当，最后每人还有一杯黄酒（加饭酒）。席间我通过小吴教授这位翻译，采访一位学生家长，这位朴姓家长表示，给孩子举行这样一个成人仪式，她非常高兴。

25.父母节接受学生祝福

5月8日是父母节，但韩国的同学称之为"母亲节"。早在周四、周五时，地铁口、大街小巷满是卖鲜花的，有大小不一的花篮，也有各式的花束。星期五晚上我上完课回公寓时，已经是10点半，街上买花卖花者仍不见少，庆星大学门口人员众多。因为这里有两所大学，另一所即国立釜庆大学，显然买花者绝大多数是大学生。5月7日上午我到研究室，为我在郑州大学带的研究生审阅硕士论文，他们5月底6月初就要答辩了。晚上学生小黄和小张到公寓来看我，为我庆祝父母节。我们一同出去，来到庆星大学附近的一个名为43 CONCERT的酒吧喝啤酒。通过手机联系，另外一些我曾经教过的学生也闻讯而来，计有大金（在仁川工作，当日晚才回到釜山看望母亲）、小金（曾在郑州大学留学，才去一家外贸公司工作数天）、小车（2002年到郑州大学留学，2003年作为助教再次到过郑州大学，在一家海运公司工作），还有一个是四年级的学生小李。他们来时，小金带来了一小束鲜花，给我别在衣襟上，向我致以节日祝福。同学们说，我就像他们的父母一样。我连称不敢当，心里挺感动的。因为好长时间不见面了，大家畅谈别后的情况。酒吧带歌厅，还有吉他手表演。小张也上去放歌一曲，水平不错。大约深夜1点钟时，聚会才结束。小张开车送我返回公寓。

26.独岛历史资料展在釜山近代历史馆开幕

在釜山近代历史馆策划展览室举行的本次展会由该馆和郁陵郡独岛博物馆联合举办，计划7月3日闭幕。展出的历史文献资料共48件，其中包括将独岛标记为韩国领土的八道总图和朝鲜地图、日本自相矛盾的历史记录、国际社会对独岛的观点、韩国战争期间独岛义勇守卫队的合影等。展会期间还放映独岛纪录片，并通过推介《热爱独岛》唱片和50多部国内出版的关于独岛的书籍，呼吁国民更加珍爱独岛。我到该馆时，遇到几位家长带着子女参观，讲解员讲得非常认真，参观者特

◎ 独岛历史资料展

◎ 观众倾听讲解员的介绍

别是孩子们听得十分专注，并仔细观看图板上的资料。

27.APEC贸易促进工作组会议在釜山开幕

2005年釜山市最大的一件事是第17届亚太经济合作组织(APEC)会议将于11月在这里举行。各大公共场所，相关的宣传标语到处可见。据釜山市网站公布的消息，4月21日，APEC贸易促进工作组会议(WGTP：Working Groupon Trade Promotion)在釜山乐天大酒店开幕。此次会议由韩国产业资源部和韩国贸易投资振兴公社(KOTRA)主办。这是11月举行的APEC首脑会议前，在釜山召开的重要的贸易工作会议。美国、加拿大、新西兰、中国、菲律宾等17个成员的贸易促进机构负责人和通商领域政府官员等40多人出席会议，介绍各国通过各种项目展开的贸促活动。在此次会议上，中国、新西兰、菲律宾、新加坡等国家将推进纤维贸易和知识经营、特许连锁（Franchise Chain）等项目，韩国和日本则介绍本国的贸易活动优秀事例。这次会议，也成了近日韩国媒体的关注热点。

28.三星笔记本生产基地迁移到中国，中国海尔进军韩国空调市场

据韩国《朝鲜日报》报道，三星电子继去年在国内终止微波炉生产后，今年又将笔记本电脑生产基地转移到了中国，在国内完全停止了笔记本电脑的生产。至此，三星电子的笔记本电脑将全部在中国生产，而今后其他IT部门是否也会加快海外转移的步伐令人关注。最近笔记本电脑生产企业之间的价格战正如火如荼，因此三星电子的笔记本电脑全部中国生产之后，是否会降低价格也令各方关注。据业界消息，三星电子在今年将笔记本电脑生产线全部搬到了中国苏州工厂，今后三星所有的笔记本电脑都将在中国生产。由此，三星水原工厂的笔记本电脑工厂已彻底停业，国内仅留下笔记本电脑的研发、市场、商品企划等部门。据悉，三星电子自2003年起就有序地进行了笔记本电脑生产线的搬迁工作。在此过程中，水原工厂主要生产高端产品，但此次水原工厂的生产份额也全部转给了中国工厂。此前，随着生产基地向中国转移，近几年水原工厂笔记本电脑的年生产量分别为2002年48.3万台、2003年45.1万台、2004年12.8万台，已经呈持续减少的趋势。又据《朝鲜日报》报道，中国最具实力的家电企业海尔成功进军韩国空调市

场。海尔在2005年空调需求旺季到来之前，就已经开始在韩国市场进行空调产品销售活动。据悉，海尔今年把重点放在了4种适合房间为4—10坪（每坪约合3.3平方米）使用的壁挂式空调产品上，明年将把落地式空调产品引入韩国市场，同时会向中央空调市场进军。目前，海尔空调主要在韩国的乐天超市、首尔技术商城（Techno Mart）、龙山电子城等地销售。在价格方面，10坪型壁挂式空调为57万韩元，相比三星电子和LG电子等韩国国内同等级产品便宜15%—20%。海尔计划从本月中旬开始在报纸上刊登以“友爱的海尔”为内容的广告，连续刊登一个月。海尔集团进军韩国后，这次是首次进行规模较大的广告宣传，这意味着海尔可能会向韩国市场发起全面冲击。海尔于2004年5月在韩国设立了韩国法人“海尔韩国”。海尔曾将焦点放在了小型洗衣机和小型冰箱等小家电市场，此次向市场投放空调意味着向韩国国内电子企业发起了挑战。海尔计划在年内将向市场追加投放电视机产品等，逐渐涉足数字家电领域。

29.2005年会成为最热的一年吗

韩国《东亚日报》2005年5月1日发表署名文章，题目是“今年会成为最热的一年吗？”文章说，韩国从4月末开始就出现了白天最高气温达到34℃的盛夏天气。美国航空航天局（NASA）戈达德宇宙研究所的詹姆斯·汉森博士曾预测：“今年有可能会成为有气象观测以来最热的一年。”因此，5月初就面对初夏天气的韩国市民出现了不同寻常的反应。韩国气象厅预测，今年与往年5月30日进入夏季相比，会提早1周以上进入夏季（日平均气温在20℃以上），所以“最热的夏天”的假设也逐渐被肯定。据报道，韩国40个气象观测站刷新了4月最高气温纪录。4月30日，因朝鲜半岛以南的高温多湿的空气急速进入韩国，首尔今天白天的最高气温达到29.8℃，刷新了从1904年开始有气象观测以来的4月份最高气温纪录。之前最高纪录是1989年4月21日的29.4℃。当天，与首尔同样刷新了当地历年4月份最高气温纪录的还有宁越（33.3℃）、仁川（32.7℃）、春川（31.5℃）、清州（31.3℃）、水原（30.5℃）、大田（30.4℃）、大关岭（30.1℃）等22个地区。4月28日庆北盈德郡也曾达到了34℃高温。首尔的夏天与100年前相比延长了20天。首尔国立大学地球环境科学部康仁植教授研究组最近发表《韩半岛气候变化产生生活环境的变化》一文，分析1909年至2003年气候的结果显示，首尔的冬天和严冬分别减少了30天和25天。另外调查得出，首尔的夏天和盛夏分别增加了20天和10天。韩国如此，恐怕中国也有夏季提前的感觉吧。值得一提的是，我所在的釜山，得天独厚，至今最高气温没有超过23℃。最近一两周，经常是最低温度比其他城市高，而最高温度则要低许多。离釜山仅两个小时汽车车程的大邱，前几天的最高气温也达到了33℃。另外，釜山湿度并不大，可能是有海风的原因吧，因而人会感觉很舒服。但因地处海滨，晴天时紫外线较强烈，外出时戴顶遮阳帽或打把伞，很有必要。

30.引进韩国在线游戏的陈天桥成为中国首富

韩国《朝鲜日报》2005年4月29日报道："引进韩国在线游戏的陈天桥成为中国首富。"消息说，2005年成为中国内地首富的是引进韩国在线网络游戏并以此独霸中国网络游戏市场的年轻才俊陈天桥。在中国广州发行的中国经济专业期刊

《新财富》最新版刊登了《2005年中国内地500富人榜》。其中，以经营在线网络游戏为主的“盛大网络”总裁陈天桥（32岁）以150亿元人民币（约合2万亿韩元）的资产荣登榜首。1999年5人共同创立的“盛大网络”，在短短的6年间，荡平中国同行业，使创业主成为中国首富。这意味着中国IT产业正在飞速向前发展。报道说，“盛大网络”在创业初期曾遭受过破产危机，但在2001年引进韩国在线网络游戏《传奇2》后，创造了丰厚的利润。经营《传奇2》获得成功后，“盛大网络”相继推出了《传奇世界》《新英雄门》《疯狂坦克》等，并开始在业界确立霸主地位。其间还与韩国企业发生了知识产权纠纷。曾就读于上海复旦大学经济系的陈天桥，以前只是一个普通的青年，但凭借韩国的在线游戏技术，创业仅短短数年，便荣登中国内地富豪名单。据《福布斯》调查，陈天桥2004年跃升富豪排行榜第三位，而今年一跃成为首富。由陈天桥领导的盛大集团在去年收购了《传奇2》的开发商——韩国ACTOZ公司，并于最近在资产规模上超过全球最大的韩国在线游戏企业——NC软件（股价总额约13亿美元）。盛大集团去年成功在美国纳斯达克上市后，将活动范围扩大到了全球。去年1—2月，盛大集团利用期间储备的资金，做出了震惊中国互联网产业的惊人之举——收购新浪（sina.com）19.5%的股份。盛大集团的收购工作非常顺利，如果因此中国的两大游戏企业和互联网企业成功完成合并，可能会超过“雅虎”和“电子湾(E-Bay)”。《朝鲜日报》记者说：陈天桥的穿着非常朴素，除了正式场合外，他从不穿西装。不论在白手起家之前，还是在取得巨大成功的今天，陈天桥的装扮永远都是半旧的衬衫。创立盛大集团之前，陈天桥就职于证券公司，他的结发妻子就是当时的同事。陈天桥的妻子也是盛大集团创立人之一。因此，每当举行庆祝宴会时，陈天桥总会首先敬他的爱妻一杯。他在某次采访中说：“我在证券公司时做得最出色的一件事情就是成功将我的妻子‘骗’到了手。”

31.韩国人感叹“中国速度”

2005年4月27日，韩国《朝鲜日报》刊载了高丽大学一位经营学教授的文章，很有意思。文章说，“慢慢地”是描述“行动缓慢”的中国人时经常使用的形容词，但其实这种解释有误，正确的含义应该是：“即便在十万火急的情况下，也要慎重思考后再行动。”中国人在开始做一件事情之前，会进行深思熟虑，但只要展开行动，其速度就迅速无比。从最近中国经济运作情况就能深刻体会到，以“慢慢地”文化为基础，中国正在发生快速的变革。让中国人领悟到速度经营的重要性的不是别人，正是韩国企业。媒体为称赞北京现代汽车速度经营而创造的新词“现代速度”就是典型的例子。现代汽车在2002年2月与北京汽车签署谅解备忘录（MOU）不到9个月，就签订了合资合约，而且还得到了中国商务部的许可。10月份正式投入生产，不到1年就具备了年产5万辆汽车的生产能力。目前的生产能力已经达到年产15万辆。此后，成为速度经营代名词的现代汽车工厂成为中国党政高层官员、地方干部、外国贵宾的主要参观对象之一。文章说，此后3年多来，中国企业开始把“速度经营”提上实践日程，在进入海外市场、学习技术和开发、组织革新等方面，尤为强调速度的重要性。中国开展超高速全球化战略的代表性例子有：今年年初上海盛大集团收购ACTOZSOFT公司和去年年底联想集团收购IBM的PC部门。海尔集团则利用竞争公司在国内展开降价竞争的机会，1998年在美国南卡罗来纳州建立“白色家电”工厂（白色家电指可以替代人们进行家务劳动的产品,包括洗衣机、冰箱，或者是为人们提供更高生活环境质量的产品，如空调等产品）。TCL集团继2003年11月收购法国汤姆逊彩电及DVD部门后，两年前在香港还建立了TCL－汤姆逊合作家电企业。文章认为，在学习技术和开发方面，中国优秀的IT企业正在迅速追赶韩国企业。华为集团开发出甚至令思科公司也大为惊讶的技术含量十足的通信设备和软件。波导、康佳等企业通过与外国企业合资、技术合作、独立研究开发，正迅速缩短与韩国企业的技术鸿沟。在结构调整和改善经营等组织革新方面作出的努力近来也呈现出加快的趋势，仅去年一年就有3600多家亏损国有企业倒闭或被出售。这与过去6年的成绩持平。特别是钢铁、化工、家电、啤酒等供应过剩的行业中，为提高生产效率和扩大市场占有率，企业间收购合并（M&A）正在如火如荼地进行。股票期权、年薪制、提案制等改善经营措施也以沿海大城市为中心，正在迅速扩散。作者说，难怪进入中国的三星电子、LG电子、POSCO（浦项制铁）等大企业表示："近来，我们感到很难赶上中国的政策变化和企业变化的速度。"现在我们落后于中国的不仅是国内生产总值、贸易规模、人口、领土面积，在设计未来发展蓝图的变化速度竞争中也落后于中国。在与中国企业的竞争中要想获胜，现在应该立即整顿我们的队伍。另，韩国记者援引美国《纽约时报》报道，中国汽车的出口竞争力紧追韩国汽车。《纽约时报》4月21日以"预计中国将会主导汽车出口"为题，援引北京现代汽车公司有关人士的话说："在中国生产的汽车与韩国生产的汽车质量相同。"该报道还称，中国2004年的汽车出口额（包括汽车配件）达到了118亿美元。该报道还预测，2010年最多将激增到1000亿美元。报道说，中国汽车公司"哈飞"和"奇瑞"已经向中南美洲、非洲、中东出口汽车，不远的将来会进入美国和欧洲市场。该报道指出："以前中国制造的汽车因质量欠佳影响了出口竞争力，但现在已经不同。每小时仅2美元的廉价劳动力也是增强出口竞争力的重要因素。"

32.韩国两成17—25岁未婚女性有定期性行为

韩国媒体报道：据调查，韩国17—25岁的未婚女性平均每月有3.3次性行为，有定期性行为（每月有3次以上）的占20%。从这一年龄段上班族女性的情况看，58%的人有性经验，有定期性行为的女性比率为40%。今年3—4月，顺天乡大学妇产科教授李任顺在首尔地区对400名17—25岁未婚女性进行调查，并在2005年4月29日发表了题为“韩国年轻女性的性意识现状调查”的报告。调查结果显示，这一年龄段的女性首次发生性行为的平均年龄为19.5岁，平均与2.5名男性发生过性行为。同时，女高中生和女大学生中分别有5%和15%有长期固定性伴侣。发生性行为时采取避孕措施的比率只占受访者的36%。有性经验的未婚女性中，有16%曾经怀孕，其中95%的人选择了人工流产。李任顺表示：“有定期性行为的女性比率比想象的要高。但是因为没有掌握正确的避孕方法，所以做人工流产的情况很多，这很容易引发婚后不孕，因此有必要采取相关对策。”

33.韩国大型企业竞相“打动中国人的心”

韩国《数码朝鲜》报道，在距北京300千米左右的河北省唐山市一所农村学校4月21日迎来了大喜事。尽管沙尘肆虐，在霍庄小学操场上400多名学生排着整齐的队伍，睁大明亮的眼睛,参加新校舍开工典礼。三星电子目前制定了投资900万元利用3年时间在中国落后地区援建45所学校的“三星Anycall希望小学工程”，这个学校被选为该工程第一号。参加当天开工典礼的中国三星总经理朴勤熙说：“既然在中国搞企业，进一步接近中国人求得他们的关爱，这是应该的事情。”就是说，如果企业只求自利、吝于报答社会绝不会跨越万里长城。目前，进军中国的韩国企业正在竞相举办各种抓住当地民心的活动。三星SDI天津法人去年6月曾与天津市残疾人协会联手，开始了对白内障患者免费做复明手术活动。而因为索纳塔和伊兰特被选定为北京市出租新款车而销量达到中国首位的现代汽车，正在举办为北京的小学赠送电脑等各项奖学活动。LG化学生产法人LG甬兴的“我爱宁波”活动，则因职工的主动参与和无私奉献被当地媒体作为模范事例加以介绍。

34.值得学习的中国“教育革命”

据韩国《朝鲜日报》4月22日一篇文章报道说，韩国每年有超过1万名的小学生、初中生、高中生因教育问题出国留学。这表明，韩国的教育体制已接近崩溃。所有留学生和“陪读妈妈”去年在海外消费的外汇达51亿美元。如果这些外汇用在国内，肯定会对恢复内需起到一定的作用。韩国在其他领域为建设金融中心、物流中心、旅游中心等准备大展身手，唯独教育负责人至今仍沉睡不醒，听不到教育崩溃的呼声。邻国中国发生的教育革命更突显了韩国教育的落后。上海有一家叫SMIC的半导体公司，该公司有来自18个国家的外国技术人员，公司为他们的子女建立了私立小学、初中、高中。SMIC私立学校分成中文班和英语班，用两种语言授课。虽然不是正式的国际学校，但教育水平可以与国际学校相媲美。该校还面向中国学生招生。中国不但有企业和富翁投资建立的学校，而且外国教育机构以投资为目的建立的私立学校也雨后春笋般出现。虽然学费昂贵，但低于国际学校。是采用美国式教育，还是英国式教育，完全取决于学校自己。外语老师是外国人，宿舍的豪华程度不亚于酒店。家庭富裕的小学生、初中生、高中生没有必要为了学习英语，提前出国留学。中国除私立学校以外，公立学校中还有用英语授课的叫“国际部”的班。根据学校不同，这部分学生比例占全校学生的20%—30%。在中国居住的外国人中，家庭情况还不足以承受国际学校昂贵的学费的学生主要进入重点高中的国际部，国内学生也可以进入国际部。学费最高收9000美元。虽然北京有15所正式的国际学校，但如果把起到国际学校作用的私立学校和公立学校国际部加在一起，中国学生和外国学生就能够选择符合家庭承受能力和学业能力的学校。在马来西亚，无论是谁，只要有钱就可以建立国际学校，而且只要赢利就开始纳税。目前，马来西亚共有30多所国际学校。马来西亚政府正计划把马来西亚建设成东南亚国际学校中心，在马来西亚留学的韩国学生超过3000人。香港共有68所国际学校，完全向香港学生开放。不观察一个国家的整体教育条件，只看是否允许国内学生进入国际学校毫无意义。中国建立了国际学校级的各种学校，因此，即使不允许国内学生进入国际学校也没有问题。新加坡也一样。新加坡不仅有与我们单一的教育系统不一样的竞争教育系统，而且通用语言是英语，因此没有必要进入国际学校学英语。现在是消费者在全世界范围内选择生产商的时代，如果韩国的教育服务不好，教育消费者将出国寻找更好的服务。问题不在于多建立几所国际学校，面向谁招生，当务之急是建立符合国内教育需求者的学业能力、外语学习欲望、财政能力的各种学校选择系统。

35.首尔规模最大的校园暴力联合组织被曝光

据韩国媒体报道，由94所初、高中学校的300余名学生组成的首尔市最大的校园暴力联合团伙近期被警方查处。警察厅表示，首尔地方警察厅女警机动队查处了由307名初高中生、29个组织联合形成的暴力组织“首尔联合”，现已令其自行解散。这一组织由来自9所高中、85所初中的学生组成，以男生组成的“最强”和女生组成的“大姐大”等11个组织为核心组织。其中男生组织“天下无敌”在升入高中后仍在继续活动，女生们也在名为“炸弹少女”的组织内经常活动，警方正在对该组织进行调查。据悉，为避免成员离升组织，以及为逼迫成员服从，有些人还曾对学弟、学妹们使用暴力。去年（2004年）2月朴某等4人逼迫李某等学弟们拿出50万韩元，其中一名学弟从家里偷来50万韩元交给了他们。姜某受到逼迫后甚至偷偷地将父母攒下的200万韩元生活费拿给了学长们。最近一名成员向警方自首，该组织遂被曝光。警方计划引导该组织自行解散，另外对相关学生在不立案的同时，将请心理专家与他们谈话。

36.韩国水稻种植正在发生变化

《东亚日报》2005年4月24日刊载文章，谈了韩国水稻生产发生的一些变化。文章谈到仁川江华郡的5个里（里是郡下行政单位）的共300户家庭当中的250户家庭的农民决定，从今年开始在水田里不再种水稻，而是栽培莲花。因面临大米市场开放和政府中断收购秋粮而不安的该地区里长团和农民们，决定停止种植水稻。因此，从4月初开始，农民们在50万坪的水田里种植莲藕，并决定为组成莲花种植园向农林部申请农业活性化（扶助）资金。同时在栽培莲花的水田里养殖金鲤鱼、鳗鱼、鲶鱼、田螺，以增加收入。韩国各地像这样停止水稻种植，改种其他收益性高的作物的农民正在增加。庆尚北道和忠清南道看到健康（well-being）热潮引起国内大豆购买热之后，积极主张“田、豆”种植。种植大豆比种植水稻投入的劳动力少但收入多，所以受到了农民们的好评。庆北地区2004年的大豆种植面积是1.6206万公顷，比2003年（1.2870万公顷）增加了26%左右。据悉，今年农民将会在1.65万公顷水田里种植大豆。忠南地区的大豆种植面积从2003年的164公顷到2004年的238公顷，出现了增长势头。出口日本的甜辣椒（sweet pepper）也是能代替水稻在水田里种植的特种植物，因此格外受到关注。仅庆尚南道地区去年就向日本出口了价值2153万美元的甜辣椒。全南地区将人参作为代替大米的高收入代替植物，进行重点栽培。在全南长城郡，覆盆子(山草莓)正在取代水稻。去年，全南的白羊寺、长城等5个地区农协的110名成员在5万多坪的稻田里种植了覆盆子，并且获得了4亿多韩元的收入。在忠清北道清原郡、沃川郡和全南咸平郡、海南郡等地，有些农家还在稻田喷洒矿物性硅成分的天然肥料，来生产糖度较高的蔬菜和水果。从1948年开始的为保护农民利益而实行的收购秋粮政策将从今年开始终止。但针对因开放大米市场，大米市场价格将低于目前价格（以1麻袋80公斤为准，17万韩元）的情况，正在讨论补偿差价的方案。大米进口量将从今年（2004年）开始每年增加0.5%，截止到2014年要增至国内消费量（年500万吨）的8%。在进口大米中，从9月开始将有10%作为“食用大米”出售。

【补记】2014年有关韩国水稻生产和大米销售情况出现了新的动向。2015年2月3日《环球时报》记者介绍韩国KBS电视台2月2日报道，韩国农林畜产食品部预测，2014年11月至2015年10月，由于韩国水稻丰收，韩国大米自给率有望达到97%，创下5年来最高水平。2014年韩国大米产量达到424.1万吨，随着大米增收和签署自由贸易协定（FTA）后持续开放大米市场，韩国大米已陷入供大于求的状态。而韩国人均大米消费量却再创新低，2014年人均消费量为65.1千克，同比减少3.1%，日均大米消费量仅为178.2克（原因之一是，人们关注健康，其他谷物消费量有所增加）。据韩国民间农业研究机构GS&J发布的统计数据，截至2015年1月15日，韩国大米价格降至每千克约合11.4元人民币，较2004年同期下降6%。韩国农民担心大米价格持续走低将给自己的收入造成致命性打击，韩国政府计划开展旨在促进大米消费的宣传活动。

37.中语中文系系友在金井山城聚会

庆星大学中语中文系的系友会每年要开一次会，参加会议的是系友会的联络人（均为已经毕业的同学）及现任系学生会成员，当然系主任和教授也参加。通过这种会议，以加强校友联系，联络感情。今年系友会定于4月17日在金井山城召开。金井山城是釜山一个著名风景点，也是釜山的制高点，最高处海拔800多米。山上有釜山最古老的山城，有东西南北四个城门，还有一些“敌楼”，有点类似中国的烽火台。这里又是个森林公园，每到节假日，用“游人如织”一词形容绝不过分。说好了我17日上午10点10分到达温泉场与其他教授、同学集合，然后一起乘汽车去山城。我住的公寓距离温泉场乘汽车要40分钟，所以我8点多即准备完毕。就要出发时，接到柳教授电话，说系友会11时开始，我们教授不参加了，只参加宴会。他让我在公寓等待，他到公寓来接我。我知道，这又要柳教授夫人开车了，因为柳教授不会开车。11点半，柳教授到了，果然是其夫人开车，车上已经接到小吴教授，小吴教授也不会开车，他平时上班是夫人开车送。我们到达金井山城时，已经12点40分。聚会的饭店很有特色，是个依山而建的三层小楼。时间已经不早了，系友会的同学已经开始用餐，我们去了之后，就开始喝酒。酒类有浊酒（类似中国的江米酒）、烧酒、啤酒，另有几种饮料。一些校友带了小孩，大约有七八个五岁到十三四岁的小朋友。一个特色菜是炒黑山羊肉，在韩国羊肉极少见，这是我到韩国第一次吃羊肉。一个小时后，我们来到饭店前的小运动场。顺便说一下，这里讲究一点的小饭店，都有个小运动场，可以踢网式足球。在运动场大家吃烤大虾，同学们自己烤。烤大虾味道美极了。一边吃大虾，一边继续喝酒。也有人开始踢足球。孩子们尤其高兴，吃着、玩着、打闹着，在满山青松、樱花的映衬下，更显得天真可爱。其间，一位校友和我攀谈起来。她是1994级的，丈夫与其是同学，因工作忙无法来参加，由她代表。一说起来，我还真见过她丈夫，那是在2003年的系友会上。他们夫妻原做贸易工作，后在离釜山有一个半小时车程的密阳经营农场，种植蔬菜，颇有成绩。该女士名叫金迥娘，汉语说得不错。她说，原来她工作时汉语说得并不好，倒是到农场后，她怕时间长了忘掉，经常学习，进步很大。她带来一个小男孩，家中还有一个女孩，由其母亲照顾。她教两个孩子汉语，小孩同时也在学习英语。下午3点40分左右，我们几位教授先返回市内。一路上，来往的车辆很多，时有拥堵。路边行人，多是往回走的登山者。登山，是许多韩国市民的一大爱好。

38.韩国的中产阶层到美国当临时工

韩国媒体介绍美国佐治亚州亚特兰大的日报《亚特兰大宪报》4月24日报道，由于对未来感到不安和因子女教育引起的苦恼，有生活水平比较高的大学学历的韩国人来到美国的农村过着打零工的生活。下面是该报道主要内容。

金载术（音译，42岁）在釜山曾经是数学、科学及语言学补习班的院长。每到星期日，他就去打网球或是到郊外打高尔夫球。金载术向移民中间人支付了1万美元（约1000万韩元），和10多岁的两个女儿等家人一起在3月去了美国佐治亚州。金载术在东南部的小城市克莱斯顿（音译）的养鸡场工作。“戴着眼镜的金载术用瘦弱的手，拿起了屠杀用的刀代替圆珠笔。身穿工作服并穿上靴子、戴上手套的他负责切下鸡翅膀的工作，一个小时的工钱是7美元。”金载术说：“养鸡场的工作是比较累的。”但是“为了让孩子们受到良好的教育，过更好的生活，而做这个工作”。于赞道（音译，42岁）也是同样。他原本在JONSON＆JOHNSON韩国分公司的营业、营销部门工作，后来在2000年被解雇之后，就开了家餐厅。于赞道于2002年向移民公司支付1万美元，在不久前去了佐治亚州。他在学习空调修理技术，妻子则在养鸡场工作。于赞道说：“我认为韩国劳动者没有未来。”并说明移民背景，“在韩国，几乎没有能够找到较好工作的机会”。韩国移民者在拿到临时移民签证，抵达亚特兰大之后的6周之内，所有家人会得到永久居住权，在5年之后可以申请市民权。移民者主要是那些曾是银行工作人员、教师、企业干部出身的人，带来的财产是平均20万美元（约2亿韩元）。在几乎成了韩国移民者的定居村的史特司柏罗，有700名学生的兰斯顿（音译）小学预计到今年年末，韩国学生将增加到110名。到年末，布洛克郡（音译）的各级学校中，预计将有300名韩国学生入学。

39.清闲的韩国学生和拼命学习的美国学生

我认识的一位汉文系资深教授曾经给我写过一个纸条，上面写道：“韩国大学生素质令人担忧。”该教授汉文底子很厚，但口语不行，与我交流时只能“笔谈”。恰好，最近韩国媒体披露了大学生在韩国与美国不同的学习状况，有多大的代表性不敢说，倒是令人深思，且中国的大学与韩国的大学有相似之处，介绍如下。

李某今年考上了首尔国立大学工商管理系，但是每到星期天就睡懒觉。睡懒觉的理由是“平时，每天晚上被大学前辈拉去喝酒，所以星期天得休息”。这与读高中三年级时整天在图书馆学习的情形截然相反。每天平均学习2小时的李某称：“每周读100页左右的教科书，就能轻松地跟上学习进度。”从韩国国内高中毕业后，就读于哈佛大学一年级的李某（20岁）每天在图书馆度过4—10小时的时间。只学习4门课（经济、国际政治、西班牙语、爵士音乐）的李某称：“虽跟得上学习进度，但是为了不落后只能这样努力。”他每周需要读300页的书籍，每月平均提交3篇（5—15张A4纸）报告。韩国的大学新生在入学的同时远离了书桌，但是对美国的大学新生来说，入学等于是“与书开战”的信号。韩国的大学新生沉醉于从高考中解放出来的感觉，悠然自得地享受大学生活，而先进国家早在20年前就进行了“大学一年级学习改革”。有的人认为，韩国与先进国家大学新生在读和写的数量上存在差距。首尔国立大学工商管理系一年级的韩某在入学两个月内写出了两篇作业，一篇是自我介绍，另一篇是体育课作业有关乒乓球规则的内容。韩某称：“不是太难的课题，而且很多同学在互联网上搜索，抄写别人的文章。”他还说：“高中三年级时，每周读1本以上一般书籍，但是上大学之后3周才能读完1本。上大学之后突然感觉没有目标了。”延世大学人文系一年级学生朴某称：“文学和历史老师要求我们读相关书籍，但是没有几个同学好好读。老师原本想开展讨论形式的课堂，但是很快就改为普通课堂。”就读于美国斯坦福大学一年级的金东贤每周阅读的书籍和论文达到了500多页，他说：“为了能跟上课堂进度，必须读大量的书籍。如果一次跟不上，以后就很难再跟上课堂学习进度了。”而且学校规定，如果抄袭别人在互联网上发表的文章，就开除学籍。所以，完成随笔（每周1篇以上）也需花费不少时间。美国大学新生过的是“周中学习、周末休息”的周期循环生活。而在开学初，等待韩国国内新生的清一色都是酒桌、新生欢迎仪式。美国宾夕法尼亚大学的学生金准荣从星期一到星期五下午为止，一直是在重复“上课4小时，经济学会活动，学习5小时”的生活。到了星期五、星期六晚上，就会通过聚会等活动消除疲劳。金准荣说：“在平日喝酒都不敢想象。”高丽大学法学院的学生朴某称：“如果不去参加酒席，就很难和朋友、前辈亲近，因此一周平均大约会去参加两次酒席活动。”首尔大学的学生韩某说：“在新生欢迎会时，因饮酒过量而晕倒之后，都在尽量避免酒桌，但由于这是一种社交活动，因而无法完全远离。”那么学生主要关心的事情是什么呢？斯坦福大学的学生金东铉（音译）称：“上同样课程的学生在一起吃饭的时候也在讨论学习问题，这让我大吃一惊。”宾夕法尼亚大学的金准荣说：“体育、上课内容就是谈话的题材。”首尔大学社会学院的学生金某说：“下课后谈论最多的是怎么玩的话题。”两国大学的新生为什么会有如此大的差异呢？而有些高中的相关人士认为，韩国和美国名牌大学新生之间的学习能力水平没有差异。留学生一致表示：“不是因为学生的个人资质、能力的问题，而是学校氛围、上课方式上的差异所致。”斯坦福大学的金东铉称：“由于普遍采用讨论式授课，因此，如果不多看书，就只能像哑巴一样干坐着。”哈佛大学对新生表示：“大学生活的决定性时刻集中在入学后的几周里。”并从一年级第一学期开始进行高强度的授课。而首尔大学经营学系的学生李某则称：“国语课上，不会对学生进行提问，因此只要坐在那里就可以了。”美国大学加强一年级教育的原因，是为了培养学生“解决问题的能力”。如果能很好地接受以讨论、读、写为主的一年级课程，思考的幅度和能力就会大不相同。延世大学的院长闵庚灿表示：“此前，我国的大学和学生把大学一年级看作是对艰苦高中生活的补偿，尽情享受。因此，出现了基础素养消失殆尽，和先进国家的大学生相比实力大幅落后的现象。”

40.朝鲜的国宝级文物到首尔展出

据《东亚日报》报道，韩国高丽大学以“韩国古代的国际普莱特——高句丽”为题，从5月7日开始在一民间博物馆向大众公开展出230多件高句丽文物。该特别展是由高丽大学和首尔市共同主办，由东亚日报社和高丽中央学院、高句丽研究财团、南北历史学者协议会、韩国大学博物馆协会提供赞助。值得关注的是，展品中有由朝鲜中央历史博物馆收藏的60件高句丽文物。这批文物，4月22日经过金刚山陆路观光公路抵达首尔，其中包括15件国宝级文物。这些文物将在高丽大学为迎接建校100周年而筹备的“高句丽特别展”（5月7日至7月10日）上被展示出来。以高丽大学博物馆馆长崔光植（韩国史学系教授）为团长的高句丽文物接管组（有6名工作人员）在4月21日访问金刚山，他们从朝鲜中央历史博物馆馆长金松铉（音译）手中接过了文物，并搬上特殊无震动车上，于当天下午通过江原高城郡统一瞭望台的南北出入境管理事务所，深夜抵达首尔。当天送至的文物中，还包括1988年从咸镜南道新浦市悟梅里出土的有铭文的金铜板（546年制造），1994年江原道铁岭出土的大约3世纪时的铁制马和青铜四神像等，这些都是此前没有在韩国国内介绍过的国宝级文物。另外，还有高句丽的代表性金属工艺品日光透雕铜装饰品和火焰文透雕铜宝冠，从平壤安岳宫遗址和定陵寺遗址等地方出土的各种瓦片和砖头，从平安南道平城市地境洞1号墓地出土的喇叭形小壶和马具，从平壤大成山出土的骨壶和雕像等。此次来到首尔的文物的总估价额达到3403万美元（相当于340亿韩元）。当天崔光植表示：“高句丽文物虽然于2002年年末和2004

年3月通过民族和解合作泛国民协议会（民和协）进行南北文化交流时曾在首尔展示过，但其大多数都是修复的壁画文物。”“而此次运来的文物，能令人感受到高句丽文化的精髓。”另外，过去两次的朝鲜文物搬运，利用的是通过南浦港和仁川港的海路，此次是首次利用了陆路。

41.韩国解决大学生基础薄弱问题

2005年4月22日，首尔大学、延世大学、成均馆大学在首尔钟路区明伦洞成均馆大学以“怎样为学院作贡献”为主题，举行了研讨会，会上就有关强化基础教育的应对方案进行了讨论。对此，国立大学工程学院院长韩民九表示：“随着高考题难度降低，事实上学生的受教育程度也有所退步。如果提高高考难度或重新启用入学考试，可能会使问题迎刃而解。”中央大学郑宪培（管理学）教授概叹道：“像‘人生’这样的基础汉字都不知道或不会用汉字写自己名字的学生也大有人在。”对此，各大学为指导基础差的学生正忙于实施“特别课外”等对策。首尔国立大学从去年开始以基础差的新生为对象，对数学、英语等课程实施了特别强化教育。而今年，又把对象扩大到了硕士学位新生。自然学院数理学系面对硕士课程新生，实施了每周3天共7周的强化教育。其中，每次利用6课时集中讲解《代数学》和《解释学》，利用5课时讲解《几何学》和《拓扑学》。工程学院把微积分等数学基础学科作为复习内容，物理专业把学院二年级和四年级学的化学和物理等专业基础科目作为复习内容，以此进行强化教育。同时，工程学院从去年第二学期开始，以学院一年级学生为对象开设了“说话”和“科学和技术写作”讲座，面对写作能力差而不能设计课题的学生实施了特别指导。延世大学以理工学院新生为对象，每班180人编成了3个基础班，正进行基础教育。物理基础班每班195人，共开设了3个班。同时，成均馆大学也为强化教养教育，将第一学期开设的168课时（790个讲座）教养基础中的39%（65课时）进行了改编。同时，在“写作和通信”领域开设了4个课程共105个讲座，聘请11名专职教授全权负责，以便重点提高学生的写作能力。

42.女职员产假薪水改革利于提高就业率和生育率

据《朝鲜日报》中文网站4月21日报道，今后，企业有望不必再向休产假（90天）的女职员支付薪水，因为薪水将从雇佣保险基金全额支出。另外，流产或引产的女职员也同样，只要出示医生诊断书，就可以休产假，休假费用将从雇佣保险基金支出。政府和开放我们党在21日的党政会议上，确定了以上述内容为主的“对生育女性的薪水及休假费支付改善案”。相关劳动标准法、雇佣保险法等法案如果能在4月的临时国会上得以通过，就将立即投入实施。据相关改善案，从明年（2006年）开始，职员在300人以下的中小企业，女职员休产假期间的薪水将从雇佣保险基金和政府普通会计中全额支付。目前产假津贴（通常薪水）是由企业和雇佣保险基金分别负担其中的60天和30天的费用。而职员在300人以上的大企业，企业对职员的相关负担将从2008年开始被免除。开放我们党第五政策调整委员长李穆熙表示：“如果由社会负担产假全额薪水，占女职员70%的非正规女职员的雇佣人数将被扩大，对缓解低生育率方面也将会有所帮助。”但由于党政决定用雇佣保险基金中的失业津贴来负担产假费用，估计将会引发争议。据推测，明年中小企业职员的产假薪水最少将达到1100亿韩元，如果扩大到大企业，每年将需要2000亿韩元以上。民主劳动党当天发表评论表示："让失业津贴事业负担产假等的费用，有悖于事业的目的和宗旨。"该项措施的施行有几个意义，其一是减轻企业负担；其二因为减轻企业对女职员的相关负担，可能会使企业更多地录用女职员；其三是会直接或间接提高生育率，有助于扼制韩国生育率持续下滑的趋势。

43.野蛮女高中生对同学进行性虐待事件震惊韩国

据《朝鲜日报》4月19日报道，用铅笔刺大腿、用火烤过的饭勺烫腹部、用铅笔之类用具挖抠肛门和阴部等，这些狂乱的施暴行为的加害者和被害者都是仁川市一所高中的一年级女学生。从去年3月开始，金某（16岁）受到噩梦般的虐待，还在仁川某校读初中三年级时，同班的柳某（16岁）和朴某（16岁）叫她胖猪并开始对其进行折磨。折磨她的理由是，金某身材小也不漂亮，而且经常哭。刚开始只是捉弄她、使唤她，但是逐渐严重到殴打和抢钱。后来金某和柳某升到同一所高中，但折磨并没有结束。上月6日，柳某和朴某带着柳某的男朋友全某（16岁）去了仁川花水洞的金某家里，之后将金某叫出来硬拉到附近的柳某家，他们这么做的理由是，"叫她在星期天早晨赴约，但是并没有到场"。他们用一次性打火机烤红饭勺后烫金某的左腹部，之后用钢笔刺进金某的大腿和人中。金某疼痛难忍，但是怕他们继续殴打，所以强忍没有叫出声。他们还将金某衣服扒光，然后用铅笔和木制筷子等挖抠其阴部并用数码相机拍下了照片。看到金某浑身伤痕，柳某等人逼迫金某报警并假称“被初次看见的不良少女殴打了”。报警之后，金某住院治疗半个多月，但是害怕被他们报复，所以一直没有讲出事实。但出院之后被他们继续虐待的金某耐心达到了极限，本月17日，金某被柳某等人用衣挂打得额头鼓出了大包，在母亲的追问下，她终于说出了事实真相，而她已经被虐待1年了。仁川东部警察署以上述嫌疑拘捕了柳某和朴某，对帮助她们犯罪的全某实行了不拘留立案。据警方透露，柳某丢失隐形眼镜之后，诬陷金某并逼迫她偷出了父亲的25万韩元交给她们。柳某等人在警察署称：“因为她不听话，所以虐待了她。”警方还透露，金某现在虽然坚持上学，但是她的身心已经极度疲惫。

44.品质相当，价格便宜——中国水果将冲击韩国市场

据《东亚日报》4月21日消息，韩国政府为固守本国大米市场，就进口中国产苹果和梨达成了协议。据了解，中国产苹果和梨的销售价格为韩国产价格的三分之一左右。中国产苹果和梨与韩国本地产的从口味上没有太大差异，因此，韩国国内的9万种植户可能会因此受到损失。根据韩国农协调查研究所《有关中国水果产业的研究》的报告，进口中国产苹果的预计批发价格为每千克910韩元，这只是韩国产苹果的平均批发价格（2788韩元/千克）的32.6%。中国产梨的平均批发价格为每千克761韩元，是韩国产梨价格（1856韩元/千克）的41%左右。中国产苹果、梨的销售价格为韩国的32%。进口企业在中国的苹果产地——山东的购买价格为每千克408—456韩元，加上运费、关税、通关费、手续费等费用后，预计到韩国国内

后的批发价格为每千克872—949韩元。韩国国产苹果的放货价格为每千克2532—3305韩元。加上上述所有费用后，中国河北省生产的梨在韩国国内的批发价格为每千克707—774韩元，这一价格大大低于韩国国产梨的价格(1479—2496韩元)。中国能生产廉价苹果和梨的原因在于，为提高生产力，自1990年以来积极引进优质品种、大规模种植、提高栽培技术。韩国农协调查研究所调查员吴政润表示："去年9月在中国山东省和河北省进行考察，结果显示，苹果和梨的糖度、硬度、果肉质等标准方面与韩国产不相上下。"韩国政府预测，正式进口中国产水果还需要5年时间。对水果进口进行协商之前，农作物要通过分8个阶段进行的进口风险评价，其中包括是否存在病虫害等鉴定程序。国立食品检疫所负责人表示："目前正对中国产樱桃进行进口风险评价，该评价工作结束后才能开始对苹果和梨进行评价。"报告书认为，中国把占国土面积八分之一的121万平方千米土地指定为"无病虫害地区"，全力开展了水果出口项目，因此中国产水果提前进口到韩国的可能性很大。在大米谈判的附加协议中，韩国政府承诺"会尽快进行进口风险评价"，因此进口中国水果的时间可能会比预计的要提前。有关方面呼吁韩国农户进行结构调整，并有必要提高品质。有关专家指出，在中国水果正式进口的2010年，韩国水果农户可能会受到很大的冲击。因韩国与日本签订了自由贸易协定（FTA），日本产高级苹果和梨也将大量涌入韩国。因此，韩国水果种植户有可能在中国廉价水果和日本高价水果的夹缝中被挤出竞争舞台。

45.韩国大学生的读书倾向

韩国《东亚日报》2005年4月据调查资料称，韩国大学生的主要课外读物是小说，而不是人文、社会科学方面的书籍。该报对首尔国立大学、高丽大学、延世大学、釜山大学、庆北大学等全国14所高校2000—2004年近5年的图书馆借书排名情况进行了分析，结果显示，借书次数最多的前20本图书中，只有1本是人文、社会科学类书籍。其余19本全是小说，特别值得注意的是，其中13本是奇幻（fantasy）类武侠、推理小说，这表明大学生偏读现象十分严重。在14所大学的借书次数综合排名中，排在首位的是曾在互联网上连载、引起轰动效应的全东祖（音译）的奇幻小说《墨香》。该小说主要描写的是主人公墨香成为武林第一高手，平叛奇幻世界的故事。进入前20名的唯一一本人文读物是日本作家盐野七生的作品《罗马人的故事》，该书以现代人的视角对罗马的兴衰进行了重新解读。该书的写作风格如小说般生动有趣，因此有关专家分析认为，该书的入选如实反映了现代大学生的阅读倾向。山冈庄八的日本版三国志《德川家康》等日本书籍与以前相比，也受到了明显的重视。从2000年到2003年14所大学各年度综合排名来看，有两三本日本作家的书进入了前20名，但在2004年的综合排名中，《罗马人的故事》和《德川家康》、《冷静与热情之间》（江国香织）、《闪闪发光》（江国香织）、《我爱厨房》（吉本真秀子）5本书进入了前20名。在出版市场上引起很大反响的《早晨型人类》（税所弘）和《祸》（释一行）等记述处世、冥想、经营方面的书籍未能进入前20名也是特征之一。图书出版商俄库里布鲁（音译）出版社社长朴在焕表示："从大学图书馆的借书排名顺序来看，整体上反映了新一代大学生对社会问题不大关心的倾向。"

46.中日韩"传统医学"将统称为"东方医学"

韩国大邱韩医大学2005年4月17日宣布，决定和中国北京中医药大学、日本富山医科药科大学一同于18—19日在大邱INTER-BURGO酒店举行"第一届韩中日东方医学国际学术会议"，就把三国的传统医学统称作"东方医学"进行协商。此前三国对传统医学的称呼分别为，韩国是"韩医学"，中国是"中医学"，日本是"汉方"或"和汉"。另外，此次还计划把传统医学的英文标记用"Eastern Medicine"来代替反映西方中心主义价值观的"Oriental Medicine"，并就组成共同研究基金达成协议。包括上述韩、中、日三所大学的校长在内，还有韩国的庆熙大学、圆光大学、东国大学等韩医学系系主任级教授、世界卫生组织(WHO)传统医学负责人也将参加本次会议。大邱韩医大学校长黄秉泰表示："三国达成共识，应克服各国发展体系不同而导致的发展局限性的矛盾，并制定能使传统医学与西方医学分庭抗礼的发展战略，因而筹备了本次会议。"

47.现代汽车集团进军中国市场战略

韩国报载，2005年4月15日，现代起亚汽车集团在中国北京举行了中国控股公司“现代汽车集团（中国）有限公司”的剪彩仪式，并发表了扩大中国市场占有率的战略部署。“现代汽车集团（中国）有限公司”将管理所有现代集团在中国的业务。为提高集团增加的中国法人和事业扩大部分的经营效率，将由当天成立的中国控股公司负责人事、财务、市场开发、法务等综合支援业务。同时，将全权负责生产、售后服务、零配件、设备、销售、物流、金融服务及研究开发，并以已经在中国设立的汽车领域21家当地法人分公司为基础，逐渐扩大汽车相关事业领域。集团通过成立控股公司的同时发布的进军中国市场战略，提出了以下战略目标：到2010年销售100万辆汽车，实现20%的市场占有率；2010年实现200亿美元的销售额。

48.现代集团创始人郑周永生活俭朴

近来，韩国现代集团创始人郑周永的勤俭节约成为韩国网民的热门话题。三星电子副总经理高仁洙以“郑周永的皮运动鞋”为题，在自己的网站上介绍了郑周永的俭朴生活。郑周永“出门的衣服就是春秋装一套，冬天就在西装里多穿一件内衣。登山裤用缝纫机缝了又缝，和脚夫的裤子没什么分别”。“为了防止皮鞋磨漏，在鞋后跟钉上鞋钉之后再穿。磨坏了就更换鞋跟，一双皮鞋竟然穿了30多年。在他去世之后，遗物中的皮鞋被公开，两只皮鞋的大脚指位置上都已经漏了个洞。”高仁洙说：“看看名誉总裁郑周永生活了30多年的清云洞住宅客厅的家具，就能够亲身体会到他的勤俭节约到了什么程度。”并称：“客厅沙发的皮外套使用了20多年，已经全部裂开，椅子和桌子上的漆都已剥落，随处可见修补过的痕迹。”他还说：“客厅里连那种廉价的画和装饰品都没有，电视机也不是最近常见的大型电子显像管电视，而是17英寸的小型电视机，甚至会令人怀疑这是不是大韩民国最大财阀的客厅。”高仁洙表示：“他（郑周永）虽然节俭到了在皮鞋上钉上铁钉后再穿的程度，但他本人并不是守财奴。”并解释说：“郑周永保持清教徒式的生活，就是为了铭记艰苦的过去。”高仁洙在接受电话采访时表示：“觉得最近包括我自己在内，大部分人都过于缺乏节约精神，因此记述了名誉总裁郑周永的逸事。”在此之前，三星电子副总裁尹钟龙于2005年3月28日在成均馆大学进行的特别演讲上，也提倡众人向郑周永学习。尹钟龙说：“名誉总裁郑周永虽然没有受过多少正规教育，但是在他身上散发出的智慧光芒远远高于那些博士，那种智慧是带动世界发展的关键力量。”

49.生育率低、就业难导致韩国大学招生危机

韩国2005年招生工作已经结束。据《东亚日报》网站报道，此次招生竞争激烈。有的教授说：“即使不惜说出‘很容易就业’等谎话或承诺‘将增加奖学金’来引诱，也要与竞争大学争夺新生。”也有的教授说，过去“大学危机只是在嘴上流传，但现在才切身体会到了‘海啸’威力”。一些相关人士一致表示，“没有竞争力的大学就只有被淘汰的恐怖时代已经到来”。韩国教育人力资源部在强力推进大学结构调整的情况下，2005年大学新生招生情况仍极为不理想。加上将面临首次执行大学信息公开，不少大学都非常紧张。包括前年度未招满人员，虽然总招生人数达到667094人，但实际登记的新生只有579060人。未招满比例最高为全罗南道，达33.4%；其后依次是全罗北道21.3%、光州市20.1%、济州道19%、江原道17.1%、庆尚北道14.4%、忠清北道13.8%、大田市13.5%、庆尚南道12.8%。而首都圈和一些大城市的大学未招满率则只有1%—5%。具体情况是：首尔1.3%、京畿4.7%、仁川2.3%(以上属于首都圈)，大邱市2.9%、釜山市5.3%。招生危机的原因有多种，其中之一是随着生育率降低出现生源不足，其二是就业困难，竞争力差的学校将面临无生可招。

50.在韩国乘坐公共汽车

釜山的公共汽车线路四通八达，应该说乘坐很方便。2003年来釜山，因为住的地方到学校乘地铁最方便，所以习惯乘地铁了。加之地铁站名均有汉字，到哪里的站牌一目了然，对于我来说方便极了，也养成了“依赖”地铁的习惯。所以，一般外出我以乘地铁为主，不得已，才乘公共汽车。那年在釜山，我乘汽车的次数有限。此次来韩国釜山，公寓换了。我住的地方离地铁站较远，出门主要乘汽车，这才更关注釜山的公共汽车。在釜山乘坐公共汽车，有几个方便之处。一是线路多，每条线路车也多，等车时间一般不会太长。二是不少乘车站有防雨防晒设施，可防止雨天挨淋、大热天受晒。三是大多数站点有电子显示牌，车辆运行情况不停地通告，看看牌子上变换的文字，就知道自己要乘的车已经到了哪一站，是否要进站了，乘客心中有数。依我看来，在釜山乘车也有不方便的地方，或者说自己要有心理准备。一是车开得太猛太快，如果在车上你没有座位，那么一路前仆后仰，左移右动，如果不用大力气握着一个地方，就可能摔跟头。年轻人似已经习惯，无所谓。老年人一般有人让座，只是上下车时注意就可以了。半大的老头、老太太，或虽年龄大但长得面嫩者，因无人让座，可要有心理准备。我的办法是，宁肯多等两辆车，也要坐上座位。如果时间紧，干脆打车。另外一点是釜山的汽车站牌上只显示终点站，途经哪些站大多没有注明。有的电子显示牌报告某路车经过的地方，但一闪而过，对外来人不甚方便。车的行驶路线图贴在车厢内，上了车才能观看。是否有需要改进的地方呢？一般不太堵车，但遇上上下班高峰，人会比较多。

若碰上下大雨，或大的节日，堵车则是不可免的了。那时不用说你坐车，就是你自己开车，也免不了闹心。另外还要说明一点，韩国的公交车有两种，一般的公交车及“固定座位”车。所谓固定座位车，车内设施较好，不卖站票，票价自然比一般公交车要贵。为了舒服些，我出门一般坐这种“固定座位”车。

51.韩国女大学生就业问题

星期六休息，去繁华地段西面（地名）转转。回来时等24路公共汽车，发现站牌旁边即是一书店，出于好奇便进去了。令人想不到的是，一进书店门便有一女士迎面走来行礼并说道：“老师，你好！”我惊喜不已，定睛望去，确实是我教过的学生，不过当时想不起来她的名字了，后来问她才知道叫金美炯。金君一身店员工作服，藏青色裙装，很漂亮，举止端庄得体。金君是去年毕业的，毕业后即来此书店工作。书店中等规模，不算小。我初步看了下，营业员有七名，一名男青年和六名女子，装束一致，我无法断定金君是开票收款还是导购整理。因店内很静，又有读者正在看书，不便久留多说，我转了一下便与金君告别。想金君选我课时尚是一个漂亮天真的小女孩，一年后已经明显带有职业女性的特色。回公寓的路上我想了许多，韩国大学生就业不易，女大学生尤其难。中国的女大学生包括研究生近年就业也突显难度。中韩明显不同的是，韩国女大学生就业的期望值明显低于中国女大学生。比如说，有个书店营业员的职位，中国的女大学生恐怕是不屑一顾的。韩国教育水平较高，高学历的人多，就业压力大。即以我现在正教的女研究生来说，她们谈到就业，都流露出不乐观的情绪。我曾问她们，毕业后打算做什么，其中年龄最小的李君说，很难说，公务员最理想，但那比登天还难，根本不太可能。当中小学教师，难度也非常大。因为首先得通过国家相关考试，然后再竞聘岗位。而一个岗位不知有多少人在竞争，实际上希望渺茫。读博士吧，至少五年才能拿到学位，拿到学位再找工作也很不易。她反问道："老师您没看到一些女博士独身吗？找到一份工作如在大学教书，要不停地奋斗，结婚就难了。"她有点儿半开玩笑地说：最好的办法是找一个有本事有钱的老公。李君的男朋友正在美国留学。恰巧，4月8日韩国《东亚日报》网站上有一篇文章，题目是"广大女性请抬起头看外面的世界"。文章云：大学毕业的女学生就业难是现实。2004年末大学生的雇佣率，男性为72%，女性仅为48.3%。特别是对于毕业于地方大学的女学生来说，就业简直难于上青天。在这种情况下，出现了很多不再依赖国内就业，而是果断将眼光转向海外的女学生。4月8日韩国产业人力公团表示，据调查，海外企业对女性的需求远远多于男性。从去年到今年3月，通过该公团在海外就业的人共有757人，其中女性为439名，占总数58%。从就业分布来看，空姐220人，人数最多。其后依次是护士（140人）、信息通信人员（38人）、办公服务人员（33人）。据调查，其中还有4人成功争取到了汽车设计技术人员的职务。不知这篇文章是否可为女大学生打开一个就业的思路。我知道一位庆星大学去年毕业的女大学生，就在北京一个大的韩国企业做女保镖。但她条件确实很好，学习比较突出，中文不错，体育诸如滑雪、跆拳道、游泳样样都行。能达到她那样条件的人能有几个？

52. “五十岁年龄层消费谨慎”

近日韩国报载，家庭主妇金某（51岁，全北全州市完山区孝子洞）从今年开始，把此前月均200万韩元生活费支出减少至150万韩元，进入家庭“消费结构调整”。200万韩元的生活费支出相当于供职于中小企业的丈夫（55岁）月薪的一半。因此可以说金某将生活费支出进行大幅削减，如果扣除偿还每月50万韩元的子女学费贷款，剩下的生活费用将只剩100万韩元。金某决定取消结婚至今每年都进行的夫妻旅行活动，并且取消了每月一次的去美容院计划，需要染发时自己买5000韩元的染发药水在家进行染发。金某称：“因不知道丈夫何时会退休，不必要的东西不会购买。虽然不是没有用于花销的钱，但是想到老年生活觉得现在开始节省也有些晚。”进入2000年后，50岁以上的中年人基本上取消了不必要的花销。由于担忧退休后的生活，大都增加储蓄，减少消费。据韩国统计厅调查结果显示，最近几年50岁以上年龄段群体的可支配收入中，体现消费支出比重的平均消费倾向大幅下降。50—54岁群体的消费倾向2000年为82.9%，但是在2003年为75.75%，下降了7.3个百分点。虽然2004年上涨到78.1%，但是这不能说明消费得到提高，只能说明可支配金额减少。与去年物价上涨3.6%相比，该年龄段的月平均可支配收入从2764000韩元上涨到2767100韩元，只增长了3100韩元（0.2%）。55岁以上群体的消费倾向也从2000年的76.1%下降至去年的69.4%。原来就职于银行现在经营建设施工公司的朴某（56岁，阳川区木1洞），现在的储蓄额比6年前就职于银行时提高了3倍。他表示：“随着低息时代的到来，退休前需要存下更多的钱，目前留在职场工作的朋友因具有不知何时被淘汰的危机感，正增加储蓄。”1996年为9.53%的一年定期存款的利息最近降至3.55%。如果1996年将3亿韩元存在银行，除去16.5%的税，每月也会有1989400韩元的利息，现在只能得到734800韩元。韩国银行调查组次长申云表示：“对老年生活持不安心理的现象扩散至青壮年，并导致大幅减少消费增加储蓄，这是日本经济持续疲软10年以上的原因之一。”并表示：“韩国在此后相当长的一段时间内，青壮年群体减少消费的可能性很高。”

53.“自负”与“爱面子”的韩国人

来到韩国时间不短了，我常常思考一个问题，就是韩国人有什么特点？想来想去，找不着答案，实际上也很难用几个词、几句话来概括。大吴教授曾多次问过我，你看韩国人有什么缺点？我回答说，来韩国时间还是短，看的都是皮毛，还真说不清。我还说，我受的中国传统教育告诉我，看人多看人家优点，取长补短，于己有益。至于人家的缺点，还是让人家自己分析吧。大吴教授也是华人，相信他能理解我的意思，当然也可能认为我不够坦率。在这里，我仍然不想指手画脚，妄谈韩国人的优点与缺点，只想根据我的理解，说说韩国人的两个特性，也可以说不少韩国人日常表现出来的两个特征，一孔之见，可能还是皮毛，也可能片面。

韩国人很“自负”，我有这个感觉，很多人也这样批评韩国人。但要知道，这里边还有个文化问题，那就是对“自负”一词的理解。我国的《现代汉语词典》对“自负”一词的解释是：“自大；自命不凡。”自大也好，自命不凡也好，总之都说不上是什么好品德。韩国在历史长河中，长时期使用汉字，自然也使用“自负”

一词。但令我吃惊的是，韩国人对“自负”的理解竟然与我们不同，甚至可以说有“质”的不同。来韩国后，为了上课，我常常翻看韩国出版的中文教材。其中一种教材中说到韩国人有什么优点时，答案第一条就是“自负”。注意，这里说的是优点，优点首先就是“自负”。其实韩国人理解的自负和我们理解的自负很不相同。在我看来，他们认为“自负”含有勇于担当、有信心、积极进取的意思。此外，还和我们汉语中“自负”的另一个意思——“自己做的事，自己负责”——有几分相近的地方。韩国人平时表现出来的这种“自负”，有时让我感觉有点不可思议甚至不可理喻。比如，2002年韩日世界杯前，我和在郑州教的韩国留学生聊天，我问这次世界杯上韩国能打出什么样的成绩，一个金姓同学不假思索脱口而出：“韩国足球队得冠军。”我不屑地说，如果韩国队进前十六，我就请客。结果韩国队一直打进半决赛，我也没食言，请几个同学吃了一餐。说实话，我当时对该同学的回答极其反感，真是像《现代汉语词典》上的例句写的：“无知者最自负！”如今想来，该生固然可笑，但韩国足球队那种勇于担当、勇敢顽强的精神就没有值得我们学习的地方吗？尽管这次世界杯中韩方可能有“盘外招”，不那么光彩，进半决赛也并非表明韩国队水平真有那么高，但事情也存在拼搏精神的另一面，是不言而喻的。

再说说“爱面子”。韩国的一种中文教材中将“爱面子”列为韩国人主要缺点之一，我教的韩国学生也普遍有这样的看法。因为“爱面子”，所以韩国人注意穿戴，而对吃并不那么讲究；因为“爱面子”，女性整形者多，男性也普遍用化妆品。有个故事非我亲眼所见，是学生告诉我的。说是两个韩国人在街上发生纠纷，打起架来，拉也拉不开。突然旁边有人大喊一声，“有外国人过来了”，打架者立即罢手，没事儿人似的走开了。是不是外国人走过之后再接着打，不得而知。总之是不能在外国人面前给韩国人丢面子。这些爱面子的表现其实也说不上是什么大不了的缺点，甚至有的根本算不上缺点。

凡事并非非好即坏、非白即黑那么简单，“自负”与“爱面子”即如此。什么都要讲究个度，过了度就可能走向反面。如果“自负”到妄自尊大，再加上“爱面子”，就更加不容易实事求是，那恐怕就会丢面子，甚至让人反感、讨厌了。话又说回来，并非韩国人都像人们感觉的那样自负，我工作中所接触的韩国教授，不乏谦谦君子。

54.中国汽车出口竞争力紧追韩国汽车

据韩国媒体报道，美国《纽约时报》刊文指出，中国汽车的出口竞争力紧追韩国汽车。《纽约时报》2005年4月21日以“预计中国将会主导汽车出口”为题，援引北京现代汽车公司有关人士的话说：“在中国生产的汽车与韩国生产的汽车质量相同。”该报道还称，中国2004年的汽车出口额（包括汽车配件）达到了118亿美元（合11.8万亿韩元）。该报道还预测，2010年最多将激增到1000亿美元（合100万亿韩元）。报道还说，中国汽车公司“哈飞”和“奇瑞”已经向中南美洲、非洲、中东出口汽车。还预测，不远的将来会进入美国和欧洲市场。该报道还指出：“以前中国制造的汽车因质量欠佳影响了出口竞争力，但现在已经不同。每小时仅2美元的廉价劳动力也是增强出口竞争力的重要因素。”

55.我做过韩国电影中文字幕监督

2003年到韩国后，河主任就对我说：“你是庆星大学聘任的教授，不经允许不得在其他单位兼职。”我说，绝对照办。后来，我做过电影字幕监督的工作，是河教授委派的。事情大体是这样：韩国电影开拓部门，为了将产品打入中国市场，要对一些韩语版的片子加上中文字幕，以便华语圈片商选购版权。釜山外国语大学金教授（女）接受了撰写中文字幕的任务。电影开拓部门有个规定，金教授的中文字幕稿必须由中国教授修改审定，以保证质量。于是金教授找到庆星大学中语中文系的河教授，商量能否让我去做这方面的工作，即所谓的“字幕监督”。河教授跟我说了之后，我同意了。这个工作还是十分辛苦的。程序是，我和金教授坐在工作台前，对着电脑，一个镜头一个镜头地放片子。凡有对白、旁白的地方，金教授便说出她的中文译文，并将英文译文提供给我参考，我则根据画面、剧情，修改、敲定中文字幕。金教授的译文多为意译，画面上的人物可能只动了一下嘴，她的译文也可能写成两句话，说明剧中人说的韩语是什么意思，我要与她商量用什么样的词句，简练、准确地把意思表达出来。这样，第一部电影《回家》的字幕，我们工作了大约七八个小时才完成，这是一部故事情节比较简单但很感人的作品。第二部电影《醉画魂》难度较大。其一，这是一部反映韩国19世纪50年代的一个著名画家的故事片，必定要考虑那个时代的文化背景和语言特征，为使文字更加精练，有时不得不半文半白。其二，电影中涉及一些中、韩两国美术史上的人物和专业知识，而手头并无参考资料。为了这部电影的字幕，我们整整工作了十多个小时，中间只吃了个盒饭。就这样，心里也不是很踏实，生怕出什么纰漏。2004年暑假，我回国后，金教授给我来信，说前两次的工作有关部门很满意，让我与她合作，再做一个纪录片解说词的字幕翻译。我同意后，她来信如下：

郑老师：您好！

这次能够再次请到您，觉得太高兴了。我这次的笔译，也是出于对韩文的原意、说话的速度，以及字幕的约束等因素综合考虑做的。但可能有很多部分不太通顺，希望您别责骂我不够水平的汉语，若有什么不对劲的地方，请尽量地、好（毫）不犹豫地修改。尤其是一些关键的词汇如题目、主题词汇等，请您一再思索。

但因为您无法看到录像，也不能听我说明，修改起来很有困难。为此，我把情节和内容按照镜头和单位划分下来，尽量提供说明，供您了解情况。如：

路上车内：介绍认识非转向长期囚犯的缘起。

金东垣导演的独白：I first saw them in the spring of 1992.

我首次见到他们，是1992年的早春。

第一部分是地点、大概的内容；

第二部分有说话的主体（分导演的“独白”、向摄像机说话的采访、对话主体等）—字幕号码—英文翻译；

第三部分是汉语翻译。

您要改的就是汉语部分。

我还会寄韩文脚本，这样您可以参考的就有两种语言——英语与韩语了。但韩文脚本中也有跟汉英翻译的不同，您按照汉语翻译修改即可。如果没有韩文系统，在MS Word中打开也可以。

在修改时，

（一）我标记的颜色，其他附加说明请尽量保存下来。

（二）修改后字幕不能变长，保持原有的字数。

您已经十分忙碌，而我再给您添麻烦，觉得有点抱歉。再次谢谢您心甘情愿地帮助我。对了，能不能本周六（8月27号）左右受（收）到修订本？

2004.8.23

金儿英敬上송·환

这部片子的解说文字量要比前两部电影大，且我在中国国内，看不到片子，只能根据金教授给我提供的中文译稿和英文译稿，斟酌而定。好在不像故事片，不要参看口型决定文字长短，只要把意思说准确就可以了。我用了两天，完成了任务，并给金教授写了封信，说明文字修改的理由，并对她的信任表示感谢。

该片后面有如下字样：

字幕209Chinese translation by

MinakoYoshida,Cho Eung—joo

汉译字幕　金儿英

字幕210Subtitle editing by

Darcy Paquet

监督字幕　郑永福

以上是我赴韩工作的一段趣事，特记录在此。还有个小插曲，前两部电影工作完成后，我的劳务报酬是金教授转给我的学生小黄，由小黄寄给我的，因为这时我已经回国了。接到劳务费，我发现又扣税了，心中略有不快（因为在庆星大学时就有过类似经历），但想到已经回国，就算了吧。数月后金教授来信再谈合作事宜时，我在回信中顺便提到，按照中、韩两国当时的有关协议，中国人在韩国工作三年内不扣税。金教授回信表示歉意，并将扣的税款如数交给小黄，给我寄了过来。

第四部分：
2005年8月31日至2006年1月6日

1.暑假后再到韩国

50天的暑假一晃而过，2005年8月31日我再度到韩国任教。飞机从北京起飞时晚了十几分钟，但准时到达釜山。因取行李时人太多，我的行李又最后才出来，等了很长时间。已经毕业的学生小张开车到机场接我。回公寓后，哪儿都需要清理，小张整整帮我干了几个小时。晚上8点与小张、小黄一起吃饭，小黄请客。我将妻子给两位学生的女朋友（也是我教过的学生）买的礼物（衣服、糖果等）交给了他们。晚10点钟回公寓休息，早晨不到5点就起来了，整理带来的物品。7点来到学校，助教已将课表放到我研究室的办公桌上，新的学期开始了，有不少需要准备的工作。打电话给助教，她告诉我第二天上课。这学期我的课排得仍比较多，讲授对象有本科生、研究生和博士生，共15课时，大都安排在下午和晚上。学校餐厅尚未开业，我到超市采购一番，回公寓自己做饭。

2.韩国45%家庭无住宅

8月31日上午打开电脑，一条消息让我很是吃惊。《东亚日报》前一天消息，据韩国行政自治部29日称，根据对韩国全国各家庭的住宅及土地拥有情况的调查结果显示，在全国1777.2328万户家庭中，54.6%（970.6870万户）平均拥有1.15套住宅，806.5458万户没有自己的住宅。也就是说，韩国两户家庭中就差不多有一户没有住宅，靠租房而住。而拥有2套以上住宅的家庭达88.7180万户，其中，拥有2套的72.2054万户，3套的8.6664万户，4套的2.5253万户，5套的1.2701万户等。拥有11套以上住宅的家庭，首尔地区居住者达2450户，瑞草、江南、松坡等3个区占据1100户。其中，经营租赁事业的A某拥有1083套住宅，拥有套数最多。

3.新学期的开始

9月1日(星期四)上午10点到下午1点，是博士生的中国文化史研究课。课程安排的时间很有意思，吃午饭要到下午1点以后了。博士生有两位，一位女生姓文，是一个大学的助教。79岁的博士生名叫咸信亨，早年曾到过日本，后在东义大学读硕士。下午2点到4点是本科生的课。课表一日三变，最终才定下来。刚返回韩国，有不少事。生活上，各种费用(公寓、水、电、气、物业、卫生等费)已经三个月没交了，要补上。厨房水龙头坏了，要修理。工作上，韩国教育部要来学校检查考评中文专业，上半年有的教学计划没做齐，现在要补上，好在工作量不大。近几天天热，这里气温在30℃左右，上下班走路很晒。我的研究室在顶层，是老楼，没有空调，一直吹电风扇还是热。有的教授的研究室有空调，那是教授自己出钱安装的。教室上课还好，因为我的大多数课程在新楼上，有中央空调。已进9月，估计热的天气也不会太长了。昨天我本想出去转转，但看到天好像要下雨，就又回公寓了。刚开学，事情不少，主要是要备博士生的课。我看了一天《中国现代文学史》的相关材料，两个博士生论文选题都是关于中国现代文学史方面的。同时我还要看中、日、韩三国学者编的《东亚近现代史》，以便更好地把握对一些历史问题讲授时的尺度。

4.校长风波尘埃落定

整个2005年上半年，庆星大学的头号新闻恐怕是校长更替问题，其情况前面已有记录。暑假我回国后，听说董事长曾与教授协议会谈判，但结果并不令人满意。8月31日回到庆星大学，听说一两日内即将定局，因为9月1日开学，必须要解决了。这次解决的办法是，由各系教授代表、校部四名代表（学校中层干部）加上学生会代表及董事会代表二十余人，提出七名候选人，然后由上述二十余人投票，

◎ 校长风波中教师静坐时临时搭的帐篷

◎ 校长风波中师生游行队伍走在大街上

投出两个人选，再由董事会决定一人任校长。投票选出的两人一是金秀焕先生，即原来的教务长，上半年的代理校长；一是罗姓教授。金氏得票在先，又是董事长提出的代理校长，按说没有什么争议，自然成为校长。但结果出人意料，罗教授被董事会选中。据说原因可能是选择罗氏更有利于学校稳定，不知确否。校长选出来了，就要任命各处处长，一朝天子一朝臣嘛。新校长找到了河永三教授，希望他继续出任教学科研处长。河教授婉言拒绝，理由是，由新人出任有利于工作（河上半年担任了代理处长）。河之所以拒绝，自然有多种原因，其中之一是该职很累，河又是个做学问的人，不愿意全陷入行政事务之中。这样五个主要处长的位置换了四个人，仅企划处原处长留任。新校长终于产生了，人们松了一口气，但仍有遗留问题需要处理。一是看年初民选校长和教授协议会还有什么动作；二是原民选校长和新任校长是一个学院的教授，二人将如何相处，留下不少悬念。图书馆门前的那顶白色的帐篷还矗立着，那是教授协议会组织教师静坐的地方，它成了一段历史的见证。何时才能拆除呢？

5.“漫画事件”引发韩日争端

2004年至2005年初，韩、日两国之间出现了上百年来没有过的“亲密氛围”。一部《冬季恋歌》，在日本刮起了猛烈的“韩流”。但从2005年4月起，独岛问题争端再度激烈，使韩日关系再遭“寒流”。据媒体报道，最近日本出了一本专门非难“韩流”的漫画书，名曰“嫌韩流”，2005年7月26日开始在日本各大书店出售。该书名列日本亚马逊网上书店预订畅销书榜单首位。该书故事中点睛要目的撰文者，均系日本有名的右翼学者。文中歪曲历史，否认历史上日本对朝鲜半岛的侵略，说什么合并朝鲜的殖民化是造福朝鲜。该书还以漫画形式数落韩国的不是，讥讽韩国只有辣白菜、烤肉和靠整形为美容的历史底蕴，指责韩国不知羞耻地盗窃日本文化，盗版日本电子游戏和商品，等等。从韩国民众抗议日本修改历史教科书，分析出韩国人患有叫“火气病”的特殊精神病症。还把韩国民族称为可怜的民族，指责韩国侵占日本“竹岛”（韩国称为“独岛”），等等。面对近一段时期的日本传出的“反韩”声音，韩国社会的反日情绪不断高涨。韩国不但对《嫌韩流》的作家发起反击，在实际行动中也体现了在原则问题上绝不退让的精神。最近韩国一艘小型航空母舰下水，并以对日关系非常敏感的“独岛”命名为“独岛舰”，显示了韩国对独岛主权的坚定立场。2005年3月，由日本《朝日新闻》、韩国《东亚日报》及中国社会科学院有关部门共同进行的民意调查显示，有63%的韩国人不喜欢日本。据日本《东京新闻》和韩国《首尔新闻》今年7月的民意调查，目前有84%的韩国人对于日本对朝鲜半岛的殖民统治仍然反感。

6.郑州大学宋毛平副校长一行来访

9月8日，郑州大学宋毛平副校长一行四人到庆星大学访问。另外三个人是国际交流处处长张教授、材料学院院长曹教授、化学系系主任唐教授。当天上午庆星大学董事长会见宋副校长一行，下午参观图书馆，后与庆星大学校长会谈。参观图书馆时由中语中文系大吴教授陪同，他昨天下午才接到被任命为图书馆馆长的通知，今天上午才发委任书。这里的体制是一朝天子一朝臣，校长一换，全校主要领导基本全换。明天我陪宋校长一行去庆州。宋校长一行到达釜山时，我因有课没有到机场去接。中午12点趁他们与董事长会谈结束回宾馆之际，匆匆见面照相后离去。下午我下课后，巧遇大吴馆长，他说3点钟宋一行要参观图书馆CT SQURE（多媒体广场）。正在馆长室与吴聊天之际，宋校长一行已经到来。吴前一天才被告之任馆长，今天（9月9日）上午接到委任书，就忙着准备接待了。CT SQURE给郑州大学一行留下了深刻印象，另外观看了学生制作的立体电影片段，参观了健身中心（设在图书馆大楼底层）的篮球馆、壁球馆、游泳馆、健身房。后到行政楼与庆星校长会谈双方交流的有关事宜，我也列席。当晚董事长、校长宴请郑州大学一行。次日，我和庆星大学李教授陪郑州大学一行游览庆州佛国寺。返回后去海云台的SAVE ZONE（直译为便宜货区）商场。本来计划去LOTTE（乐天百货），时间不够，去了前者。LOTTE是釜山最高档的百货大楼，而SAVE ZONE则是物美价廉型商场。去后者是我建议的，该店距离郑州大学一行下榻的宾馆很近。张处长给夫人买了条项链，经反复讨价还价后，以几百美元成交。旋回宾馆稍加休整，驱车去广安里海滨，游览一番海滨风光后即到海滨的一家名为“海神”的饭店，由中语中文系宴请。郑州大学一行加我五人，对方也是五名教授。该饭店以中国菜为特色，又以海鲜为主。我在此吃过一次，印象颇佳。茅台加啤酒，两个小时，庆星大学系主任醉倒，送他回家。转至一歌厅，喝啤酒，唱歌。晚11点散去，多人已醉。我乘出租车回公寓，大吴老师顺路同行，大吴老师付车费。至公寓近午夜12点，正在下雨。顺便说一下，庆星大学艺术学院电影制作专业是比较出色的，常常请美国好莱坞的专家任教。学校有多个小剧场兼放映厅，每年的亚洲短片艺术节，均在庆星大学举行。

7.密阳行之一：柳氏家族扫墓

去密阳市的行程是早已定好的。柳教授的夫人开车，密阳是柳教授的故乡。中秋节韩国放假三天，一项重要民俗是扫墓、祭祀。因为节日期间堵车，扫墓事宜往往提前。按韩国习惯，农历八月初一至十五是扫墓佳期。釜山至密阳无高速公路，两小时才能到达。早8点50分，柳教授及夫人来到我住的公寓，上车后即前往。先走主公路，后走小公路，到达山村时，柳教授的父母弟弟已经先我们到达。柳教授堂兄弟及堂侄在家门口迎接。旋乘小卡车沿农田小路

◎ 清除墓地杂草

前行，下车后步行上山。天热，大汗淋漓，密阳温度要比釜山高两三度。墓地在半山腰，家族男性手持柴油割草机和镰刀等工具，清除半人高的蒿草，仅一年就长这么高了，清除起来颇费力气和工夫。主墓系汉白玉石塔形状，旁有一大理石碑，碑名曰“日房茔原”。日房者，墓所在山之名也。碑记上书“文化柳氏昆山君派司宰监正公宗中基家系谱”，上书始祖、十三世、十七世、二十八世名及职。三十一世是有记载的柳教授这支柳姓的直接始祖，故从三十一世到今天辈分最低者的三十九世，名字全部镌刻其上。该墓系将这支柳氏几处坟茔合迁而成，建于2003年，据说原多处坟茔扫墓颇不便，故集中到一起。其实新茔几米外即这支柳氏的直接祖先三十一世凤五兄弟二人及其夫人的原墓。清除杂物后，摆上酒、水果等供品，众族人一字排开，跪下磕头，口中念叨什么，我听不懂，也没好意思打听。旋一行到先祖凤五等墓地再磕头祭奠。

◎ 祠堂中的永思亭

8.密阳行之二：柳氏宗祠午餐

扫墓归来，一行均回到柳氏宗祠。去墓地时，有柳教授的父亲、弟弟，大堂兄、二堂兄，远近堂侄、侄孙等，约十人。其中仅有一位女性，即柳教授的侄孙女，年仅6岁（韩国用虚岁）。柳教授的伯父在首尔，因年事已高，未到。其长子

◎ 祠堂中的如在阁

◎ 中秋节家族扫墓

（即柳教授的大堂兄）今年也已经64岁了。族中其他女性均未去墓地，在家中忙着准备午餐。女性中有柳教授的母亲、妻子、弟媳，大小堂嫂，两三位堂侄媳妇。为了这顿午餐，女士们忙碌得很，小孩子们则跟着凑热闹。午餐在宗祠中新建的三间房中进行，旁边即是厨房。午餐主要是参鸡汤，另有米饭及各种小菜、酒、饮料等。在长条桌两侧入座，似也未仔细按长幼排序，但柳教授的父母辈分最高，坐在主位。其右是女眷及小孩，左侧则是男士，当然女眷是后上席的，因为她们先要忙着上菜。参鸡汤做得颇有水平，可能是柳教授夫人的手艺。小菜中的酸黄瓜甚好，由红薯叶的茎制成的小菜，连柳教授也说不出是什么，我却知道，因为小时候在农村老家曾经吃过，如今在异国他乡重新品尝，别有风味。柳教授未喝酒，他可是个酒鬼，之所以不喝，因父亲及大堂兄在场，要遵守规矩。另一点可以做旁证——在祠堂的几个小时中，他始终不敢当着父亲及大堂兄的面吸烟，多次忍不住时都是拉着我绕到祠堂后面去过瘾。恪守老规矩，莫非他是为了要给在场的侄辈及侄孙辈做个示范吗？

9.密阳行之三：柳氏宗祠

柳氏宗祠规模不小，除吃饭的房子是新建的外，其他建筑均是120年前建成的。据说这支柳氏原在大邱，一百多年前迁居于此。宗祠坐落在青山角下，占地约一亩。门前有两棵树，一棵是柿子树，我们刚到时已经品尝了刚摘下来的红柿子，很好吃；另一棵是木瓜树，果实累累。大门有门楼，紧挨门楼两侧各有一房，存放杂物，需要时亦可吃饭或住人，因为我看到有土炕。正对大门的是“永思亭”，是祭祀的地方，收藏有祖宗牌位。一排四间房，木结构，右侧一间系一敞屋，天很热，在这间房的木地板上休息非常舒服，三面透风。柳教授的父亲可能累了，来了之后一直躺在那里休息。永思亭内有烧柴油的供暖设施，春节祭祖时天冷也无大碍。亭四周有走廊，可坐下休息，亦可放些杂物。永思亭后是“如在阁”，系存放祭祀物品的一间小房，古旧式，有飞檐，永思亭当然也如此。如在阁右侧立有一碑，上书“义婢介莲碑”。据柳教授讲，介莲是其祖上一婢女，老祖宗夫妇早亡，未成年子女由介莲女士带大，后世不忘恩德，树碑为念。永思亭右侧有四个望柱石，年代久远。据说此望柱石原是矗立在墓前的，因为已经是古物，怕被人盗走，移至祠堂内。望柱石前立有一碑，记载祖先沿革，惜为后建，间有韩文，我看不大懂。柳教授大堂兄还将两函十大册族谱拿来让我观看。因时间有限，书的量大，我仅翻翻而已。

10.韩国乡村风情

我和柳教授来到他的老家密阳的一个山村，村中户数不算多。该村位置很好，背靠青山，另一侧远处便可看到密阳江，是洛东江的支流，真可谓青山绿水。进了村，柳教授在车上已经摇下车窗和路边的行人打招呼了，乡村的人情味儿显得特别浓。一位参加午宴的柳教授的好友对我说，柳教授了不起，是首尔大学博士、教授，是村中的骄傲。这个村子多年来共有8个人拿到博士学位。柳家这支号称文化柳氏昆山君派，在墓碑上开头即写明。所谓文化柳氏的“文化”二字是个地名，位于朝鲜半岛北部，是他们的祖籍。不过说“文化”柳氏倒是很恰当，柳是教授，他堂兄弟的子女，有三人都当教师，可谓书香门第了。其中他的大堂侄是高中教师，教英语，我们俩用英语作了些简单的交流。他四十多岁，看上去则年轻得多，跟着上山扫墓的小女孩即他的女儿。我参观了柳教授大堂兄的家，一座小院，房子比较旧。卧室的旁边是厨房，厨房不算大，但有整体橱柜，有两个冰箱，有微波炉等。院子左侧有一牛棚，院子外边另有一牛棚，共养黄牛（肉牛）六七头，这是一笔不小的收入，一头牛

◎ 农家小院

的价钱可抵得上一个大学生一年的学费了。另外他家还种有水稻、蔬菜等。村中的房子新旧杂陈，新房子很讲究，也很漂亮，但并不是很多，占三分之一左右。当我们要离开村子时，柳夫人去精米厂（即碾米厂）买大米。厂老板是柳教授的朋友，特意请柳教授到村边的小卖部喝一杯。他俩一人一瓶啤酒，我和柳夫人则一人一瓶蜂蜜饮料。浓浓乡情，使我也受到感染。回来的路上不少地方正在施工，那是在修大邱到釜山的高速公路。该路建成后，从釜山到密阳的车程会从2小时缩短为40分钟。2小时后我们回到釜山，中间没有堵车，而据说上个星期天由于扫墓人多，堵车相当严重。

11.韩国中年女性的困惑

韩国《东亚日报》9月12日刊载了一篇题为“2005年的韩国中年女性”的文章，文章说了一些韩国中年女性的境况，并提出了一些意见。文章先介绍了一位38岁的女性，丈夫大她7岁，周围人都说是她“养活了丈夫”。她与贫穷的教师结婚，包揽了家里大大小小的事情，并肩负了生计问题。在这种情况下，丈夫也连连晋升到了助教、副教授。随着家庭状况有所好转，该女士为了孩子的教育而辞去了工作。在那之后丈夫的眼神就变得冷冰冰的。丈夫的想法是，自己的薪水要用在做研究上，妻子怎么能辞掉工作？虽然孩子们在一天天地长大，该女士最近却陷入了对婚姻生活的疑虑中。文章说，韩国的中年女性往往会为家庭奉献一切，但社会回报给她们的却是蔑视的修饰语——“厚脸皮的中年妇女”。虽然在各个领域，女性的成绩非常显著，但是对于大多数平凡的女性来说，那只是别人的事情而已，无情的丈夫、刻薄的婆家、把妈妈像佣人一样使唤的孩子们，都让主妇们上火不已。特别是每到节日来临，主妇的压力就会达到极限，甚至还出现了“男人们的节日，女人们的劳动节”的说法。这期间去看精神科的中年女性会达到平时的两三倍。延世大学神经精神科教授闵圣吉表示：“中年女性的‘火病’是一种愤怒障碍。”由丈夫、婆家、孩子们所带来的愤怒被层层积累，结果就会演变成失眠症、胸闷症等。中年女性之中，对婚姻所持的怀疑看法有所增加。据韩国统计厅最近发表的《从统计角度分析的女性生活》，40多岁的女性认为“应该结婚”的看法从1998年的72.7%大幅下降到了2002年的59.7%，而持“结婚也行，不结婚也可以”看法的则是从24.7%上升到了36%。对婚姻生活的质疑和愤怒，会被归结为自信心的丧失。受《东亚日报》的委托，在女性专门网站DREAMMIZ上，做了对“在什么情况下会厌恶自己是全职主妇的事实”的问卷调查，结果有53.7%回答“当自己产生被淘汰的感觉时”，接着依次是“当丈夫轻视自己的时候”，占22.4%，“当看到事业发展良好的朋友时”，占10.4%。文章说，专家李贞淑表示：“认为主妇没有什么贡献的认识，最让中年女性感到痛苦。”并称：“丈夫觉得妻子可贵的想法是非常必要的。”首尔大学儿童家庭学科教授韩庆惠表示：“男性随着年龄的增长会变得消极，而女性则因生物学的、社会的原因，而有变得更加积极的倾向。”并称：“中年女性肯定能发挥这样的积极性，不管是对家庭还是对社会是都是很有助益的。”

12.高学历化带来的“学历过剩”

韩国《东亚日报》2005年9月8日发表一篇文章，题目是《高学历因何让人们痛苦》。文章说，韩国社会中的“学历过剩(overe ducation)”已经达到危险警戒线。据一项调查结果显示，从去年(2004年)年末到现在，平均每10名硕士学历的就业者中，有9人就业岗位所需比就业者学历水平低，显示出学历过剩的状态。另据调查，4年制大学毕业就业者中，有一半人(49.5%)的工作岗位是面向高中学历者招聘的岗位。据悉，接近44.8%的博士生就业选择低于本身能力的工作。这是《东亚日报》根据最近收到的劳动部下设韩国劳动研究院的《青年层高学历化带来的学历过剩事态分析报告》得出的结果。该报告是以中央雇佣情报院利用2002年和2004年统计厅的资料等制定的《各行业学历要求》和《各产业职业雇佣结构调查》为基础制作的。首尔名牌私立大学法学博士金莹（34岁）在曾经就职的补习班接连破产后，结束了补习班讲师的职位，在首尔中区南大门路及武桥洞一带从事“快递服务”。但是出现几次摩托车事故以后，目前在瑞草区蚕院洞的一家自行车代理店当修理工。他的收入不定，每月只有45万韩元左右(约合人民币3000元)。虽然无数次应征小学听差的职位，却因“学历太高”屡遭拒绝。我在韩期间所认识的一些有博士学位的青年人，能找到专职教职者极为少见，多在专科或本科大学任“时间讲师”（兼职讲师），或在学院(补习班)任教，工作与收入均不稳定。《东亚日报》上的文章还举例说：毕业于釜山一家4年制大学的李某（29岁），去年末通过了仁川地方海洋厅的灯台员特别录用考试，目前在仁川八尾岛担任灯台守护者。

上述学历过剩和向下就业的实际状况，在今年职业训练学校入学者的比例中，也如实地反映出来。职业训练学校是为帮助高中以下学历者就业，于今年制订的为期1年的技能训练计划。今年进入全国21所职业训练学校的6461人中，4年制大学毕业生达876人，2年制专门大学毕业生达1334人，专门大学以上学校毕业的高学历者占全体人员的31%。该比率呈逐年激增的趋势，各年度增加的情况分别是，2000年5%、2002年8%、2003年13%、2004年18%。今年进入忠州职业训练学校的L某（29岁），3年前毕业于地方有名的国立大学电子工程系。L某说："就业时，4年制大学毕业生的身份起不到任何作用，我觉得只是在浪费时间和金钱。"去年韩国高中生考大学的升学率达82.1%，居世界最高水平。今年2月毕业于专门大学以上学校的高学历者高达49万人（2年制专门大学22万人，4年制大学27万人），比10年前的32万人增加了17万人（53%）。而适合大学毕业生的所谓"不错的职位"反而不断减少。30多岁在大企业集团、公有企业和金融业就业者，在金融危机前的1997年达158万人。之后开始逐年减少，去年减至130万人，减少了28万人。学历过剩必将导致国力浪费和社会全局的低效率。韩国劳动研究院去年推算的2年制及4年制大学所需费用为6700万韩元至1.2亿韩元。因此可以说，仅大学毕业的未就业者创造的社会性费用就超过20万亿韩元。中央雇佣情报院动向分析组组长朴天洙称："不考虑产业的需要，先升入大学的'无可奈何'的升学做法，导致中小企业人才紧张，大学毕业生就业困难。"并认为"是韩国的人力资源管理系统导致了'学历过剩'的陷阱。"

13．“博士爷”其人之一

我这学期教的博士生有两名，一位是某大学的青年助教，姓文，女性。另一位就是前面提到的79岁的咸先生。我在系里和其他教授聊天时，称咸先生为“博士爷”。为了不产生误解，我向各位韩国教授作了如下解释：我自幼生长在北京，知道老北京称呼别的男人时喜欢带“爷”字，比如见面称“张爷”“李爷”等。于是话剧《茶馆》中就有常二爷、松二爷之称。这个习惯传到今天，在一部分人中口头上还喜欢称“爷”，其中将蹬三轮、拉板车的称为“板爷”，或干脆把北京人称为“北京大爷”，虽有戏谑成分在里头，但就北京人来说，倒也透着几分亲切。说了这么多话，我的意思是，这里讲“博士爷”，没有任何不尊敬的成分在里头，倒是表达我对这位高龄博士生的几分尊敬。经我这么一说，系里的几位教授背里也都叫咸先生为“博士爷”，当然没有人当面这么叫，包括我在内，因为这样毕竟显得有点不尊敬。咸先生2005年6月通过笔试、面试，合格了被录取为庆星大学中语中文系中国近现代文学专业的博士生。“博士爷”真有“爷”的派头，上周四上课，他来到我的研究室后，先表示一通对文科院大楼门房的不满。门房问他：“大叔，有何事？”“博士爷”生气地说：“你凭什么叫我大叔？你应该叫我大爷！”韩国人尊老，韩国的老人有时也倚老卖老，摆个谱。“博士爷”上课从来不含糊，每次必提前15分钟到，他经常来到我的前头，有时我还真有点儿不好意思。几次接触后我对“博士爷”的经历有些了解，更增添了我对他的尊重之情。“博士爷”成年后即当兵，一当当到40岁，其间去过日本。他文化水平不高，也没有什么技术，退伍后只能干粗活养家糊口。乡下有点土地，他拉板车沿街叫卖自产的农副产品，主要是卖菜，诸如大葱、生菜、土豆之类。“板爷”生涯不易，但却养育了四个子女，四个子女不但长大成人，还个个像样。两个儿子均获得博士学位，现在一个是地质学教授，另一个学医，现在一家医院供职。两个女儿，也都是大学毕业，一个是学法律的，一个是学药学的，工作都不错。“博士爷”真是“爷”的份儿了，两个孙子、三个孙女、三个外孙、两个外孙女。孙子辈整整一个加强班。孩子长大成人了，生活也好一些了，五十多岁的“博士爷”突发奇想，去日本留学，学的是农业管理，获得了技术员职称。六十多岁了，他又在放送大学（广播电视大学）学习汉语。有人讥笑他：“那么大岁数了，学习汉语有什么用?”老人说，我不但要学，我还要拿博士学位！本科毕业后，他又考取了东义大学的研究生，几年后拿到了硕士学位。硕士论文研究茅盾的《林家铺子》。这不，现在又考取了庆星大学的博士生。“博士爷”每天跑步锻炼身体，精神头儿不错。往来学校均步行，家离学校不远也不太近，步行是为了锻炼。他一个人住在釜山市区的家里，他的老伴儿小他3岁，远在巨济岛老家，乘长途汽车要三四个小时才能到。老伴儿定期来釜山，给他送些菜和熟食。“博士爷”经常早晨给老伴儿打电话，一般是说“老伴儿呀，怎么样啊，该起来跑步了吧!”老伴儿也常跑步，但有时就会说“不行啦，太累啦，不能跑啦!”“博士爷”老家中还有600坪土地，种蔬菜和果树，主要靠老伴儿打理。“博士爷”交学费也不要儿女的钱，他说，儿女都独立了，不要麻烦他们。“博士爷”毕竟年纪大了,记性不比年轻人。但是，什么能阻拦他的追求呢?

14．“博士爷”其人之二

“博士爷”是位普通的老人，也是位不普通的“奇人”。单讲他的生活方式，就有不少与众不同。“博士爷”清晨4点钟起床，然后去跑步。跑多远呢？够吓人的，每天12千米（不过今天，9月22日，只跑了10千米，原因是要来听我的课）。据“博士爷”讲，没有课且身体感觉好时，有时候跑20千米。而且一年总要跑那么一两次40千米，也就是个马拉松。他讲，年轻的时候练习过剑道和柔道，现在老了，不练那些了，专门跑步。每天跑步回来后，先是洗澡（韩语“沐浴”），然后洗衣服，因为衣服都湿透了。7点钟吃早饭，然后学习。中午饭12点，晚饭7点。老人一个人生活，做一次米饭，吃一个星期。主食两种，一种是米饭，是用“玄米”（即糙米，仅去稻壳，他认为这样才有营养，当然这种米是他从农村老家带来的）加梅子核仁煮成（老人老家种梅子，自制“梅液”，他认为这对身体特别有好处，曾送我一瓶，因太酸我至今还放在那儿），另外一种主食是一种饼，用面粉和上一些贝类制成。菜主要是太太自制的泡菜和鱼。他还喜欢吃猪头肉，到店里买便宜的，大约4万多韩元（合人民币300多元）10千克（可能是整个猪头）。另外吃苹果等水果。我问他每天晚上几点睡觉，他始终没有说清楚，只是说晚上睡七八个小时。如此算来，他晚上9点恐怕就要睡觉了，因为早上4点就要起床。我问他中午是否睡觉，他说不睡，只是坐在那里打个盹儿，有时三五分钟，有时则个把小时，听其自然。我问他一个月生活费要多少，他说10万韩元（合人民币600至700元）。我吃了一惊，问：这么少的钱够花吗？他说够了，接着他给我算起了小账。每月电费1

万韩元，水费3千韩元。我问煤气费呢？他说用电锅，不用煤气。他不去理发店理发，自己理（自己怎么理？不可思议）或由太太理，他说现在的发型即是太太理的（平心而论，还真不错）。他一年仅去公众浴池洗澡两次，平时均在家冷水沐浴，冬天也是如此。老人说，花钱最多的是电话费，每月4万至7万韩元，因为一个人太孤独，要经常打电话。老人1998年上放送大学，学习汉语。2002年本科毕业，考取东亚大学硕士研究生，因该校离家太远，一个学期后转入东义大学中语中文系。2005年上半年毕业后，考取庆星大学中语中文系，攻读博士课程。老人喜欢清静，尽管孤独，但不愿让子女来看自己。他讲的原因是自己懒散，屋里没有整理，不希望别人来。“博士爷”在校园中经常教训一些本科生，对他们说：“你们应该知道，你们已经非常幸福了，有什么理由不好好学习？”我有时候想，要是在中国，应该授予“博士爷”编外辅导员称号。“博士爷”也教训过我一次。一天，上课刚开始，他突然问我：“我上次教给你的韩语你记住了吗？”我说：“没记住，忘了，我年纪大了，记性不好。”他说：“你年纪有我大吗？”我说：“不，不，我太笨了。”“博士爷”严肃地说：“你笨？为什么你是教授我是学生？你给我把上次学的韩语念5遍！”于是我乖乖地读了5遍。有一天中午，“博士爷”执意要请我吃饭，不去不行。吃完饭回来的路上他才告诉我，今天是他的生日。我很后悔事前没问问吃饭的缘由，要是知道是他的生日，怎么也应该送点小礼物呀。“博士爷”有时也有奇怪的想法。一次在研究室，他给我看他写的

◎ 与79岁的博士生咸先生在研究室合影

关于汉语语言研究的一些想法的提纲。我看他写得非常认真，汉字也端正，就用相机照了两页，想着今后无论是教韩国学生还是回国教中国学生，都可以此作为认真刻苦学习的样板，让他们领略一下一位79岁老学生的一丝不苟的学习态度。谁知三个星期后，河教授笑着对我说，“博士爷”当时找到他，说我上课拍摄他研究大纲的情况，担心我以后会抄袭他的研究成果。我只有苦笑。当然，此后我并未向“博士爷”谈及此事，更没有作过任何解释。

【补记】几年后听庆星大学的韩国朋友讲，因种种原因，“博士爷”最后没有拿到博士学位。

15.韩国大学生的“成绩泡沫”

在韩国，“内申成绩”是高中学校报给大学的本校学生的三年在校成绩。据韩国媒体9月报道，因“内申泡沫”，高考中无法信任高中生的内申成绩。而一些大学正在制造同样性质的“成绩泡沫”。隶属国会教育委员会的郑凤株议员14日表示，根据教育人力资源部提交的资料，针对首尔大学等全国22家主要国立大学学生的最近4年毕业平均成绩进行的调查，结果显示九成学生获得了B（100分制中的80分）以上的成绩。以2005年春季毕业生为例，4.3330万毕业生中，约占92%的3.9881万毕业生获得了B以上的成绩。获得B以上的成绩的比例在2002年为88.5%，2003年为89.4%，2004年为89.8%，正在逐年提高。有人曾忧虑地提出了“大学的成绩通货膨胀”的观点，上述统计确认了这一现象。其间，各企业人事部门负责人表示，各大学考虑到毕业生的就业问题，通常会给较高的成绩，因此在招聘过程中无法通过毕业成绩进行判断。对2002年到2005年4年中各大学春季毕业生的成绩进行统计，韩国师范大学获得B以上成绩的学生比例最高，竟然高达99.7%。其后分别为釜山大学（98.9%）、韩国海洋大学（98.1%）、庆北大学（97.8%）。首尔大学（87.4%）也在“成绩泡沫”行列。大部分国立大学根据校规分配成绩，A（90分以上）占全体学生的20%，B（80分以上）占40%，C以下（79分及以下）占40%（首尔大学为A、B相加的比例不能超过70%）。上述统计数据表明，各大学没有遵守该规定。我所在的庆星大学是私立大学，则是另一套规定。为了防止有的老师讨好学生（特别是时间讲师）一味打高分，学校规定不管考多少分，按成绩顺序来，30%评为A，60%评为B，C以下（即79分以下到不及格）占10%。这样，学生即使考90分，因为前面已经有30%的学生得了A等，也只能得B等了。这样做的结果确实抑制了任课教师“打分泡沫”，但也会产生其他弊端，真是难有十全十美的制度。

16.韩国哪所大学最容易得到奖学金

据韩国《东亚日报》的一篇文章说，关于“韩国哪所大学最容易得到奖学金”这个问题的答案是公立大学中的首尔大学、私立大学中的金刚大学。从大学支付的总奖学金比全体在籍学生人数的结果看，两所大学分别以年均55.7万韩元和252.8万韩元位居首位。这意味着奖学金储备相对于学生人数来说相当宽裕。文章的根据是韩国国会教育委员会议员李周浩从韩国教育人力资源部接到并于9月15日公布的《2004年度全国公立和私立大学奖学金支付现状》报告书。该报告书中列举了韩国各大学奖学金支付的现状、规模和名次等项目。“去年支付232.5亿韩元奖学金的首尔大学堪称总奖学金规模最大的公立大学。延世大学是支付奖学金最多的私立大学，支付金额达421.9亿韩元。平均每名在籍学生获得奖学金金额最多的公立大学是首尔大学，其次是韩国体育大学（42万韩元）、仁川大学（41万韩元）、韩国海洋大学（37万韩元）。私立大学中紧随金刚大学的是韩国信息通信大学（217万韩元）、加川医科大学（212万韩元）、浦项工业大学（188万韩元）等。上述大部分私立大学拥有坚实的支援财团，而且均是医科大学、工业大学等学费相对较高的理工类大学。佛教财团建立的金刚大学去年获得注册费全额奖学金的学生高达92%。金刚大学虽然是只有4个专业科目，每年仅选拔120余名学生的小型学校，但学生只要得到特定学分，就能获得奖学金。韩国体育大学称，在培养体育人才的特别目标下，向62%的学生发放全额奖学金。平均每名受惠学生获得奖学金金额的情况是，公立大学的前三位是仁川大学（116万韩元）、首尔大学（112万韩元）和韩国体育大学（94万韩元），私立大学的前三位是加川医科大学（360万韩元）、圣民大学（347万韩元）和浦川中文医科大学（279万韩元）。获得国家和地方自治团体支援金最多的公立大学是首尔大学，其次是釜山大学、庆北大学和全南大学，私立大学的排名依次为延世大学、汉阳大学、岭南大学和高丽大学等。相反，江陵大学、仁川大学、淑明女子大学、尚志大学、光州天主教大学等13所大学却没有得到国家和地方自治团体支援的一分钱。发放奖学金的条件中，“成绩优异”所占比例最高，其次是工作奖励和家庭困难等。公立大学发放的成绩优异奖学金占全体奖学金的74%，而向家境困难的学生发放的奖学金仅达3%。而私立大学的情况是，成绩优异奖学金占37%，家庭困难奖学金占11%。也就是说，与私立大学相比，公立大学向低收入阶家庭学生发放的奖学金反而较少。李周浩称：“支援低收入层和地方学生的奖学金还太少。”他还指出：“首尔大学和地方主要重点大学有必要重新讨论过分看重成绩的奖学金支付制度，因为即使是家庭苦难学生，成绩优异的情况也不在少数。”

17. 中国掀起“韩流整形”热潮

据韩国《朝鲜日报》2005年9月16日报道，正在法国留学的中国未婚女性Y某（25岁）于上周在上海的顶尖名牌街新天地附近的韩国瑞丽整形美容医院，接受了隆鼻和削下巴的手术。她是为了接受整形手术特地临时回国来到上海的。瑞丽医院是去年由韩国的美丽世界皮肤科、BK整形外科、艺牙科等医院携手成立的皮肤美容、整形专门医院。医院相关人士称：“Y某要求整成宋慧乔（韩国著名演员）的鼻子和金喜善的下巴。”准备在中国展开演艺活动的中国女性A某（27岁），最近在首尔江南区的B整容外科同时接受了割双眼皮手术、隆鼻及削下巴的面部轮廓手术。她带着中国的整形外科医生作为自己的保护者，在最高级酒店停留了2周时间之后回到了中国。她以现金方式支付了1000多万韩元的手术费，让医疗组大为吃惊。院长金某表示：“手术费用要比中国高出2—3倍，但是一个月里，就有6—10名中国女性来到医院，表示希望能够接受与韩国女性相同的整形手术。”去年曾在中国年轻女性间短暂出现的“韩流整容”热潮进入今年以后正重新爆发性地兴起。随着韩国电视剧、歌曲等的播放，韩国女演艺人的外貌受到中国女性的欢迎，想要接受韩国女性所接受的皮肤美容和整形手术的中国女性正在急剧增长。台湾《中国时报》2005年9月13日报道说，湖南卫视本月初开始播放韩国电视剧《大长今》之后，要求“请给我做像韩国女演员李英爱那样的脸的整形手术”的女性正不断拥入医院。有不少女性都拿着李英爱的照片，来到整形外科，要求“把我的脸整成李英爱那样”。该报道称，她们希望自己能够拥有像李英爱那样的大大的眼睛、高高的鼻子、小巧的嘴唇。在这种氛围下，中国女性赴韩国“远征整形”的人数也在增加。在首尔江南区的G皮肤科，每个月有10多名中国女性为了美容整形踏进医院大门。她们中90%以上是中国大企业或是政府高干家庭出身，或是专门职业女性，年龄不等，从20岁到50多岁。医疗组说，她们大多是接受皮肤美容和整形的全套手术之后离开。该医院为了方便中国求美者，正在运营中文网站，该网站每天都会出现40多条提问和咨询信息。在皮肤科和整形外科密集的狎鸥亭洞，经常可以看到几名中国人闹哄哄地在医院的走廊里进行“摄影留念”的情景。这些人是为旅游和皮肤美容来到韩国的。据D整形外科透露，有些中国游客为接受保持期6个月除皱的肉毒杆菌素（Botox）注射，每年定期来两次医院。进军中国的韩国皮肤、整形外科还在进行一种“乒乓整形”，即如果手术必须分多次进行，患者需往返于首尔和上海。一些和中国进行贸易往来的公司还以“韩流整形”作为武器来巩固和交易方的关系。P整形外科院长朴某称：“曾经为与韩国进行交易的中国企业经营团体的2名女性家属做过整形手术。手术费由韩国公司方面支付，可能是‘招待整形’。”“韩流整形”热潮正逐渐向日本扩散。本月初，日本电视广播网公司（Nippon Television）采访组为向日本国内介绍“韩国皮肤美容疗法”，来到了首尔新寺洞T皮肤科。据医疗人员透露，广播节目主持人留着和裴勇俊一样的发型，穿着也模仿裴勇俊，并逐一拍摄了韩国著名艺人接受的各种激光治疗等项目。名为《消息通》的该节目将于本月末在日本电视播放。院长林某称：“在网上搜索韩国艺人经常光顾的皮肤科，然后来访的日本游客越来越多。”但也有人指出，这种“韩流整形”热潮只会流行一时。医疗咨询公司Open doctors公司理事金时浣称：“近来，中国整形手术的水平不断提高，在中国医院里，中国医生按照韩国方式进行手术的情况不断增加。”尽管利用“韩流”为向消费者推荐而悬挂韩国女艺人的照片等，但实际获得利益的还是中国医院。韩国美容整形产业协会会长金钟焕说：“韩国在美容手术领域保持技术优势地位还不到几年时间，只有以‘韩流整形’热潮为契机，使美容医疗器械、化妆品、医疗和首饰等‘美丽产业’共同发展，才能使产业价值最大化。”

18.中秋节韩国佛教组织的祭祀仪式

9月18日，中秋节。上午10时许，我来到釜山火车站。由于在韩国人们已习惯于当日10点前赶回家举行团聚和中秋祭祀，车站广场比往日少了许多人。大街上跑的绝大多数是公共汽车或出租车，私家车仅偶尔可见。车站广场人少，但动静不小。基督教教会的一募捐处，有两位男士引吭高歌，募捐箱放在他们的前面。歌曲除一些宗教祝福外，我能听出来的是《友谊地久天长》等，从音箱中放出来的声音还算悦耳。最吸引人的是广场右侧（我实在分辨不出东南西北，我的学生大部分也是如此，大概是釜山大部分街道走向不正所致），支起了两座白色帐篷，还搭了一个祭台。原来是韩国一个佛教慈善福利院要在这里举行“秋夕”祭祀，并举行善举。祭祀台后方有大横幅，上书举办单位、时间、地点等。祭台上有约二尺高的白色牌位，上书“有主无主云集孤魂一切哀魂各列位列名灵驾神位”，供品丰盛，有近二十大盘，包括鱼、水果、点心等。祭台前有一小台，上燃两支白色大蜡烛，中间是一香炉。现场来了一位大和尚，其他主事者均为居士。负责调度的一位姓李，系院长，法名真空。另一位姓金，法名大林，英

◎ 大和尚

语不错。我向他说明身份，并征询是否可以拍照。因为前日我听说在韩国家庭祭祀时是不允许拍照的，因为怕拍照吓跑神灵。大和尚及主事者均同意我拍照，看来这种场合不同于家庭祭祀，是可以随意拍照的。仪式11点准时开始，由金氏主持。居士们跪下磕头，并一一向灵位举香、敬酒。仪式结束后，进行慈善活动。一下子不知从何处冒出来一二百人，排成长队，一一从各居士手中领取一份应该说是丰盛的礼物，其中有炸鱼、松饼及其他食品，每人手中拿了一大袋。事情还不算完，很快人们又排好四路纵队，准备领取一人一份类似自助餐的午餐。其中有米饭、鱼、泡菜等。我看到居士们为这些人打米饭时给得很多，起码是我在食堂吃的一碗米饭的两到三倍，这些人居然都能吃完。这些受助的是些什么人呢？当然是穷人，或是流浪者，但其中不乏衣着体面者。大多数是男性，女性不过十数人。一小时后，仪式结束。

◎ 为流落街头者发放食品和套餐

19.韩国一个普通家庭的中秋祭祀

2005年9月19日（农历八月十六日），我参加了学生小张家的祭祀活动。韩国中秋节的祭祀活动，一般安排在中秋节的上午10点左右或当天晚上。小张家因其祖父的忌日在农历八月十六日，故活动安排在十六日的晚上。本来我已经选好了一个对象，学生小金家，他家的祭祀在十五日的上午10点进行。两个原因使我放弃了这一选择。第一，小金本学期才选我的课，并非很熟悉，其家中情况也不甚了解，贸然前去恐有不便。第二，小金汉语尽管在班上是不错的，但与小张比尚有相当大的距离，怕翻译上的障碍较多。而小张是我2002年在郑州大学教过的学生，2004年毕业，汉语水平较高，与我交情亦深，我对他家的情况也略知一二。事前约好，我当日下午5点与小张电话联系，但中午有人请我吃饭，回到公寓已经3点多，十分疲劳便一下子睡着了。6点多小张来电话，我匆忙起程。走时只带了我要送的礼物，一直陪伴我的相机未带，原因是闲谈时小张曾说过，习惯上家庭祭祀时不宜照相，怕惊动回家的神灵。1小时10分钟的超长公共汽车旅行，我来到“书洞”（地名），立即给小张打电话。3分钟后他来接我，又3分钟后到了他家所在地。公寓名为NEW GREEN，小张家住二楼。进门后，小张一一向我介绍他的家人，他的母亲，两个姑母，一个叔叔，两个表弟，另有两个小女孩，一个是五六岁的可爱的小姑娘，一个是五六年级的小学生。小张说，其父身体不太好，正在休息。我打量了一下举行祭祀的房间：背靠阳台的一面有一扇屏风，上书佛教经文，我推测是《心经》。屏风前有一供桌，放有小张祖父母的黑白遗照。遗像前是供品，供品是依韩国传统的东鱼西肉、东红西白的顺序放置，这是小张后来告诉我的。所谓东西方向，也可以说是左右。鱼类放在供桌靠右侧。我看有三四种鱼，靠左则有鸡（属肉类）和其他肉品。红与白是指颜色，比如颜色做成红色的章鱼放在右侧（据说供章鱼是小张老家南海市人特有的习惯）。水果，红色的苹果自然在右，左侧则是颜色浅一点的，如梨等。我数了数，供品约有20盘。供桌前下方，有一香炉，香炉左右各置酒杯，旁边有一瓶洋酒。我送的礼品为一瓶杏花村汾酒，一袋北京产奶油糖。家人将糖放置在供桌的一个祭盘内，酒也开瓶了，放在洋酒旁。小张的父亲听说我的到来，起来与我见面，感谢我多年对小张的帮助。交谈了一二十分钟后，祭祀开始。因为我是贵客，先行敬酒。做法是，手执酒杯（右手拿酒杯，左手托着右手手腕，寓意双手举杯，以示庄重，平时喝酒朋友倒酒时也是这个动作），小张将洋酒倒在我的杯中，我举杯在香炉上方顺时针绕三圈后放到遗像前。然后跪下磕三个头，后起立三作揖。作揖动作实系我按中国老礼而为之，因为我不知磕头后如何动作，小张教我的动作仅到磕头为止。后来证明，他们磕完头并不作揖，我是中韩结合了。接下来是三位男性，即小张的父亲、叔父及小张本人，一一行如上礼节。应该说明，作为这个家庭的男性，三人在整个祭祀过程中要多次这样对遗像敬酒。之后，三位表弟也依次如上敬酒。趁出去在走廊吸烟的空儿，我问小张，是否女性不敬酒，他说过去可能是，但现在风气变了，女人也可敬酒。但她的大姐因信仰基督教，是不敬酒的（这时小张的大姐、二姐和姐夫也来了）。直到我离开，也没见哪位女士敬酒。男性敬酒结束，便开始喝酒，我以水代酒。席间，小张家人问了我不少问题。其叔父在首尔工作，提问题最多，诸如高句丽问题、中国经济问题，等等，我按自己的理解一一作答。这时，小张的父亲问我是否带相机，希望能合影留念。恰好小张的二姐用数码相机给我们照了数张。已近晚上10点50分，我准备告辞。小张家挽留，因为其后便是家宴。我以吃过饭为由谢绝。一一告别后，小张开车送我回公寓。另有一插曲，小张母亲将一盛有食物的盘子放到房间外走廊里。小张对我说，这是为了让和他爷爷奶奶一起回来的阴间朋友享用的。这是我2003年中秋节在SMICK TOWER公寓走廊见到情景的另一种说法吧。

【补记】2013年，常与我联系的小张从韩国给我发来一封信，透露了一个多年前的秘密：他家2005年中秋节祭祀次日，小张的父亲昏睡一天不起，把家人都吓坏了，不知其得了什么病。后来他父亲才说明真相：原来祭祀的当天深夜，他一个人把我送的一瓶汾酒全喝光了，醉得不省人事。韩国的烧酒仅18度，而我带的汾酒则是52度，老人不知深浅，越喝越来劲，结果把家人吓坏了。

20.没有工作的中秋节令人倍加伤感

《东亚日报》2005年9月16日发表一篇题为“没有工作的中秋节令人倍加伤感”的文章。文章说，中秋节将至，但对于没有工作的人来说，可谓是“每逢佳节更痛苦”。对此，笔者似乎也有同感。17日晚，小黄和小张来到我住的公寓，一起聊天喝酒，提前过中秋。小张没有工作已经半年了，虽然他是主动“炒老板”的，但从4月1日之后，他找过多家公司，均未成功。他后悔当初不该辞职，现在找工作太难了。当然，相对而言，他找到新的工作还不算太难，因为他学习成绩好，能力也比较强，前景还是乐观的。我们谈起另外一些已经毕业两年的同学，有点忧心忡忡。小S一直找不到工作，眼看奔三了，何时是头？另小W工作一段后也赋闲在家。小黄自己有份不错的工作，因而不好意思给没有找到工作的人打电话，怕增加人家的心理负担。《东亚日报》上的文章说，从9月15日发表的8月雇佣统计结果看，韩国青年（15—29岁）失业者人数达到35.4万人，正在准备就业的30多万名青年还排除在失业者统计之外。如果将这些非经济活动人口加起来，青年失业者就超过65万人。因此，实际上青年失业率不是7.4%，而是13%。2005年8月就业者与上年同比增加了46.5万人，正式失业率为3.6%，比较低。但如果考虑到14.8万名工作不稳定的日薪职工和8月就业放弃者，实际失业率将达到15%左右。8月就业放弃者创下了55个月以来的最大规模。该文章认为，“从整个领域看，韩国无业也不找工作的非经济活动人口达到1474万人。这说明，国家未能有效使用人力资源。所以，就业者不多，失业率也低。而显示在15岁以上生产人口中有多少人就业的雇佣率在经合组织(OECD)30个国家和地区中，韩国也排在下游。因为，女性的劳动市场参与减少，中高龄者提前退休，青少年寻找工作时间推迟，这是降低未来国家竞争力的因素。如果继续放任下去，国家将越来越困难”。文章最后说，很多国家以工作岗位数计算政治成绩，如果增加工作岗位，就是“政绩卓越的政权”。相反，无论其他业绩多么出色，都将受到“政绩不良的政权”的评价。韩国《宪法》规定，国民拥有工作的权利，国家应为增加雇佣而努力。无论政界提出多么冠冕堂皇的口号，如果不能增加工作岗位，都等于是空话。文章质问：卢武铉政府是否会心痛“失业者的中秋节”？

21.韩国工薪阶层存在“三八线”现象

韩国上市公司平均工龄仅为八年，你想象得到吗？韩国《朝鲜日报》2005年9月14日报道，据调查显示，韩国的工薪阶层平均工龄仅为8年。近来，经济不振导致退休年龄急剧降低，随之产生的流行语“三八线”（38岁退休）通过统计得到了证实。据在有价证券市场和KOSDAQ市场上市的572家企业13日韩国向金融监督院提交的《2005年上半年报告》显示，韩国上市公司的职员平均工龄为8.01年。其中，平均工龄最长和最短的两个行业分别是通信行业（12.52年）和医疗器械行业（3.75年）。平均工龄是将相应行业及岗位的所有职员工龄相加后与职员数相除得出的数字。平均工龄相对较长的行业有电力及煤气行业（10.83年）、非金属矿物业（10.45年）、木浆造纸业（9.92年）、钢铁业（9.64年）等。相比之下，服务业（4.45年）、纺织及服装业（5.30年）、医药品业（6.12年）、流通业（6.36年）、金融业（7.14年）、建设业（8.01年）等的平均工龄较短，雇佣情况相对不稳定。各大企业中，员工平均工龄最长的是POSCO（浦项制铁）的18.06年，其后依次为现代重工（17.60年）、企业银行（17.50年）、斗山工程机械（17.40年）和韩国电力公社（16.90年）等。某大企业人事部门有关人士表示："一般而言，公共企业的平均工龄较长，工龄较长的职员大部分都是富有专业性的技术人员。金融危机后，不仅企业之间的竞争加剧，而且公司内部的竞争也深化，这导致职员的工作年龄进一步缩短。"

22.2004年韩国每家平均吃三棵中国产泡菜

据韩国《朝鲜日报》"中文朝鲜网"2005年9月23日报道：据调查，韩国国民去年平均每户消费了三棵从中国进口的泡菜。据大国家党议员李相培22日在农林部国政监察会议上发布的资料，韩国去年从中国进口的泡菜达7.26万吨。如果用白菜数来换算，多达3000万棵，相当于平均每户消费了三棵中国产泡菜。今年以来，进口量进一步增加，截至7月末已达到5.893万吨，预计到年末将会超过10万吨。韩国国民的年均泡菜消费量大约为150万吨。李相培议员表示："如果进口10万吨泡菜，白菜的消费量将减少14万吨，辣椒和萝卜将各减少7000吨，大蒜的消费量也将减少3500吨。有500多家中国泡菜工厂正在生产低价泡菜，因此预计韩国泡菜的地位将会被进一步削弱。”又据该网站9月25日报道，目前韩国五成韩餐厅使用中国产泡菜。韩国农林部今年8月委托韩国饮食业中央会针对首尔、京畿地区7.9311万处韩餐厅进行了有关泡菜使用状况调查，结果发现，占总数50%的3.9663万家使用中国产泡菜。这一次调查对象主要是烤肉店等周边常见的韩餐厅，中餐厅、日餐厅及面馆等都被排除在外。据调查，首尔地区3.9803万家韩餐厅中有59.9%，京畿道3.9508万家韩餐厅中有40.1%的餐厅使用中国产泡菜。尤其是，首尔瑞草区的88.5%的韩餐厅使用中国产泡菜，为最多，这表明富裕区的餐厅同样广泛使用低价中国产泡菜。韩国农林部人士表示：“虽然中国产泡菜的进口量逐年增加，但是消费者在餐馆无法分辨国产泡菜和中国产泡菜，我们正在和有关部门讨论让各餐厅标示泡菜原产地的方案。”他还表示，为了引导餐厅自动标示泡菜原产地，向只使用国产泡菜的餐厅分发了能宣传使用国产泡菜的海报。据国税厅的统计结果显示，中国产泡菜的韩国进口量逐年激增。其中，2001年393吨，2002年1051吨，2003年28700吨，2004年72000吨。在此应该说明的是，韩国进口泡菜的生产厂家，基本上是韩国在华投资的企业，所在地主要在山东半岛。

23.“韩国女性对自己的外貌缺乏信心”

据韩国《东亚日报》9月26日的一篇文章说：韩国女性在亚洲女性中对整容手术持有最宽大的立场，而对于自身的容貌，则缺乏信心。据跨国化学企业联合利华（Unilever）26日发表的《亚洲女性美丽意识调查》结果显示，韩国女性中只有33%的人对自己的外貌感到满意。此次调查是联合利华以包括200名韩国人在内的共2100名15—45岁亚洲女性为对象实施的。韩国这一比例在调查对象国家和地区（中国、日本、泰国、新加坡、中国香港、中国台湾、菲律宾、马来西亚、越南）中排第二低（比例最低的是日本，为13%），与菲律宾（87%）、新加坡（71%）等相比，对自己外貌的满意度较低，而且认为自己胖的人占43%。另外，韩国女性平均每2人中就有1人（53%）回答曾考虑做整形手术，在中国台湾（40%）、日本（39%）等调查对象国家和地区中显示出最高水平。实际上，韩国女性的整形手术比率达17%，居世界较高水平。但是做过手术的人中有80%的人回答对手术结果不满意，这被分析为，对外貌的期待值很难得到满足。此外，有42%的人认为，影响自身外貌信心的最大因素是丈夫或情人的意见，显示出将男性的眼光看得比自己的看法更重要。而98%的人回答，美丽的女性会得到男性更有价值的评价，这也说明了同样的问题。梨花女子大学社会学系教授咸仁姬表示："越是家长传统浓郁的社会，女性的自我尊重感就越低。在韩国，掌握媒体大权的男性不断地向社会注入其所喜爱的女性形象，这导致女性将自己套在这种标准里，而这已经成为一种恶性循环。"一次釜山华侨协会秘书长对我说："郑教授，你走在韩国大街上，看到的漂亮的女人，100%做过整形手术。"此话虽有夸张之嫌，但确实反映了韩国社会某种趋势。秘书长说完这句话，又补充了一句："当然，我太太没有做过手术！"他太太确实长得很漂亮。

24.韩国英语和汉语两学科学生占大学语言学科总人数的一半

据《朝鲜日报》2005年10月4日消息，韩国国内4年制大学中语言学相关专业的新生中，有一半以上是英语和汉语专业的。尽管阿拉伯语和印度语等是人口超过数亿的新兴经济国家的语言，但韩国仅有3—4所大学开设这些语言学科。据韩国113所4年制大学提交的《语言相关学科新生定员现状》资料显示，开设英语系的大学达88所，占全部大学的77.8%。英语系招生定员是5708人，占全体语言相关专业定员（1.5619万人）的36.5%。开设英语系的大学比开设德语、法语、意大利语等欧洲整个领域语言专业的大学（80所，定员3661人）还要多。招生定员人数紧随英语系的语言学科是汉语专业，45所大学共招收2145名(13.7%)新生。英语和汉语招生定员总数高达全体人数的50.2%。其次是日语（39所大学，1804人）、德语（29所大学，1231人）和法语（27所大学，1129人）。阿拉伯语的情况是，如果包括阿拉伯人口（约3亿）和伊斯兰教信徒在内，阿拉伯文化地区人口高达12亿之多，但是，开设阿拉伯语专业的大学仅有韩国外语大学（首尔和龙仁校园）、釜山外语大学和朝鲜大学等4所大学。作为新兴经济国家备受关注的巴西、俄罗斯、印度、中国等国家中，除中国外，开设其他3个国家语言专业的大学少之又少。仅有韩国外语大学（首尔和龙仁校园）和釜山外语大学等3所大学开设了巴西和印度相关语言专业。开设俄语系的大学只有中央大学和韩国外语大学等13所大学。另外，虽然最近韩国在海外建设订单数量中非洲地区超过中南美地区，而与其有关的专业也仅在韩国外语大学（龙仁校园）一所大学里。阿拉伯、巴西、俄罗斯、印度和非洲等5个国家和地区语言专业的新生数为910人，仅占全体人数的5.8%。

25.世界经合组织预测韩国有可能陷入经济低增长局面

据韩国媒体报道，世界经济合作与发展组织（OECD）2005年10月5日发表的《韩国报告书》，认为韩国有可能陷入低增长局面。OECD在《韩国报告书》中称："随着经济恢复推迟，对韩国的增长动力产生了忧虑。在韩国达到OECD成员国人均国民收入前，可能陷入低增长局面。"OECD认为，韩国政府的房地产政策正在走走停停（stop and go），出尔反尔的房地产政策对市场造成了负面影响。虽然对朝鲜的支援金负担正在加重，有关福利费用的负担也不断增加，但为了实现目前的潜在增长率，应该维持稳定的宏观政策和财政健全性。报告还认为，出现实际上的景气恢复势头之前，应该维持低利率水平。该报告还指出，韩国的人均国民收入达到了OECD成员国平均水平的三分之一，但是劳动生产效率仅为美国的40%，韩国的劳动生产效率在OECD成员国中排名倒数第4位。OECD还指出，韩国的劳动力正在减少，有必要上调现行退休年龄。该报告还指出，韩国的大学教育水平随着量性膨胀带来了质量方面的下降，只有放宽对大学的各种限制，并允许外国大学进军韩国，这样才能阻止大学教育质量下滑。

26.韩国的“约会朋友”（datemate）

韩国《朝鲜日报》2005年9月28日刊载题为“韩国新一代另类爱情方程式——“约会朋友””的署名文章。文章说，“约会朋友”（datemate）是最近韩国新一代年轻人之间出现的一种时尚产物，是恋人的“替代品”。这个词是意思为与异性恋爱的“date”和意思为朋友的“mate”的合成语。那么“datemate”究竟是什么呢？一年前与交往很久的女友分手的大学生金某（男，24岁）失恋之后就一直没有再找女朋友。他在过去的一年里见了6名“约会朋友”。他说：“如果交女朋友，不仅是日程，连性格也要配合对方，太消耗精力了。觉得还是干脆没有负担地约会，享受其中乐趣更好一些。”他忠实地遵守着与“约会朋友”交往的4大原则。即不能爱上对方，身体接触只能到接吻的程度，如果感情转淡就痛快地分手，不干涉彼此的私生活等。在没有感情交流的前提下见面，与美国的“做爱伙伴”（fuck buddy）相似，但区别在于“约会朋友”之间并不存在性关系。金某制定了游戏规则：在有可能碰到朋友的学校前不能牵手，一起拍的照片不能上传到个人网页上等，并且在对方接受的情况下才与其见面。在气氛好的餐厅用餐，看电影，散步等，与“约会朋友”的约会方式乍看之下与其他恋人没有什么区别，但是对待彼此的心理与传统恋人则完全不同。“对彼此没有太大的期待，也不会耗费心力，因此很难长久与同一个‘约会朋友’见面。只要联系变少，关系自然就会结束。”对于“有女朋友吗”的问题，他总是回答“没有”。他还说：“只要愿意，就可以与其他人见面，这是‘约会朋友’的最大优点。”如果说过去的风俗是把要结婚的人和恋爱的人区别开来，那最近正在出现的观念是将恋爱的人和“约会朋友”区别开来。在寻找“约会朋友”的人增多之后，门户网站Daum上还出现了互相寻找

"约会朋友"的社区。在datemate，有100多名会员留下了自我介绍、联络地址、照片来寻找对象。对于"约会朋友"现象的出现，韩国西江大学社会学系教授陈相镇表示："对实利非常了解的年轻人，对异性间的关系也制定了规则，在互相'不受伤'的范围之内来往，也视为理所当然的事情。最近新一代的年轻人的观念中，比起'爱情'，似乎更加享受单纯见面，一起约会分享快乐的做法。"

27.世界华商大会在韩国首尔举行

世界华商大会开幕式于2005年10月10日在韩国首都首尔的韩国国际会展中心（COEX）举行。开幕式上，韩国总统卢武铉致辞时说，这次华商大会在首尔召开有着深远的意义，中国成为韩国最大的贸易国，在最近的"韩流"中可见一斑，中韩之间合作期望可进一步扩大到海外华商范围，而韩朝合作也将为华商提供更大的贸易商机，期待借着这次大会更加了解韩国的营商环境。韩国中华总商会会长袁国栋致开幕词时指出，本届大会以"与华商共成长，与世界共繁荣"为主题，目的在于向全世界的海外华商提供加强经济贸易合作，促进互相利益共享，为经济发展作出贡献。世界华商大会是由新加坡、中国香港、泰国三地中华总商会组成世界华商大会组织，自1991年起每两年举行一次。大会于10月9日举行会前庆典，10日正式开会，12日闭幕。由经济杂志《福布斯》和香港《亚洲周刊》选定的富商将出席本次会议。中国、新加坡等30多个国家和地区的2500余名华商将云集首尔参加此次大会。香港中华总商会会长霍震寰（2005年被《福布斯》杂志选为世界排名第194位的富豪）、中国联想集团总裁柳传志领导的中国联想集团（亚洲第

一、世界第三大电脑企业）、陈永栽财团总裁陈永栽（陈系菲律宾首富，个人财产达19亿美元）、马来西亚凯业集团总裁李深静、杨忠礼机构集团总裁杨忠礼及亚洲金融集团总裁陈有庆是此次大会的主要参与者。中国中华全国工商联合会主席黄孟复、去年收购双龙汽车公司的中国第三大汽车公司上海汽车工业集团总公司总裁陈祥麟、北京东方科技集团股份有限公司总裁王东升、拥有国泰航空公司等分公司的香港中信泰富集团副总裁彼得·李、世界最大华商企业和记黄埔集团执行董事多米尼克·赖等人也将参加此次大会。大会组委会表示，亚洲首富和记黄埔集团总裁李嘉诚、台湾代表性财阀台塑企业集团总裁王永庆和去年荣升中国首富的中信泰富集团总裁荣智健等人将不出席此次大会。谈及这方面话题时，釜山侨界人士对笔者讲，世界华商大会在韩国举行固然可喜，但世界华商在韩投资极少，不无讽刺意味，韩当局应反省有关华人投资相关政策。

28.“孔雀石绿”风波何时了

韩国有关部门从中国进口的水产品中，发现含有致癌物质孔雀石绿（Malachite green）。消息一经披露，媒体炒作一番。时值中秋节前，水产品市场颇受影响，以至于韩国国产水产品的销量也大为减少，韩国中秋节举行祭祀，鱼类等产品是各个家庭必不可少之物。中国水产品在7月份被检测出含孔雀石绿以后，韩国政府一直反复强调国产水产品是安全的。但没过几天，韩国自己的水产品中也检查出该物质，又引起新一轮的风波。据韩国《东亚日报》2005年10月7日报道，日前在韩国产鳟鱼和香鱼2个淡水养殖鱼类中也检测出了致癌物质孔雀石绿。这是第一次在韩国国产水产品中检测出孔雀石绿。韩国海洋水产部10月6日表示，9月15日到10月3日期间，对韩国国内296个鳟鱼养殖场中的65个养殖场进行了调查，结果显示，35个养殖场中检测出了孔雀石绿。另外，同期对全国140个香鱼养殖场中的2个进行了调查，结果在1个养殖场中检测出了孔雀石绿。因此，韩国海洋水产部5日中断了全国436个鳟鱼和香鱼养殖场的对外发货。孔雀石绿是用于杀菌剂和染色剂的化学物质，在20世纪90年代初被证实是致癌物质后，被禁止用于食物。韩国食品医药品安全厅也将全面回收市面上正在流通的香鱼和鳟鱼，并进行检测，如果检测出孔雀石绿，将禁止流通。食药厅要求相关营业点在检测结果出来之前，暂时中断香鱼和鳟鱼的流通和销售。海洋水产部当时说“国内从20年前开始就不使用孔雀石绿了”，而且在8月份以后对7个淡水养殖鱼类的调查中也表示，没有检测出该物质。韩国消费者团体则指出，8月4日到9月4日期间实施的3次调查只是对全国2923个养殖场中的10多个进行，因此调查并不充分。研究消费者问题的市民团体事务主席金慈惠批评政府的滞后反应时说：“在中国产水产品被检测出孔雀石绿后，政府就应该立即对所有养殖场进行调查。”孔雀石绿风波影响到水产业者利益。10月10日，淡水鱼养殖业主的团体韩国内流河养殖协会的80多名会员，于10日在首尔钟路区桂洞海洋水产部和永登浦区汝矣岛国民银行前聚集，敦促政府出台对策,将被检测出孔雀石绿的养殖业主的损失降至最低。他们在现场分发的呼吁文中表示：“孔雀石绿是海洋水产部曾鼓励渔民使用的药品。”并主张说：“海洋水产部在出现问题之后，正在把所有的责任都推卸到养殖业主身上。”参加当天集会的该团体一理事表示：“政府对没有被检测出孔雀石绿的淡水鱼的销售也一并阻止，养殖业主没有活路了。”并称：“有问题的淡水鱼应该由政府全部收购并废弃，而不属于这种情况的，应该允许销售。”据说，如果政府不出台能够接受的对策，韩国内流河养殖协会计划将于12日在海洋水产部门前举行有淡水鱼养殖业主、流通业主、肉店业主等3000多人参加的大规模抗议集会。

29.2005年釜山国际电影节

一年一度的釜山国际电影节，是釜山一道亮丽的风景线，也是名副其实的釜山人的节日。开幕式、闭幕式的票提前几个星期已经预订得差不多了。许多场次的电影票都很难买到，如果不预订的话。大吴教授前两天给我打电话说，他很想看几个中国电影，但在网上一查，已经没有票了，大批年轻人都是网上刷卡订票。10月6日，开幕式在一个海上运动中心举行，还好从我住的公寓可以看到色彩缤纷的焰火。次日，我赶到电影节广场，那里人山人海，买票的长队让人望“龙”兴叹，我只好“逛”电影节了。不少摊点（搭有帐篷）发放宣传资料，我也领了一大袋，准备回来后“读”电影。还有个点专门免费发放小食品，每人一袋，有饼干、饮料等。次日，成龙在电影节广场亮相，在接受韩国记者采访时他说：“我和大陆的、香港的、台湾的朋友说，要好好学习韩国人的精神。”联想到几天前在媒体上看到成龙讲的对“韩流”不满的话，他此次对记者的回答算是很得体了。今年釜山国际电影节是第十届，釜山陷入了欢乐的海洋。今年电影节将上映73个国家的307部影片，系历届最大规模。开幕的前三天，观众人数就远远超过了去年观众总人数（16万人）。韩媒体认为，釜山国际电影节逐渐成为代表亚洲的电影节，亚洲电影人期待通过釜山国际电影节获得全世界的青睐。西方电影人，为掌握韩国和亚洲电影的潮流和挖掘有实力的电影人来到釜山，各国电影人对釜山国际电影节在如此短的时间里取得的巨大成功赞不绝口。这几年的“韩流热潮”有力推动了釜山国际电影节，但反过来釜山国际电影节也提高了韩国电影的知名度，为“韩流热潮”作出了贡献。媒体还认为釜山国际电影节的成功离不开主办方的敬业精神和釜山市民强有力的支援。主办方彻底排除了容易介入地区庆典活动的政治性，在开幕式和闭幕式上不允许政界人士登台致辞，已成为釜山国际电影节值得骄傲的传统。主办方认为，一旦外部人士介入，最终会破坏电影节。因此，他们严格奉行专家体制，主办方提出的原则就是“接受赞助，但不接受干涉”。

30.东北亚“反韩流”令人担忧

韩国《朝鲜日报》特派记者发表文章说：最近，因嫉妒在中国香港和中国内地风头正劲的“韩流”人气，对其进行恶意中伤的“反韩流”氛围日益高涨。而更令人担忧的是，出现了“反韩流”从普通大众和演艺界人士逐渐扩散到知识分子阶层的迹象。10月6日晚，面向全中国播放的凤凰卫视以“韩流是否应抵制”为主题举行了讨论会。当天，出席讨论会的香港《成报》副社长兼总编辑郭一鸣主张：“中国内地和香港媒体应给中国艺人让出更多的版面，对他们进行宣传。中国政府有责任保护和支援本国文化”。流露出对“韩流”的警惕心。这实际上是主张“同韩流展开全面战。”在电影演员之间，谴责对“韩流”电视剧持友好态度的中国媒体，并主张培养中国演艺产业的做法已成为一种“流行”。中国内地演员张国立强烈批评说：“中国国内韩流热是像卖国贼一样的中国媒体造成的。”动作明星成龙呼吁说：“在中国媒体，众多韩国二、三流明星频繁亮相。为抵抗韩流，应积极支援中国明星。”文章说，实际上中国文化界、艺术界对韩流表现出危机感是一种自然现象。因为虽然中国当局为牵制外国电视剧，禁止在黄金时段（下午700—10：

00）播放，但《大长今》《加油！金顺》等韩剧的收视率仍然远远超过中国电视剧。作者认为，我们（韩国）不可掉以轻心。除中国以外，在日本掀起的反韩流已经汇聚成一股“嫌韩”情绪。7月在日本发售的反韩漫画《嫌韩流》在短短一个月内就售出10万本。迄今为止，这本漫画在网络书店十大畅销书中仍榜上有名。在日本，反韩网站和博客多达数百个。这些网站用“韩国人无秩序”“韩国人肮脏、野蛮、暴力”等言辞进行恶意中伤。在中国台湾，韩国电视剧进口猛增后，今年7月决定对韩国电视剧征收20%的进口关税。在中国香港，韩流的主打产品电影、电视剧、唱片去年的出口业绩比2002年减少了15%以上。在中国香港的韩国专家之中，“韩流表面上非常火热，但内涵反而变得更虚”的主张逐渐抬头，这可能也是为了抵制“韩流”。为防止“韩流”在成长为“全球文化品牌”之前就沦为“寒流”，韩国政府和民间部门应从长远角度出发共同思考“韩流升级”。

31.韩最大钢铁企业厂区张贴标语：打败中国宝钢

9月27日，《朝鲜日报》记者来到了位于全南光阳市金湖洞的POSCO（浦项制铁）光阳炼钢厂制铣部（铣铁即铸铁，制铣是用有烟煤把铁矿石制成铁水的核心工序。先将有烟煤制成焦炭，之后在鼓风炉内输入1200℃的热风即可炼制铁水），看到该部处处贴有“H2事业计划2010”，还有“到2010年打败世界上最具成本竞争力的中国宝山钢铁厂”的标语。该记者说，在韩国顶级企业的核心部门挂上“打败中国企业”的口号，实在令人震惊。宝山钢铁厂不是曾于1994年还委托POSCO

代培员工吗？制铣部技术开发组负责人韩基元表示，这表现出了我们要在5年内超过宝山成本竞争力的决心。上海宝山钢铁厂于1998年与梅山钢厂、上海冶金公司合并，成为上海宝钢。总经理谢企华早就宣布说，要在5年内超过POSCO，跻身为全球最佳钢铁厂。韩国记者报道说，POSCO害怕上海宝钢的理由是中国在冶金领域具有悠久的传统，炼制铁水的技术很发达，上海宝钢具有这方面的技术积累。上海宝钢的大部分原料为国产，但POSCO的原料全部是靠进口。POSCO表示，今年铁矿石价格上涨了70%，有烟煤价格上涨了120%，成本竞争力无法与上海宝钢相比。此外，最近上海宝钢开发出了提高微粉炭使用率的新技术。微粉炭是将普通煤炭研成面粉状，可替代焦炭。用焦炭炼制铁水成本为每吨21万韩元，用微粉炭只需12万—13万韩元。但POSCO的微粉炭使用率为40%多，上海宝钢则达到了50%。人工费上海宝钢仅为浦项的四分之一左右。综合考虑上述因素，制铣部的总体成本竞争力约为上海宝钢的三分之二。光阳炼钢厂正为降低成本积极努力，实施“从小处做起，哪怕是一元钱也要节约”的战略。今年制铣部的成本节约目标是1000亿韩元。最近，光阳炼钢厂还引入了以按时交货、生产为核心的TPS系统(丰田生产系统)，强化了成本管理。POSCO目前正在进行测试的Finex工艺也在紧锣密鼓地抢进行，以期早日投入生产。当然，POSCO在除制铣之外的制钢、压延等后续工序上还是要比上海宝钢更胜一筹，但很多人担心时间会改变一切。现在只要上海宝钢降价，POSCO就只能随之降价了。原材料价格上升和中国钢铁厂家的攻势使POSCO的第三季度销售额(5.458万亿韩元)和营业利润(1.319万亿韩元)，分别比第二季度下降了1.5%和23.7%。预计POSCO的“打败上海宝钢”运动将会继续下去。

32.釜山上海街庆典即将举行

半个月前，釜山的一些街道上已经出现大型宣传条幅，预报将于2005年10月14日举行第二届“上海街祭祝”。后得知，庆星大学中语中文系河教授也参与了庆典的筹备工作。13日下午4点半，我教过的一个四年级学生金年花来找我，她要在开幕式上做中文翻译，让我帮她修改一下准备的材料。此次活动，韩语称为“上海街祭祝”，英语译为The 2nd Shanghai Street Festival，汉语则称之为“第二届上海街庆典”。庆典的广告词是：“您好！茉莉花浓郁的上海街庆典欢迎大家！”邀请书上写道：“邀请您来到多彩和异样的中国文化世界里！”庆典由釜山广域市东区区厅主办，活动筹委会的宣传材料上说，已经结成国际姊妹城市的釜山广域市和上海市，为了营造友好合作氛围与推动韩中文化交流和发展，特举办由东区区厅主办的第二届上海街庆典，目的是使上海街成为一个更高格调的中国文化交流场所，举办持续性和体系性的有关中国的活动，把上海街发展成为中国人和本地人融在一起交流韩中文化的唯一场所。并说这次庆典不仅为地域经济发展和市民提供新的看点，同时也将成为提高釜山—上海之间文化、经济等友好合作氛围的一个契机。庆典活动时间是10月14日至16日，共三天。活动地点在釜山火车站、上海街及草梁洞猪排胡同。活动主管：上海街庆典筹备委员会。赞助：釜山广域市东区、釜山广域市及中国驻釜山总领事馆、《釜山日报》、《国际日报》、KBS（韩国最大电视台）、釜山MBC电视台、PSB（釜山电视台）等。

33.韩国乡校（孔庙）里供奉的先圣先贤

参观韩国密阳乡校时，蒙主人赠送手写《乡校要览》复印本一册。密阳市隶属庆尚南道，密阳乡校被列为庆尚南道有形文化财产第214号。《乡校要览》小册子分几部分分别简要介绍该乡校的位置、乡校的主旨、该乡校的沿革及乡校制度等。小册子系汉字夹杂韩语，在博士生咸先生帮助下，我才基本上读明白。主旨中说，朝鲜王朝时期，以儒教立国，以儒家思想为政治上的根本理念，成立乡校，以为尊贤养士之地，也是地方教育机关。密阳乡校原建筑已于壬辰倭乱(1592—1598年)时毁于兵火之中，檀记3935年由时任府使的崔沂重复修，距今480余年，后又经多次重修。1945年韩国光复后，乡校管理机构变更，设典校一名，另有掌议12名（每面一名，面系郡下面一级行政单位），负责春秋仲月丁日祭祀孔子。据小册子上说，韩国乡校的规模分为大设位、中设位、小设位三个等级。大设位孔子自处正位外，四圣（颜子、曾子、子思、孟子）配享。孔门贤哲子骞、伯牛、仲弓、子我、子路、子游、子夏、子张等，和宋朝六贤即周敦颐、程颢、程颐、邵雍、张载、朱熹等从享在东西庑，韩国十八贤亦奉安。二设、三设位，人数大为减少。密阳乡校大成殿牌位依次如下：正位，大成至圣文宣王孔子。东配位，兖国复圣公颜子，沂国述圣公子思；西配位，郕国宗圣公曾子，邹国亚圣公孟子。东从位，弘儒侯薛聪，豫国公程颢，文成公安裕，文敬公金宏弼，文正公赵光祖，文纯公李滉，文成公李珥，文元公金长生，文敬公金集，文正公宋浚吉；西从位，文昌侯崔致远，徽国公朱熹，文忠公郑梦周，文献公郑汝昌，文元公李彦迪，文正公金麟厚，文简公成浑，文烈公赵宪，文正公宋时烈，文纯公朴世彩。其中从位中供奉的除程颢、朱熹外，均为韩国先贤。

34.直击第二届上海街庆典开幕仪式

2005年9月14日下午4点半，第二届上海街庆典将举行剪彩仪式。为了解更多情况，下午3点我便来到釜山火车站。车站广场上，中心舞台已经搭好。台前广场上，放了几百把白色塑料座椅，供观众使用，其中前几排用彩色带子圈好，似是领导和嘉宾座席。观众席后面的花塔尚未完工，工人正在往上面放置花盆。最热闹的是广场上几排白色帐篷里，已经坐满人，大家在品尝着各式小吃。随后，我来到了上海街。这里已经有不少游人了，几个临时搭在街边的帐篷，有的卖中国小吃糕点，如粽子、月饼等；有的卖中国传统小玩具，如拨浪鼓、泥人等。还有一人在街旁叫卖

◎ 参加庆典的华侨女学生

◎ 参加庆典的华侨男学生

◎ 参加庆典的韩国民族乐队

中、韩国旗。距离4点半剪彩仪式尚早，我便来到附近的华侨中学。校园里，学生舞龙队、舞狮队、舞蹈队正在集合，准备出发。我照了几张照片后，随队伍离开学校，来到上海街。这时上海街上有两拨韩国民间舞蹈队正在表演，鼓乐声声震耳。此时，街上已经满是人了。无意中碰到我的韩国学生小廉，询问他这学期干什么，怎么没见过面。他说休学了，准备本月23日去菲律宾学习英语。之后麻烦他给我和华侨中学学生拍合影，后又与该校校长、主任合影，我们已经是老熟人了。4点半，在上海街上海门前，剪彩仪式开始，鼓乐喧天。之后，韩中民间文艺队伍游行开始。我返回火车站广场。近一个小时后，游行队伍也来到广场。我和学生小廉坐在最后一排椅子上。不大一会儿，身着一袭红色旗袍的金年花来找我，她通过与小廉手机联络得知我坐在最后一排。原来翻译稿上有个中国来宾的名字，她不认识。“劉鉄軍”，平常的三个字，因为写的是繁体字，着实难住了她，她一直学的是简体字。看来，要做中文翻译，还得要懂繁体字。6点整，上海街庆典正式开幕。广场上座无虚席不用说，周围还站着不少人。开幕式上讲话的除主办单位的领导外，还有中国驻釜山市总领事馆的总领事和与釜山东区结为姊妹区的山东烟台芝罘区的副区长。讲话之后是点灯仪式，再后是民间文艺演出。华侨中学的舞龙打头阵，很有水平。但我认为最出色的是四个同学的舞狮，博得掌声一片。接着是华侨中学女生的长绸舞。时间已晚，我要赶回公寓，乘车要40分钟，后面的演出不能观看了。广场上人仍很多，我想他们最期待的可能是最后的焰火晚会吧！15、16日，还有一系列的活动。主要有中国料理表演大赛、拉面示范和体验、中国猜谜大会、快餐炸酱面大会，另有街舞比赛、吉他表演等。程序册上标明另有“上海扭扭舞”，是不是扭秧歌呀！这两天，上海街的中国餐馆，全部打八折，去吃饭的人肯定比平时要多不少吧！

35.韩国先贤崔致远

韩国先贤崔致远，中国学者对其并不陌生。崔致远，字孤云、海云，韩国庆州人。釜山乃至全韩国最有名的海滨，即以其字命名为“海云台”。崔致远是朝鲜历史上第一位留下了个人文集的大学者、诗人，被朝鲜和韩国学术界尊奉为韩国汉文学的开山鼻祖，有“东国儒宗”“东国文学之祖”之称。868年12岁的崔致远离家来到长安求学，在中国一共待了16年。曾拜礼部侍郎裴瓒为师，874年科举及第，拜为宣州溧水县县尉，任承务郎、侍御史、内供奉。881年(朝鲜宪康王五年)，针对黄巢起义他为大唐朝廷撰写的《檄黄巢书》，天下传诵。885年归国，任过侍读兼翰林学士、守兵部侍郎、知瑞书临事等职。2004年10月15日，韩国崔氏宗亲会访华团一行99人，来到扬州，在崔致远史料馆隆重举行祭祀仪式，纪念他们的先祖被称为“韩国文化之父”的中韩文化友好使者崔致远先生——离扬归国1120周年。另据《朝鲜日报》驻北京记者援引新华网消息，扬州市政府表示，为了怀念唐朝时期在现扬州市地区担任官员的崔致远，将于10月15日举行纪念馆开工仪式。目前，扬州市正在唐朝遗址“唐城遗址”内的博物馆二层开辟50坪规模的“崔致远史料展示室”，且决定另外新建1000坪的纪念馆。崔致远纪念馆中拟设置新罗时期庭院的“新罗园”和崔致远的铜像及展示崔致远相关资料的展示室等，将于10月15日举行的奠基仪式，是表示该工程获得中央政府的批准后，将着手建设纪念馆的活动。因目前预算还没有完全落实，实际开工日期尚未确定，总预算约为200万美元。据了解，扬州市政府希望韩国方面能够支援一半左右的资金。据说，扬州市建设崔致远纪念馆是为了吸引韩国的游客和投资。扬州市每年都会定期针对韩国企业举行投资说明会，并且还有“中韩经济文化交流周”活动。扬州市政府负责人表示，访问扬州的韩国人已从2001年的1000余人增加到去年的8000余人。

36.庆星大学中语中文系抵制韩国教育部的专业评估

近日得悉，庆星大学中语中文系停止了迎接评估的准备工作，而这一准备工作已经进行了很长时间。该评估活动是由韩国教育人力部委托有关团体进行的。准备过程中，教授多有怨言，认为评估项目条文过细（细到要求教师每次上课的点名记录，一些教师为“制造”点名记录着实费了不少脑筋），劳民伤财，意义不大。但既然是带有官方色彩的评估，岂敢不认真准备？前些天学校有关部门还要求中语中文系汇报评估准备情况。但近来得到韩国“中国语学会”的消息，该学会建议各大学中语中文系抵制这种无意义的评估，认为相关专家均在中国语学会，其他单位无资格承担评估任务。于是，庆星大学中语中文系教授们表示支持中国语学会这一建议，并得到校方的批准。于是，教师们皆大欢喜，也松了一口气，停止了准备工作。与此对应的还有一条消息，首尔大学校长抨击韩国教育当局。2005年10月14日，首尔大学校长郑云灿以强烈的语气批评政府教育政策，称：“（政府）政策束缚了大学要选拔创意性人才的努力。”当天上午11点，在首尔大学文化馆中型礼堂举行的建校59周年纪念仪式上，郑云灿发表贺词称：“自律性是大学存在的第一原则，但可惜的是大学自律性连外壳都没有。无论财政、组织、人事，几乎不存在大学自主决定的余地。”接着还说：“（大学）不是要测试单纯的背诵能力，而是试图测试综合思考能力，但是因（教育人力资源部）这也不行，那也不行的方针，这种试图处在如此境地，这是非常惨淡的现实。”他就国立大学法人化方案称：“（首尔大学）处在满足于目前的成果，还是进一步发展为世界性大学的十字路口。开创未来需要新的模式，从这一点上应该考虑（大学）法人化问题。”

37.“如果你离婚，还想和韩国人结婚吗？”

据韩国“中文朝鲜网”10月17日报道，韩国形象交流研究院从2005年9月21日到10月7日针对与韩国人结婚的100名属于舆论主导层的外国人进行了调查。其中，就“如果你离婚，还想和韩国人结婚吗”提问，有52%的受访者选择了“不”，愿意和韩国人再结婚的为35%。问卷调查结果显示，和韩国男人结婚的10名外国女性中，如果再选择，有8人不愿意和缺乏沟通的韩国男人结婚。问及这些外国人不愿再和韩国人结婚的理由（多项选择，下同），其答案是：“沟通不够”（63%）、“家人的干涉”（60%）、“不帮家务”（48%）、“很晚回家”（46%）等。认为韩国人配偶应改正的地方是：“缺乏真挚的沟通”（37%）、“比内在更注重外表的虚伪”（31%）、“比家庭（关怀）更注重工作”（31%）、“感情用事”（29%）。外国人配偶认为，以上韩国人的问题是源于“家庭教育”（39%）、“韩国社会结构”（36%）、“韩国社会风俗”（31%）。此外，选择韩国人为配偶的原因多是“好性格”（87%）、“有人情味”（68%）、“善良”（62%）等与韩国人人性相关的理由，而且和韩国人生活的好处大部分也是“有人情味”（71%）、“勤劳”（59%）、“性格大方”（40%）等。看来，不同的人感受也大有区别。

【补记】前些年，我在郑州大学指导的一位中国女研究生与一位来中国读研究生的韩国学生结婚后到了韩国，因种种原因夫妻俩摩擦不断，婚姻发生了危机，令人担忧。

38.晚婚与早婚——韩国青年人结婚年龄动向

前面已经提到，近年来韩国年轻人结婚年龄有越来越大的趋势，但这只是一个方面。与此不同的是，在20岁左右的青年人中，又存在着早婚的现象。最近，韩国《朝鲜日报》中文网报道了这方面的情况。该报10月24日的消息说，据韩国统计厅提供的资料，1990年以后平均结婚年龄持续增大，去年（2004年）男性平均结婚年龄是30.6岁，女性是27.5岁。晚婚是不可否认的趋势。但是在这中间，早婚的20多岁年轻人也在增加，出现了“结婚两极化”现象。韩国婚礼咨询公司Duowed称，去年1—10月，共有1780对新人结为连理，其中25周岁以下的夫妻占10.5%（187对），而2005年（1—10月）结婚的1454对新人中，25周岁以下的夫妻占20%（291对）。20多岁的年轻人大都倾向于“不看别人的眼色，想做就做”，在决定结婚的问题上也理所当然地显示出这种倾向，打破“结婚=拘束=终结自由”的公式，是早婚人数增加的原因。“结婚就是人气下降”的法则，曾经在演艺界产生了很大的影响，但是现在韩国演艺界也流行二十出头“早婚”。著名演员情侣韩佳人（23岁）和连正勋（27岁）于今年4月结婚；演员洪恩希（25岁）已经在3年前结婚，现在有一个两岁的儿子；李耀元（25岁）也已经在2年前结婚，现在有一个两岁的女儿。美国超人气女歌手布兰妮·斯皮尔斯（24岁）也在人气达到顶峰时结婚，最近还生下了孩子。演艺界“酷的单身”法则也宣告打破。文章认为，不排斥“早婚”的现象和“早恋”有关，但“对于离婚灵活的思考方式也是一个重要原因”。Duowed本部长孙惠敬（音译）解释说：“女性的情况是，自我主张不断加强，社会活动日益增加，经济能力也逐渐提高。因此，她们对结婚和离婚所持的态度也正在发生变化。她们正在摆脱所谓‘离婚=毁灭’的过去价值观。”另外，一些人想尽早养育子女，为老年生活作准备，也是一个因素。

39.东莱乡校见闻

东莱乡校（孔庙），早就是我锁定的参观目标，但直到前几天才成行。我查了一下地图，从庆星大学门口乘51路公交车可达。估计快到时，我将地图给司机看（当时正好停车），示意我要去乡校。司机眼花，看不太清楚地图上的字。在他身后坐着一位中年女士接过地图看了后，示意我先坐下，一会儿到了她会告诉我。到了一个公交站下车后，那个个子不高的女士带我疾速前行，其速度之快我都有点儿跟不上了（平时我走路是比较快的）。大约走了几百米，绕过一个小学，便来到乡校。该女士即刻与我道别，原来她是特意把我送到，自己并不顺路，我很感动，一再用韩语道谢。该乡校很有名，但依我看，规模似不及密阳乡校，也许是几经搬迁造成的吧。右侧后院是大成殿，东西庑。左侧院是明伦堂，东西斋，西斋三间房中有典校室、掌议室各一。东斋房南侧立有五六通碑，皆为府使劝学碑，以明

◎ 新郎新娘在乡校合影

◎ 乡校常是举行传统婚礼之地

◎ 婚礼进行中

崇祯年间的居多。大门有名为攀化楼的门楼，规模制式一如密阳乡校。大成殿正位自然是大成至圣文宣王孔子，东西配位与密阳乡校同，为颜子、曾子、子思、孟子。东西从位人数和人物与密阳乡校同，但排位顺序有别，将程颢放到了东从位的最后一位，朱熹则放到西从位的最后一位，不知何故。按理讲，密阳排列顺序较为适当，完全按人物所处的时代先后，也许是东莱乡校在从位排序上韩外有别？我不得而知。乡校责任典校还兼平生教育学院院长，人很随和。乡校是韩国祭祀先贤、培养学生的场所，也是举行传统婚礼的场合。我去的当天，即有一场结婚典礼在此举行。新娘是韩国人，新郎则是一西方人。看着这位洋新郎任人摆布，通过多道程序，也还真有点儿意思。来宾不少，百余人。典礼在明伦堂前举行，而婚宴则在大成殿门外进行，据观察，饭菜是请饭店做好送过来的。新娘漂亮，也很大方。在新娘与新郎于大成殿院外由照相馆的摄像师拍照时，我也示意拍照，并用英语言明我是中国人，新娘竟然会汉语，于是我便用汉语向她贺喜，她也很高兴。婚礼上我频频从不同角度拍照，引起一管事者（身着传统服装）的盘问，其颇有不满之意，这令我有点紧张，见状他又说“No problem”。我向他说明是庆星大学客座教授，后又递上一名片，与他道Bye bye，并结束了我的参观。

40.2005年韩国全国大学生汉语演讲大赛

2005年韩国大学生演讲比赛于10月28日下午在庆星大学剧场举行，本次比赛是该项赛事的第23届。参加本次大赛的共有30所大学的35名选手，均是通过学校选拔获得参赛权的。本届比赛竞争激烈，选手来自全国各地的大学，其中有高丽大学、成均馆大学等名牌院校，庆尚南道和釜山市的选手因有地利之便，参加人数最多。据知情教授说，本届比赛的水平是历届最高者之一。开幕式上，上任才一个多月的庆星大学新校长讲话，中国驻釜山市总领事致辞（该总领事亦上任不久，原刘总领事离任）。开幕式上有一项令我印象深刻，那就是要由具体操办单位庆星大学中语中文系的日间班和夜间班的两位学生自治会会长出面讲几句话。我想此做法颇得体。其一是大学生比赛是学生活动，其二是两位会长确实出力不少，其三是学校应该体现以学生为本。评委由五人组成，有华侨中学林校长，中国领事馆张领事，另有三位韩国中国语言文学专业教授。致辞完毕，由评委宣布

◎ 2005年演讲大赛评委席

评审细则。演讲开始前，由庆星大学音乐系教授男高音歌唱家张元常演唱两首中文歌曲，分别为《月亮代表我的心》和《长江之歌》，受到与会者热烈欢迎。张教授于汉阳大学音乐学院毕业，后毕业、肄业于意大利、西班牙、法国多所院校，不久将赴北京举办演唱会。演讲比赛过程中，我的紧张程度不亚于选手，原因是有我的两个学生参赛。两个学生的演讲稿由我撰初稿，然后和她们边练边修改。金美英是中语中文系三年级学生，平时胆子比较大，系里选拔赛时获第一名。但比赛前两天突然很紧张，这让我也担心起来。另一名学生是新闻传播系的郑美善，比赛前一周因牙痛拔牙一颗，加之两周前她已经工作（韩国学生没毕业即找到工作开始上班是常事，与我们国内不一样），也影响了她的练习。演讲顺序，金美英抽在第15位，郑美善第29位，均不理想。金美英一开始有点紧张，还好两三句话后放开了，超水平发挥。郑美善正常发挥，我的心放松下来。最终结果，金美英获第五名，郑美善获第七名，分别获奖金20万和10万韩元。以我之见，金有点亏（以水平发挥的情况可获第三名），郑有点侥幸。实际上也是，颁奖后金有点不服，郑则十分高兴。

比赛结束后，自然又是宴会。教师先是单独在一起，吃完饭到酒吧，烧酒、啤酒真没少喝。晚10点钟后和学生聚在一起喝酒、聊天。学生参加者除会上服务、表演时装和舞蹈的同学外，本系同学来者不拒，还有不少毕业生赶来，成了全系师生大联欢（当然，参加者还有外校几位教授），十分热闹。我10点多与大吴教授先走了，估计整个活动结束又要在12点以后了，真是不醉不归！本届比赛获大奖者，系仁德大学汉语系一个一年级女生李洙静。

41.“泡菜风波”会引发中韩贸易战吗

最近，韩国和中国关于泡菜问题发生了一场风波。先是韩国有关部门从中国进口的泡菜中发现了寄生虫卵，在韩国引起很大反响。许多商场、餐馆打出旗号，不出售中国进口的泡菜。市民则纷纷购买大白菜，自己腌制泡菜，以致大白菜价格猛涨，一时有“黄金价格”之称。韩国公布从中国进口的泡菜中有寄生虫卵后，中国也公布了对韩国有关产品的检查，声言韩国的一些产品中含有寄生虫卵，开始韩媒体还否认，认为是中国的报复行为。令韩国人意想不到的是，中国产泡菜风波后没几天，韩国国产的泡菜和白菜中也检查出了寄生虫卵。据韩国食品医药品安全厅11月3日称，针对502家韩国国内生产企业进行检查，结果占3.2%的16家企业生产的产品中含有寄生虫卵。此外，在韩国全国各地的农产品交易中心对165千克（每千克约3棵）国产白菜检查，结果在8千克白菜中检查出了寄生虫卵。此次在国产泡菜中检查出的寄生虫卵为4例蛔虫卵、9例狗和猫蛔虫卵、3例其他种类虫卵。食药厅推断：“种植农作物过程时，未对猪粪便进行充分的堆肥化过程后使用或掺杂了狗或猫的排泄物而被污染的可能性很高。”检查出寄生虫卵的泡菜所属16家企业，这些企业大部分是小企业，年泡菜生产量占总量4.9%。上月31日中国检查出寄生虫卵的10种韩国产泡菜在此次检查中没有检查出寄生虫卵。11月3日，食药厅发表在韩国国产泡菜中也检查出寄生虫卵的声明后，一些韩国大型超市国产泡菜柜台前无人问津，门可罗雀。媒体也说，由此国民对食品安全的忧虑将增大，与中国的泡菜纠纷也面临新的局面。有意思的是，中秋节前韩国媒体报道从中国进口的水产品中含有致癌物孔雀石绿，人们拒购中国进口水产品。但一两周后，在韩国水产品中也发现有同类物质，人们不敢吃鱼了。据韩国媒体报道，中国自11月1日起已全面停止向韩国出口泡菜。由此，向韩国出口泡菜的450家中国企业将遭到很大打击。有分析认为，中国此举是针对韩国近期屡屡检出不良中国产泡菜采取的强硬措施。另外，中国国内的泡菜出口企业大多数是韩国独资或合资的企业。对山东青岛和北京等地的泡菜生产企业，中国进出口质量检疫局自11月1日起已全面停止向出口到韩国的泡菜发放商检证明。与韩国媒体炒作报道不同，有的韩国媒体说，“中国政府和媒体对3日在韩国产泡菜中也被检出寄生虫卵的消息，除了作简短报道之外，没有作出其他特别的反应”。“在中国，当天中国新闻网引用韩国媒体的报道，只用三句话报道了相关消息。中国新闻网当天简短报道说：‘韩国食品医药品安全厅承认在韩国产泡菜中也检查出寄生虫卵的事实’。”随着在韩国产泡菜中也检查出寄生虫卵，韩国消费者不免担心：“难道我也吃了这样的泡菜？”总而言之，在外边吃饭时吃泡菜的人大都很可能吃过“寄生虫卵泡菜”，甚至还出现含寄生虫卵的泡菜已经进入青瓦台餐厅的推测。因此，无论是政府机构还是民间企业，或者集体食堂、学校餐厅、酒店、普通餐厅等，都未能摆脱此次泡菜风波。别的且不说，韩国大白菜的价格，肯定在高价位的基础上再次攀升。

42.“泡菜炒作”这巴掌将打疼谁的脸

本人撰写见闻录有一重要原则，就是记事，不作或少作评论。但本篇算个例外，要说一点自己的想法。当初，韩国从中国进口泡菜中检查出有寄生虫卵，这应该说本是一件一般贸易中发生的一般性的事件，正确处理也没有多大难度。遗憾的是，韩国媒体大加炒作，以至于大有韩国全社会掀起一股讨伐中国商品之风的势头。就连在韩的一美国神父，见面也谈“中国产品有毒”的事。这巴掌好像要着实打到中国人的脸上了。不管是不是恶意炒作，但这炒作确实让中国人不舒服（好在中国人秉性不善一触即跳，换位思考，若是韩国人早反应强烈了）。随后，中国也检查了韩国出口到中国的泡菜和相关产品，也发现寄生虫卵，决定禁止进口。消息传出，韩国媒体先是不承认，认为中方是有意报复，其观点也被民情接纳。好在韩国有关方面有明白人，当时就说，如果中国严格检查的话，韩国的一些产品，如化妆品等产品中，肯定会检测出有害健康的物质。对有些人来说，不幸的是韩国政府机构在韩国产的泡菜中也检查出寄生虫卵了。于是舆论哗然，这巴掌又打回来了。11月4日，《朝鲜日报》中文网刊载的一篇中国评论《中国愤怒的理由》，倒是说了一些实事求是的话：“中国人藐视韩国人吗？不，他们喜欢韩国人。和韩国人有过一段接触之后，你会觉得，韩国人身上有着中国春秋时代人物的气质，他们单纯、直爽、刚强、轻生重义，他们的本性没有受太多污染。”“我们要着眼于此，认真思考中国政府当局发表‘在韩国泡菜中查出寄生虫卵’的意义。在中国，‘韩国泡菜’被视为抗非典和禽流感的药物。因此，我们要了解说在韩国泡菜中查出寄生虫卵的中国政府的愤怒。上周在北京见到的一位中国外交部官员说：‘我们很不高兴……因为在中国泡菜中查出寄生虫卵，韩国社会批评如潮……难道说中国土地肮脏吗？’该官员还说：‘难道韩国人不知道我们中国人不生吃蔬菜吗？中国只是把土地借给你们而已……韩国人在中国生产并出口到韩国的泡菜怎么是中国泡菜？应该是韩国泡菜’……”评论说：“我们要回顾过去究竟是以什么眼光看待邻国中国人的。……但有问题的泡菜是韩国人和我们同胞在中国生产的。在韩国生产的泡菜也被查出含有寄生虫卵的情况下，我们还有什么脸面说三道四！”值得注意的倒是如下消息：（一）据韩国媒体报道，中国政府和媒体对11月3日在韩国产泡菜中也被检出寄生虫卵的消息，除了作简短报道之外，没有作出其他特别的反应。另外，中国的食品卖场，开始对韩国产泡菜和辣椒酱、调料酱的销售进行管制。这与韩国政府发表的检查结果无关，是根据中国政府的禁止进口措施而进行的。也就是说，中方是理智的，没有炒作。（二）又据韩国媒体报道，“日本政府以引起寄生虫卵风波的中国产和韩国产泡菜为对象着手进行寄生虫卵检查，如果被检查出寄生虫卵，韩国所有出口食品有可能会受到打击。据悉，日本客户要求韩国泡菜出口企业提供国家公认的安全证书。今年到目前为止，韩国对日本的泡菜出口量为2.4177万吨，货值达到7100亿韩元”。“（11月）4日，日本厚生劳动省有关人士称：‘韩国和中国公开称，在两国泡菜中检查出了寄生虫卵，因此我国各地检疫所开始对进口泡菜进行寄生虫卵检查。’厚生劳动省打算，如果检查出寄生虫卵，就暂停进口，并废弃全部泡菜。”无论是站在一个消费者的立场上看，还是站在公正的立场上看，对任何国家生产的产品严格检查，发现问题以理智的态度依法处理，是一大好事。但炒作，并不可取；带有偏见的恶意炒作，既害人，也不利己。此前孔雀石绿事件已是前车之鉴！

43.大学生为钱出售卵子，韩国警方出击

2005年11月，韩国《朝鲜日报》《东亚日报》等媒体，相继报道了韩国国内卵子交易的黑幕。据悉，在韩国国内，女性卵子的交易行为已堂而皇之地出现。一直以来，非法出售肾脏等人体内脏器官的行为虽被揭发过很多次，但在警方的调查中确认卵子交易行为还是第一次。出售卵子的女性大部分是大学生等20多岁的女性，另外有组织地向日本人出售卵子的中间人也被缉拿归案。首尔瑞草警署6日表示，以向日本不孕夫妇出售韩国女性卵子的行为中做牵线工作的罪名，正在对卵子

非法出售组织D公司代表刘某等10名相关人士进行调查。警方称，从2002年12月到2005年10月，这些人通过网络，联系有意提供卵子的韩国女性和日本不孕夫妇，从事卵子交易的牵线工作，从中牟取巨额利润。据悉，D公司还运营日文网站。警方称，这些人向不孕夫妇收取每件1700万韩元的费用，其中1000万—1500万韩元作为自己的手续费，然后根据提供卵子女性的身体条件、相貌、学历等方面条件的不同向其支付150万—500万韩元。警方表示，据了解，一些名牌大学女学生的卵子因学校不同，被售至600万—1000万韩元不等。瑞草警署一位负责人说：从截至目前掌握的情况来看，在D公司牵线下达成的国内女性和日本不孕夫妇间的卵子交易件数达249件。在此过程中，D公司约获得42亿韩元巨额利益，警方正在调查确切的犯罪规模。11月6日，首尔地方警察厅虚拟犯罪调查队以6次介绍卵子非法交易并收取370万韩元的嫌疑（违反生命伦理及安全相关法律）拘捕了中间人金某（28岁）。警方还以相同的嫌疑对通过金某销售卵子的金某（23岁）等2名女大学生和20多岁家庭主妇、花钱购买卵子的3名女性进行了不拘捕立案处理。警方还在追查似乎成功购买卵子的2名日本人和出售卵子的韩国女性。警方计划调查进行人工授精手术的医院是否得到了卵子提供者的同意，卵子是否合法流通等。被拘捕的金某从2005年5月开始至今，在因特网门户网站上开设4个卵子交易相关社区，招募了会员。他每次从卵子购买方收取400万韩元之后为其介绍20多岁的女性会员。他支付给卵子提供者的钱根据怀孕情况而不同，但都是250万—350万韩元。据警方称，出售卵子的女性为了在卵子交易市场"赚取更多的钱"，都宣传自己是"年轻的高学历女性"。这些女性因为信用卡债务和生活困难急需钱财，一位女性还进行了2次以上的卵子交易。虽然已经被揭发，但是不孕夫妻和提供卵子的女性中，依然表明交易意向的情况达到8次，而且书面约"出售卵子"的女性也达到23人。这些女性中还有在首尔市内著名大学念书的学生。专家称，人工采集卵子的副作用和人工授精采集卵子的情况一样，会采用注射荷尔蒙的方法使身体一次性"强制"排10多个卵子。专家指出，同时培养多个卵泡引导过度排卵，可能会患上卵巢过度刺激综合征（OHSS）。首尔大学医学院妇产科教授崔荣敏称："人工采集卵子不会危及生命，但是可能会导致腹水增加，卵巢发肿，需要住院治疗的情况。”据警方称，此次被立案调查的女性确实患上了卵巢过度刺激综合征。警方认为，除此次揭发的案件外，还有不少达成交易的卵子买卖活动。截至去年，还没有限制卵子交易的法律依据，但随着“生命伦理及安全相关法律”从2005年1月开始生效，开始对卵子交易进行全面限制。警方负责人说：“此次第一次确认了卵子交易的实质，今后将加强相关方面的调查力度。已经请求信息通信伦理委员会查封引发问题的牵线网站。”现行“生命伦理法及安全相关法律”规定，采集卵子的时候要得到卵子提供者的书面同意，但是该法律的施行规则，有韩国保健福利部出台胚胎生成同意书上没有卵子提供者签名的项目。不孕夫妻带来卵子提供者或者拿来卵子，医院就可以收取手术费进行手术。因此，没有事后揭开非法提供与否的根据。媒体报道说，借腹生子的问题更严重。中间人金某共介绍了5次采集不孕夫妻的卵子和精子在体外生成胚胎之后，在代理母亲子宫内着床的手术，而且每次收取3000万韩元介绍费，但是没有适当的可以进行处罚的法律条文。

44.11月11日——光棍节/呗呗鲁节/筷子节

11月11日，是我的生日。从没想到这个普通的日子会成什么“节”。但如今世道变了，社会的因素、经济的因素，硬给这个日子演绎出不少“节”来。先说我国，不知从何年开始，11月11日竟然成了“光棍节”。开始以为只是说笑而已，谁知真有那么回事。你看，读韩国11月11日报纸有如下的报道，我也算是长了点见识：“中国的11月11日是‘光棍节’。因为11月11日有四个象征单身的‘1’，所以没有结婚的年轻人把这一天当成了自己的节日。‘光棍节’中‘棍’是棍子的意思，‘光棍’代表着单身男性。”“20世纪90年代出现了‘光棍节’风俗，随着时间的推移，庆祝活动越来越丰富，涉及的年龄层也正在扩大。庆祝节日的年轻人首先在当天早晨吃4根油条和1个馒头。4根油条和1个馒头象征着11月11日中的‘11 · 11’的模样。”“庆祝节日的方式也多种多样，有些人给单身朋友送玫瑰花，有些人还乘坐11路公交车。单身的人们聚集在一起喝酒，然后到歌厅尽情地发泄单身的孤独，享受自由也是主要活动之一。婚介公司针对单身男女推出了配对活动和结伴旅行等项目。”“‘11月11日’受欢迎之后，其他有‘1’的日子也受到了欢迎。比如1月1日是‘小光棍节’，1月11日和11月1日是‘中光棍节’。”“单身的态度也正在发生变化。以前都为自己不会谈恋爱而害羞，但是从几年前开始，都自豪地认为自己享受着比别人更自由的生活。社会学家李银河博士分析说‘随着自由的扩大，年轻人自由选择自己喜欢的生活方式’。”看来，光棍节属于中国。韩国这一天又是什么节呢？“呗呗鲁节”（pepero day），这个节在韩国的日历、月历上都是标明的。呗呗鲁是什么？是一种小食品，具体点说，是一种饼干，再具体点说，是一种小棍形的饼干。如果说中国的光棍节是一种人文现象，那么韩国的呗呗鲁节则更是商业炒作的结果。原来这种小棍形的饼干，是韩国著名的公司LOTTE（乐天）生产的一种食品。后来包装宣传，就有了呗呗鲁日，产品也不断出花样，当然不管怎么变换花样都是棍形，无非是长短粗细、加不加巧克力的不同。这个节真叫响了，每到节前，大小商场的“呗呗鲁”品种很多，令人眼花缭乱，买的人自然也不少。据韩国媒体几天前报道，每到这个节日前后，LOTTE的营业额比平时要增加70%。不知是“呗呗鲁现象”真启发了人们的灵感，还是人们为了寻开心，前两天竟然有记者的文章说，近来有筷子厂家想推出11月11日是“筷子节”的设想，也想来个大促销。该记者还说，有人想象力丰富得很，由11月11日“呗呗鲁”火了想到11月8日，这一天应该是什么节呢？曰：“乳罩节！”解释说，11是两个吊带，8字放平，加两个吊带不就是乳罩吗？亏他想得出来！说到我的生日，自己和家人几十年都不在意，也就没“正经”过过。前几年，我的研究生倒是在意了两次，我有点受宠若惊。特别是去年，远在北京的几个学生回到郑州，给我过60岁生日，情我深领，但真是担待不起，为此事我着实惶恐了一阵子。倒是远在韩国的两年，生日给我留下了难忘的印象。2003年，在公寓里，我在郑州大学曾经教过的几个韩国学生给我过生日。原来，我常让他们帮助办点事，买机票、办签证什么的，他们拿着我的护照，便暗暗记住了我的生日。有一个学生说我的生日很好记——两双筷子！也是他，前几天在几个同学（毕业的、在校的均有）踢球后的餐桌上的一句话，让更多的学生知道了我的生日，于是闹大发了。先是11日下午1点半，我正在给四年级的学生上课，忽听敲门声，我还和学生开玩笑说："恐怖分子来了！"开门一看，大吃一惊，学生会会长带领我教的二年级一干人马，一人手捧生日蛋糕，其他人手持气球等物，进门即高唱祝"你生日快乐"。一行人走上讲台一齐向后转，背后的字组成一条标语：祝老师生日快乐！我感动得鞠躬道谢不已。课间休息时，我和四年级的同学一起将蛋糕分而食之。晚上，七八个已经毕业或还在校学习的学生来到我住的公寓，为我祝贺生日。不久，大吴教授夫妇带着一大束玫瑰花来了，我教过的梁老师（中学美术教师）也带着生日蛋糕来了。我做了五六个菜，其中有韩国人最喜欢的中国菜糖醋里脊、番茄鸡蛋。邀请两位中国女留学生帮忙，做了地道的中国水饺。这是一个充满情谊的夜晚。这一夜，我失眠了。

45.APEC会议即将开幕，安全成重中之重

APEC会议明天（11月18日）就要正式开幕了，整个釜山市沉浸在节日气氛之中。昨晚在广安里跨海大桥举行的盛大焰火晚会，吸引了数十万人观看。我因为

要看一场足球比赛的实况转播，待在家中，好在我住的公寓离大桥不远，又是23层，在客厅里可以一边看足球，一边看焰火，也算是两不耽误。焰火晚会非常精彩，持续一个多小时，据说耗费几亿韩元。APEC会议成了百姓的欢乐节日，而对于安全检查部门来说，可没有一般人看焰火那样轻松了。近一个多月来，防恐治安工作明里暗里都在紧张进行，能直接感受到的是，地铁里的警察很多。在我天天都要通过的庆星大学地铁站里，日夜有数十名警察巡逻。其中，有穿黄颜色衣服佩戴有APEC会议标志的警察，在售票大厅一层内便有六名，佩带警棍，手持对讲机，分三个区域来回走动。另有两名佩带手枪的警察巡视，还有数名类似中国治安员角色的人，眼睛不停地观察着往来的人群。至于车辆行驶的底层，我没有下去看，恐怕警察也不少。在地铁站里，平时免费自动存包的柜子上的门，全部用封条封死，不得再用。地面上排水道的铁篦子块与块的连接处，也全部用封条封上。总之，凡是能打开放东西的地方，都上了封条，以便有不法之徒企图放爆炸物时随时能够发现。不时还有警犬搜寻，弄得我每次通过地铁通道时，不由得有点儿紧张。据说，韩国各地的警察大部分来到了釜山。平时很少见警察，交通警察也很少，但现在我每天上下班的路上常和警察擦肩而过。情绪紧张，怕引起麻烦，我也来个自我约束，这几周周末很少出去转悠了。以前周末我总是背个背包，拿着相机乱转，以至于系里的教授叫我“Spy”。今天河教授告诉我，不要到学校附近的山上去了，因为学校旁边的大渊洞隧道是出席会议的首脑及贵宾的必经之路，附近山上已经布置有警察与便衣。出席会议的菲律宾女总统阿罗约还要到庆星大学来，接受庆星大学授予的名誉法学博士学位。这几天庆星大学校方可忙坏了。仪式在图书馆大厅举行，总统还要参观图书馆。红地毯、大横幅自然少不了，还要有临时总统专用卫生间，已经装修完毕。校方今天专门组织欢迎演练，如何奏乐，如何走路，如何说话，一一练习，为了效果逼真，由一位馆内女士扮演总统。据说演练到下午1点半才吃午饭，但演练尚未令人满意，可能还要接着练。安全问题更是重要，菲律宾驻韩使馆及韩国外事部门及警方，多日来已经严密布防。明天是APEC会议开幕的日子，不知是为了庆祝，抑或是为了减少交通压力，还是为了安全，庆星大学放假一天。其实校方已经通知，今天晚上的课也都不上了。因为图书馆要安全封闭，阅览室和不少教室，都在图书馆所在的27号楼。

46.APEC会议使釜山变成巨大要塞

韩国《朝鲜日报》11月17日以“APEC成员国首脑来韩，釜山变成巨大‘要塞’”为题，报道了APEC会议期间当地的情况。文章说，16日下午5点10分左右，从美国总统布什开始，随着亚太经合组织（APEC）21个成员的领导人陆续进入与金海机场相邻的空军基地，“警护行动”正式宣告启动。就是说，在领导人带着严肃的表情举行会议期间，各国的警护要员要与恐怖威胁展开斗争。领导人住所密集的海云台海水浴场一带，从当天开始变成了一个巨大的“要塞”。领导人将下榻的酒店，在出入口都挂上了巨大的帐幕，这是为了隐藏乘坐汽车抵达的领导人在哪个地点下车。当然，在酒店周围也部署了警力警戒线，安排了比行人还多的警察。当天，美国、澳大利亚、秘鲁3个国家的领导人进入了韩国。17日，越南、中国、文莱、马来西亚等大部分国家和地区领导人也进入韩国。到18日，俄罗斯、日本等国的领导人将陆续入境。在这些领导人进入韩国领空的瞬间，警护等安全确保权就移交到了韩国政府，韩国的警护系统将正式启动。抵达金海空军基地的领导人，不会利用礼仪室，而是将直接乘坐事先准备好的礼仪轿车前往住所。领导人及其夫人将分别乘坐现代雅科仕VL450和宝马760Li，这些车辆装备了冲击感应装置、通信装置、位置追踪装置等尖端安全系统。车辆位置和速度将全部由中央状况室来控制。另外，他们经过的道路的上空，全部被指定为禁飞区域，任何有可能出现的飞行物都会在第一时间被管制。领导人下榻的酒店分别形成了一个要塞。特别是将整个酒店租下来使用的美国更是如此。据悉，布什总统下榻的房间所有窗户都被换成防弹玻璃。领导人聚集到会场的过程好比是一个结构紧凑的剧本。他们的每一个动作均以40—50秒为单位被预先安排好。例如，布什总统和卢武铉总统决定在第一领导人会场釜山会议展览中心前会面，为此所制定出的行动细节是，“下车之后，布什总统走五步，卢武铉总统走十步，见面后握手”，礼仪队、警护队负责点缀这一过程，使会面过程看起来自然流畅。卢武铉总统等领导人抵达和结束正式日程向住所出发的时候，会展中心周围的手机、无线通信、网络等将有30多分钟不能使用。这是出于警护上的需要。被投入到领导人的警护上的警护、安全人力为4.7万多名，是（韩国）建国以来的最大规模。16—19日，空中预警监控器将会对韩国领空24小时进行仔细巡视，从各国家和地区领导人搭乘的特别专机或民航机进入韩国领空的那一瞬间开始，空军的巡逻战斗力就会跟上。在海云台前海，海军的军舰和海警的警护艇构筑了双重防御网，部署了应对水中渗透的对潜直升机。特别是在邻海的冬柏岛的“宇宙之巅亚太经合峰会小屋”周边，海军特种部队的队员将展开水中侦察等强力警戒活动。在领导人的移动路段和会议场内部等，设置了2000多台闭路电视，人工卫星自动位置测定系统（GPS）被正式启动，通过综合状况室的显示器可以实时确认贵宾移动情况。另外，给领导人及其夫人佩戴的内置识别芯片的“徽标（Lapel pin）”将起到定位作用。另据韩国联合通讯社17日报道，为了保证18日开幕的釜山APEC领导人非正式会议顺利举行，韩国警方已把为防止渔业养殖场被盗而开发的技术应用到了峰会的海洋警备系统中。韩国海洋水产部17日称，有关机构正在利用木浦海洋大学安荣燮教授组织开发的数码监视系统，执行对第二场APEC峰会举办地——釜山市海云台冬柏岛“APEC领导人之家”附近海域的警备任务。据悉，原来的警备雷达系统只能简单标示海上物体，并提供目标运动速度等有限信息。而新的系统则可以实时确认海上船只里的船员人数、人员配备情况，并实时处理船只航线等有关数据。届时，如果有无法确认的物体进入警备海域，系统就自动报警，并进入警戒状态。

47.釜山连日大规模示威，反对APEC会议在韩举行

最近，釜山市接连发生示威游行，并与警察发生暴力冲突。此前曾有消息说，将有韩国与其他国家的反APEC人士10万人举行抗议活动，18日APEC会议正式开幕当天，达到高潮。当地报载，18日韩国釜山有1.5万余民众（警方估算）举行了大规模反APEC示威，在示威过程中和警方发生冲突，导致很多人受伤。韩国警方把当天下午4点在水营江边大道举行的“反对APEC和布什的国民运动大会”看作非法集会，并从当天下午开始动用50余个集装箱阻断了两条出入道路。“国民运动”是由民主工会、民主劳动党等60余个政党和社会团体组成的团体。示威队伍中有人拿着3米长的竹竿或1米长的钢管，警方利用消防栓和洒水车进行了对峙。示威队伍利用绳索将叠加的集装箱拉了下来，在此过程中，站在集装箱上面的10余名警察摔落下来而受伤。之前，广安里附近有6处举行了农民、劳动者、贫民和妇女大会等活动。当天下午1点许在广安里白沙场附近举行的农民集会中，3500余名农民头扎写有“反对开放大米市场”“保障农民生存权”“守护粮食主权”字样的头带，挥舞着写有“反对布什，反对APEC”文字的纸板进行了示威。集会前，为17日留下“反对开放大米市场”的遗书后自杀的农民吴秋玉（音译）举行了悼念仪式。居乐业全国农民会总联盟议长文京植（音译）表示：“农民们纷纷表示无法活下去而吃农药自杀，并到首尔进行示威，但是政府丝毫没有将农民的苦楚放在眼里。APEC会议就是获得利益的国家为了获得更多的利益而举行的会议。”印度尼

西亚的农民团体“农民之路（Laviacampesina）”代表奥利·帕黑尔非（音译）表示：“农民并非因懒惰而无法生活。APEC传播的新自由主义政策如果持续下去，全世界农民只会继续走向死亡和自杀。”参加在望美楼丁字路口一带举行的劳动者大会的3000余人吹着口哨进行了示威。民主劳动党议员段炳浩表示：“虽然说今天有21个国家的首脑聚集在一起协商事情，但是他们越聚会越会给民众增加痛苦和贫困，只会引发战争。”参加活动的人员在活动结束前焚烧了写有“新自由主义”的木棺。当天，警方在集会场所部署了1.6万余名警力。另外，参加示威的人员决定当晚在釜山大学过夜，但是反对无端利用学校设施的30余名学生正在校园正门前阻拦反APEC示威人员进入。

48.社会调查：“中国人对韩国人最具好感”

韩国《朝鲜日报》11月19日披露，据调查，在韩国、美国、日本、中国4个国家和地区中，中国人对韩国人最有好感，并认为其威胁性也最小，对韩国人抱有最肯定的看法。韩国文化研究所18日在首尔大学以“韩流现象和韩国学”为主题举行学术发表会。在此发表会上，首尔大学媒体信息系教授李准雄公布了上述问卷调查结果。他表示，去年5月通过中国社会调查所，以北京的800名市民为对象进行了问卷调查，结果显示，韩国人的亲切感（善良、温和）分数为62分，与美国（57分）、日本（50分）等其他国家相比，分数最高。中国人感到最具竞争性和威胁性的国家和地区是日本（53分），其次是美国（50分）。在对外国人的地位认识度（富有度，教育程度）上，韩国人得到65分，与美国人（75分）、日本人（68分）

相比，分数较低。对个人能力的认识上，美国人得到70分，获得了最高分数，韩国人和日本人均得到66分。另外，中国人对韩国人抱有的积极看法为60分，是最高分数，其后依次是美国人（59分）、日本人（51分）。李准雄表示："通过调查发现，中国人年龄越小、学历越高，所接触的影视作品等韩国文化就越多。在情绪方面也是如此，所接触的韩流商品越多，认为韩国很富有、韩国人有能力、性情温和等积极看法就越明显。"

49.阿罗约访问庆星大学

11月18日是星期五，因为APEC会议，大学放假。我为了备课，上午10点多来到学校。没想到在校门口遇到重庆大学到釜山外国语大学做访问学者的小沈老师，我们是前不久参加中国学学术讨论会时认识的。她一心要等着看菲律宾总统阿罗约的"风采"，毕竟是年轻人，好奇。我陪她在图书馆前等贵宾车队，心里还担心警方干预。好在保安及校部机关的外事人员知道我们是中国教授，没有太为难(当时只有我们二人属闲杂人等)。小沈给我照了几张照片，其中合影那张是我和庆星科研教务长(地位相当于副校长)，他将代表校学位委员会给阿罗约授予荣誉博士学位，已经穿上了博导服。因为风大，当天很冷。借APEC会议在釜山举行的机会，当地的大学纷纷想与各国首脑拉关系，以扩大影响，不过如愿以偿的学校极少。据说，釜山大学想邀请胡锦涛主席到校演说，被婉拒。庆星大学能邀请到阿罗约，令其他大学羡慕。但是接待外国总统，毕竟是非常复杂的事情。安全是第一大事。韩国青瓦台安全部门、菲律宾驻韩大使馆，提前若干天便布置检查。阿罗约此次来庆星大学演讲，并接受庆星大学授予名誉法学博士学位。庆星大学校园内，韩菲两国国旗到处飘扬，阿罗约的大幅照片悬挂在办公楼和图书馆对面教学楼的墙壁上，有一两层楼高。18日上午11点15分，阿罗约一行来到庆星大学，汽车直接开到图书馆门前，阿罗约下车后立即进入图书馆。欢迎仪式在图书馆的七楼报告厅内进行。内定的参加者在七楼均要通过安检。阿罗约穿的不是一般的博士服，而是庆星大学为其特制的韩式传统服装，得体、典雅、秀气。阿罗约在仪式上发表演说。事后我通过电脑观看相关报道，听到其演说中还回顾其父亲（菲律宾前总统）派兵参加朝鲜战争的事。几十分钟的演说，阿氏仅开头谈庆星大学校长名字时看了看讲稿，其他时间基本脱稿。仪式当中还有个花絮。庆星大学方面在预演校长授予学位证书时，是在主席台前，校长与阿氏面对面，侧身对观众，摄像也照此安排。但没想到阿罗约始终面对观众方向，校长只好走到她面前背对观众授予博士证书。结果，这个场面的影像变成了仅见校长的后背，见不到阿罗约，阿氏身高仅1.51米，而校长人高马大，把阿罗约身体全挡着了。后来听说，国家元首在这种场合一般都不侧身，而是面对观众，不知确否。

50.台湾加大在韩招收留学生的力度

11月22日上午11点，台湾驻韩国代表处文化组组长于先生携黄姓秘书来到庆星大学等，宣介台湾招收外国留学生的优惠政策，系里教授和部分同学参加。于一行带来大量宣传资料。先开始演讲，中心突出，主要讲到台湾留学条件优惠，学费比韩国便宜，奖学金授予面广。黄秘书介绍时还比较了到中国台湾和到中国大陆留学的不同点。据大吴教授介绍，于先生是他大学期间和在韩国读博士时的同学，原籍广西，人很精明，有演讲才能，既活泼又简明扼要，能抓住学生心理。事后吃饭时，于先生半开玩笑地对我说：“郑教授，我演讲时看你韩语也能听得懂，还真有点紧张！”近年中国台湾各大学生员渐少，特别是留学生，由最多时的40000多人减少到仅8000人左右。减少的份额大都到中国大陆了。这次于一行从首尔南下，到处游说，此前去过了大田、大邱等市的大学，今天下午还要到釜山外国语大学进行宣讲。

51.韩媒体称“泡菜风波”韩国在与中国较量中完败

韩国《朝鲜日报》发表记者文章称，“泡菜风波”使韩国“对外形象下滑是最大损失”。文章说，韩国食品医药品安全厅（简称“食药厅”）发表从韩国国产泡菜中检查出寄生虫卵后已过20天，泡菜厂家和流通企业加强了卫生管理，销售量也已恢复到以前水平。但韩国泡菜在国际市场上的形象遭受了难以挽回的损失，出口量大为减少。对此，泡菜业界批评说，如果应对得更加明智一点，不会造成“泡菜丑闻”的麻烦。去年销售收入达500亿韩元的汉城食品（厂家名称）上次被食药厅检查出寄生虫卵，但在最近的检查中并未查出寄生虫卵。于是泡菜业界甚至有传言说，检查寄生虫卵本身就是一场闹剧。文章指出，自“泡菜风波”后，一个泡菜企业管理人员说，泡菜的材料并非固定，因此更加强了对材料的验收，用高倍率显微镜天天作检查。一家百货商店也对所销售的10种泡菜由自己的商品科研所每天进行对大肠杆菌、寄生虫卵等的五项检查，食药厅要求必须有检验结果。消费者对国产泡菜的信任也正在恢复。易买得（E-MART）调制食品部科长黄英信说，最近(15—21日)泡菜销量同比增加了16.8%，可认为已完全从“泡菜风波”中摆脱出来。但是，“泡菜形象滑落难以恢复”，与趋于稳定的国内市场不同，出口市场的反应仍然冷淡。10月泡菜出口同比减少了26%，而11月韩国泡菜出现问题以后，其出口估计减少了40%以上。生产“宗家泡菜”的斗山公司常务部经理魏奎成说，出口减少当然是损失，但外国人对韩国泡菜的信誉度大为下降更是令人痛心的损失。日本当局的通关检查得到缓解，但日本的代销店大大减少了韩国产泡菜专柜，销量也减少了。本月21日，泡菜出口企业还举行会议提出意见说，政府应出面宣传韩国泡菜可以安全食用。被查出寄生虫卵的16家泡菜企业大都处于半死不活的状态。生产“家乡泡菜”的家乡食品农业组合法人总经理纪永浩22日说，原来一天生产7000公斤，而现在只生产100公斤，“恨不得马上关门算了”。他说：“风波以后由光州市厅、光州环保研究院进行检查，结果都得到了100%安全的结论。10多年进口我公司泡菜的日本进口商也因此次风波受到了很大的打击。”记者的报道说，据相关人士指出，韩国在与中国的较量中也遭到了完败。中国政府发表了从韩国进口的泡菜中发现了寄生虫卵的报告。生产“两班泡菜”（泡菜品牌）的东元F&B组长徐正东说：“如果没有此事，借最近发表的泡菜有抵抗致病性禽流感和食品中毒的研究结果，会迎来很好的商机，太可惜了！”

52.“女女矛盾”：女人的敌人是女人

韩国《朝鲜日报》2005年11月20日刊载一篇三位记者调查采访的文章，披露职场内外出现的“女人对女人的全新矛盾结构”。文章说，韩国已经进入职业女性1000万的时代。随着女性参加社会活动的增加，职场内外出现了“女人对女人的全新矛盾结构”。女人之间产生矛盾的不仅限于职场，而且还有围绕“面试”产生的职业主妇和全职主妇的心理战，围绕育儿问题，婆婆和工作的儿媳之间产生的矛盾也非常激烈。文章列举了一些个案后说，随着职业女性的增加，“女女矛盾”和“男女差别”一起成了公司内部矛盾的主流。《朝鲜日报》针对晓星、现代综合商社、太平洋、欧莱雅韩国等国内10家企业的303名女职员进行了问卷调查。对于“是否和女同事产生过矛盾”的问题，85.2%的人回答“是”，67.2%的人回答“虽然没有表现出来，但是暗地里存在矛盾”，18%的人回答“曾经将矛盾摆在台面或进行过争吵”。“女上司把与男人进行‘斗争’后存活下来的经历作为一种勋章，她们大体上更加苛刻。通常以‘你们为什么这么软弱’的面孔示人。”在某大型企业工作的李贞恩（化名，28岁）说：“通常情况下，女上司更加维护权威和男性化，所以更不方便。”黄有珍（化名，37岁）遗憾地表示：“因为上司也是主妇，所以以为会更体谅家事和育儿情况，但是反而对此更加冷漠。”和女上司共事的女职员中，很大部分因女上司的“男子气概化”而经历责难。梨花女子大学管理学教授姜惠莲表示：“如今元老级的30—40岁女性大部分都是从普通职员的‘一点红’时期开始和男性竞争后升到了目前的地位，因此很自然地蔑视搭便车者（free rider），这种心理表现出来后，就可看作是权威主义。”延世大学社会学教授金贤美分析说：“因为男女都不认同‘女领导’，所以女上司作为‘防御机制’采取了强压的方式。”调查结果显示，女上司的最大问题是“感情起伏严重”（42.5%）。延世大学心理学教授黄相珉介绍说：“女性以人为中心，而男性以事为中心解决问题，因此女性更加感情用事。”人事咨询公司韩国华信惠悦咨询公司（Watson Wyatt）常务姜浩正（音译）指出：“女上司很难调解的问题之一就是女性职员的‘姐姐文化’。”所谓“姐姐文化”是指关系亲密的女性聚集在一起，形成属于自己的集团，如果在这里无法融合，就会受到排挤。从酒类公司跳槽到女超企业化妆品公司的郑银河（化名，30岁）说：“在工作中喊‘姐姐’，在显示亲近感的情况下，却感受到了文化的冲击。”专家指出：“这是青少年时期女学生们‘挚友’文化的延续。”女女矛盾是随着过分偏重于男性的职业文化不断扩散产生的过渡期现象，也就是说，女性的人数虽然不断增加，但意见沟通的标准仍然是“男性化”的，因此使这种矛盾凸现。金贤美指出：“由于评价女性的标准是‘男性’，因此产生了‘女上司心胸太狭窄’‘女后辈太自私’的成见。”另外，加深女性矛盾的男性视角也是一个问题。曾是宣传代理公司管理人员的金贤贞（化名，40岁）说：“老练的男性上司大都巧妙地利用年轻女职员的猜忌和嫉妒心理，使其进行忠诚竞争。不能忽略男性的错误认识对‘女女矛盾’的助长作用。”如何解决“女女矛盾”？姜惠莲说：“无法忍受成功女性的女性心理是症结所在。”她忠告说：“有必要进行生产性接近，将同事的能力看作榜样，展开善意的竞争。”她还忠告说，比起情绪占先的语言，更应该通过文字（邮件或短信）传达友好的态度。但是，必须在首先承认自己的错误后，再求得他人的理解。金贤美劝告大家“承认代沟”时称：“集团主义比较浓厚的386一代有把女职员当作‘我属下的人’包围的倾向。在承认‘同样的女性’之前，应先承认‘不同一代’的观点。”

53.东北亚文化国际研讨会

11月26日，我参加了在国立釜庆大学举行的东北亚文化学会第十一次国际研讨会（The 11th International Conference on The Association of North-east Asian Cultures）。东北亚文化学会2000年在韩国成立总会，至今已有5年。其间，每年定期召开两次国际研讨会，先后在中国的上海、大连，韩国的釜山、大邱，日本的福冈、东京等地举行，并出版《东北亚文化研究》杂志。学会还在中国和日本设立了学会办事处，并设立解良学术奖。本次会议再次在釜山举行，会议的主题是“东北亚移住民的历史与文化”，出席会议的专家学者和学生近百人。会议开始由釜庆大学校长（韩国称总长）睦演珠致辞，接着由会长柳青鲁（韩）致开会辞，并颁发此届解良学术奖，该奖由日本福冈大学名誉教授武野要子获得。大会由日本奥野正男（韩国蔚山大学客座教授）作基调讲演，题目是“古代日本的移住民之民俗文化”。学术讨论按学科分为四个大组。第一组是语言学科，有7位教授就中、日、韩三国语言学中的一些课题做报告。第二组为文学学科，也有7人报告论文。第三组为政治社会学科，第四组为历史文化学科，分别有6名和5名学者报告。此次中国大陆学者不多，仅3名，即上海交通大学新闻传播系陈教授，中国海洋大学海洋文化研究所曲教授，再有就是我。陈教授的论文题目是“东亚现代文化差异性分析”，曲教授的论文题目是“从‘琅琊稻’遗址的发现看山东半岛与东北亚早期的海上遗民”。陈、曲二教授均分到了第二组，其实分到第四组更合适一些，特别是曲教授。如此分法，也许是考虑翻译的问题吧，说不清。我接到邀请比较晚，资料在郑州，我妻子正在台湾“中央研究院近代史所”做访问学者，家中无人。只好在釜山就地取材，选择题目。去年我曾在大韩中国学会的刊物《中国学》第22辑上发表了《互动与双赢——2003年中韩双边经济贸易发展的回顾与前瞻》，这次就利用能在这里搜集到的资料，撰写了题为“韩国对华贸易中的Soft Power”的论文。每个学者15分钟介绍论文，然后由评论人作5分钟评论，再后由评论人和与会者提出质询，发言人答辩，共30分钟。由于我用中文发言，需要翻译，所以我介绍论文不能超过10分钟（实际我只用了7分钟，反正论文已经成册，有兴趣的可以看）。我的论文评论人是釜庆大学曹世铉博士（留学北京师范大学历史学院，师从龚书铎先生，汉语很好）。他对我的论文提出的问题是：一、中国是否有“反韩流”？你怎么看待“反韩流”？二、中韩文化交流如何深入？因时间关系，我约略答之。关于第一个问题，中国存在“反韩流”，我的态度，一是可以理解，二是面对“韩流”要“反思”，而不是反对。为什么说可以理解呢？别的且不说，文化市场特别是影视行业的市场毕竟不是无限大的，“韩流”来多了，牵涉到中国从业者的各方面利益问题。但“反韩流”不如反思“韩流”，从中借鉴有益的东西，提高我们的艺术创作水平，提高竞争力，这才是正确的态度。第二个问题，进一步加强两国文化交流，从物质文化层面延伸到理论制度层面，再延伸到民族文化心理、民族思维方式层面；从俗文化到精致文化各个领域全面加强交流。这样，双方国民就会进一步了解和理解对方的文化，两国的关系就会进一步加强。会议结束后，照例是宴会。边吃边谈，好像是会议的继续。会议上有几篇我很感兴趣的论文，由于时间问题加之文字障碍，未能与作者进行交流看法。

54.韩国“江陵端午祭”列入世界非物质文化遗产

媒体报道，韩国文化财产厅表示，2005年11月25日在法国巴黎举行的联合国教科文组织大会上，“江陵端午祭”等全世界43项无形文化遗产（韩国称非物质文化为无形文化，有时称物质文化为有形文化）被列入“世界口头和非物质遗产”名录。联合国教科文组织为保留世界各国文化的多样性和传统性，从2001年开始将濒临灭绝的各国无形文化遗产指定为“世界口头和非物质遗产”。加上当天指定的无形遗产，“世界口头和非物质遗产”共达90项，韩国“宗庙及宗庙祭礼乐”和“盘索里史诗说唱”此前已列入该名录。韩国“江陵端午祭”从农历三月二十开始到五月初六结束，活动长达50多天，是韩国岭东地区具有代表性的民间庆典活动。韩国《朝鲜日报》对“江陵端午祭”活动作了如下描述：“五月五日被视为一年中阳气最为旺盛的一天。插秧、撒种等一年农活的准备工作结束后，摆宴并祈祷丰收到来的农业社会风俗，成为农历五月五日的端午风俗。”“四名少女正在清澈的小溪中沐浴。她们纷纷将韩服脱下，脸上出现了一丝不挂带来的释放感。另外一边，有一名女子将脚放在了挂在树上的秋千上。在她旁边拨弄头发的一名女子似乎在用菖蒲水洗头。画面中点睛之笔是躲藏在石头缝隙中的男人们，正在偷窥女人的隐秘，而他们的脸上却带着突然发了一笔横财般的表情。朝鲜时代风俗画家申润福的这幅画，将端午时节夏意萌发、生命蠕动的情景，以诙谐的手法表现得淋漓尽致。”《朝鲜日报》的文章说：“中国、韩国、日本都有端午节，三国的端午祭风俗分别代表了本国的文化和风土。韩国端午祭的庆典风俗中，江陵端午节最具代表性。从农历三月二十日酿造用于祭拜祖先的美酒开始，江陵端午节会持续一个多月，是表现这一地区神话、祭礼、驱魔、饮食、游戏等综合文化传统的庆典。而在中国，人们在端午节会赛龙舟、吃粽子。据中国的解释，中国古代楚国的爱国志士屈原是当朝宰相和诗人，因奸臣诬陷而被贬后，跳入汨罗江自尽，当天就是农历五月五日。人们怕身在水中的屈原饥饿，将做好的黏米撒入河中，谁知都成为鱼的腹中食。为防止鱼儿横夺，人们便用竹叶将黏米包裹后扔进河中，这就是中国人在端午节吃粽子的习俗由来。江陵端午祭已经存在1000多年，是韩国独特的文化活动。当韩国江陵市向联合国教科文组织申请文化遗产时，中国学界提出了异议。中国学者认为，端午节是东亚地区的共同文化遗产，所以韩、中两国应该联合申请。去年，中国学界主张，端午节是中国的古老节日，韩国向联合国教科文组织申请江陵端午祭为世界文化遗产的行为是‘文化掠夺’。然而，实际上中国和韩国的端午节只有名称和日期相同，风俗却截然不同。”

55.汉文系的“学术祭”与中语中文系的“文化节”

我最近参加了庆星大学的两个系的活动，其一是第十四届汉文系“学术祭”。用韩国习惯的汉字表达是“学术祭”，用我们的表达方式，则为“学术节”。犹如上海街“祭祝”，我们称之为上海街“庆典”。汉文系和中语中文系的区别主要是，汉文系学生不学习说汉语，而中语中文系学生要学习说汉语，也正因如此，中文系在韩国被称为中语中文系。汉文系每年均举行一次规模较大的学术活动，称为“学术祭”，本年度系第十四届。今年恰逢汉文系建系20周年，学术节的活动规模也比往年大。担任翻译的是一位1989年毕业的校友，姓黄，汉语不错，现在首尔一家外贸公司工作，特意请假三天赶回来参加系庆。据他说，他几乎是汉文系第一位汉语好的毕业生。后来同学看他因汉语好找到了比较理想的工作，不少人也努力学习汉语。汉文系主任郑景柱教授是一位资深教授，每年的汉文系成人仪式即由他主持。郑教授经常是一身传统韩服打扮，花白头发，显得很庄重。据说他在密阳市买地造屋，房子是韩国传统式的，每周他会在那里住上几天，读书写作。学术节上，学生演出了歌舞节目，中间休息过后便是压轴大戏，一出长达近两个小时的韩国歌剧。剧目是根据一个著名的韩国传统故事改编，是一出爱情悲剧。演出很成功，我也看得很投入。学生为了演出，排练两月有余，传统剧中也加进了一些现代的元素。女主角戏份儿很重，大段独唱即不少于四段。而男女主角演唱过程中，分别由两位汉文系的学生钢琴伴奏，水平不错。学术节和建系20周年庆典，有财经后援团支持，该团由系友会筹款。这里大学的各种活动，大都由系友会在经费方面的支持，学校是不出经费的。校友热情之高，在我国大学不多见。当晚在27号楼15层大厅举行系庆宴会。学校科研教务长崔教授出席并致辞。曾参与创建汉文系的第一位系主任，几位已经荣休的教授也纷纷致辞。参加宴会者估计有120人左右。宴会进行中，我和系主任郑教授两次到外面休息，互相交谈。郑教授汉语水平有限，我又不会韩语，俩人交谈主要靠写汉字。期间，郑教授曾写道：“韩国大学生没有气魄，前景堪忧。”我不太理解“气魄”指什么，但没好意思问。郑教授说这句话的背景是他不久前才接待过一批从杭州来的中国大学生，“没气魄”之说可能是两国学生比较后的感觉。我称赞郑教授衣服很好，他写道：“衣服是古物，人也是老人。”他其实只有50多岁。于是我想起李敖在国家图书馆看珍本书时的题词：“书老人也老。”该话被北京大学一位表示不屑的李副教授理解为李敖也承认自己老了，不行了，闹了个大笑话（李敖先生实际上是在用典）。据说，该副教授走在校园里常被同学奚落，以致前不久还有媒体传其不忍羞辱自杀。但前几天又见其向该媒体抗议，可见自杀是谣传。郑主任该不是用典吧！我没敢轻易表态。晚9点多，我告辞返回公寓时，宴会尚在进行。11月25日，星期五，中语中文系在图书馆门外的一个大厅中举行了第九届中国文化节。活动完全是由学生会组织的。中文系的中国文化节是一次展示活动，展品中有一些北京、上海、青岛等地的照片，由师生所摄。另有学生书写的唐诗宋词书法习作，放映中国电影录像，展示中国大陆、台湾、香港、澳门的茶和一些工艺品。展示中，观众可免费品尝中国绿茶、乌龙茶等。展品大多是从教师那里征集的，我提供了一幅仿宋代古画，还有一件当代钧瓷工艺品，另有几件小饰物。展示活动也吸引了不少人。当晚自然又是宴会，我因牙有些不适未出席。

56.韩国大学教授无故停课问题严重

首尔大学校长郑云灿在一次讲话中称："有些教授一周只到学校一次。"对此，《东亚日报》为了解"吃喝玩乐"教授的实际情况，委托淑明女子大学媒体信息学院的赵正烈教授组织实施了问卷调查，并于11月29日披露了结果。调查组在2005年11月24日、25日以全国103所大学的528名大学生为对象实施的调查中，有62.1%的学生（328名）同意郑云灿校长的发言。据调查结果，大学生回答说，几乎所有的课都有过一次停课。超过一半的296名（56.1%）的学生的回答说，过后也没有补课。与学校活动等公共性原因（179名，33.9%）相比，因教授的个人原因停课的情况更多（310名，58.7%）。曾经因为特定教授而放弃听讲或回避上课的学生也多达269名（50.9%），超过了全体的一半。46%（243名）的人在1年里一次都没有和教授进行过面谈。《东亚日报》的文章说，学生对讲课等教授本职工作的不满很强烈，但是教授的对外活动却比任何时候都活跃。在去年第17届国会选举时参加竞选的教育者（大部分是教授）有103名，与第16届国会选举时（55名）相比，竞选者大幅增加。在88个政府委员会的1182名委员中，现职教授有508名，占40%。首尔大学的200多名教授正在参与风险投资企业，其中50名担任风险企业的代表。作为社外董事活动的教授也多达50名。而超过学期中外游规定（20天），滞留在外国的教授也达到40名。文章说，这与绝对不容许无故停讲或松散授课的先进国家形成了鲜明的对比，在韩国所有的一流大学，此类事情也经常发生。我所教的学生也反映，个别教中文的教师，有时上课开始后放部中文版电影，就不知去向。90分钟后回来，看电影放完即下课。既不辅导，讲解片中内容，也不组织课堂讨论，学生有怨言也不敢说，怕老师期末考试打分时报复。

57. “放低眼光”——韩国20多岁女性就业率压倒同年龄段男性

据韩国《朝鲜日报》11月29日报道，在韩国，20多岁女性在“就业前沿”正在战胜同年龄段男性。首先表现在就业者人数出现了逆转，以至于有的专家说，不久的将来，部分职业也许会在新职员聘用中规定男性比率。截至2005年10月末，全国20多岁女性就业者人数为222万，超过同年龄段男性就业者人数（196万）26万之多。20多岁女大学毕业生的就业势头极猛，她们摆脱了钟爱大型企业文职的“公主梦”，放低了“眼光”。不仅不会嫌弃过去初高中女毕业生从事的工作，并且呈现出了在外语、面试等求职竞争中超过同年龄段男性的面貌。这意味着敢于面对现实，注重实际并且伶俐的20多岁“金三顺”（韩国电视剧《我的名字叫金三顺》中女主角）正在激增。毕业于梨花女子大学管理学专业的金英美（化名，25岁），从去年秋天开始在首尔明洞巴黎贝甜面包店从事烤面包的工作。因为工作关系，一天要站14小时，因此每晚都要给脚热敷。她的月薪刚好超过100万韩元，大学时期去中国进行研修时学到的汉语可以让她在向台湾人出售面包时使用。如果出售业绩好，每月会增加30万韩元左右的收入。金英美说：“多次应聘大型企业都未被录取后，甚至想到过自杀。而放低眼光并从事工作后发现，不仅可以赚到钱，而且感觉到从事的工作会有所回报。”过去，制作糕点是男性的工作，巴黎贝甜面包店目前在全国拥有1390余家连锁店，其中20多岁糕点师中有90%以上是女性。汉阳大学就业指导中心主任崔基元（音译）表示：“男生仍执意要进入大型企业，但是女生不分地方，中小企业甚至3D（肮脏、劳累、危险）工作均可接受。”梨花女子大学管理学院院长徐允锡表示：“最近女生在面对学习或求职时非常精明。优劣讨论和集体面试中，女性比男性表现得更加具有积极性，所以选择女生的情况更多。”1997年，20多岁男性就业者人数超过了260万，但是2005年8月下跌到了200万以下，而且还在继续下滑。自2002年5月后，已经连续41个月下滑。相反，1997年女性就业者人数为235.2万，并在2001年8月减少到218.9万后，从2005年9月开始恢复到了220万的水平。报道说，就业专门网站Incruit的常务徐美英（音译）表示：“服务业、IT业等对女性有利的行业正趋向于选拔大批女性就业者，因此20多岁男性就业者的就职范围将进一步变窄。不久的将来，部分职业也许会在新职员聘用中规定男性比率。”

58.2005年韩国企业劳动者平均每月挣多少钱

韩国企业员工平均收入是多少？这是不少人所关心的问题。据韩国媒体2005年12月5日报道，韩国经营者总协会对员工总数100名以上的1322家企业进行调查，并于2005年12月4日发表《2005年薪金调整实际状态》，披露了相关情况。据调查，实施年薪制的企业（约占被调查者40%）劳动者月均薪水（包括奖金）情况，部长级为448万韩元（当时约140韩元兑换1元人民币，引者注），次长级是376.8万韩元，科长是320.1万韩元，代理是261.2万韩元，4年制大学毕业生新员工的月薪为204.3万韩元，3年制以下大学毕业生新员工的月薪为174.6万韩元。没有实施年薪制的企业的情况是，部长级为399万韩元，次长是344.1万韩元，科长是293万韩元，代理是248.4万韩元。4年制大学毕业生新员工的月薪为182.4万韩元，3年制以下大学毕业生新员工的月薪为160.7万韩元。实施年薪制的企业和未引进年薪制的企业之间出现薪金差异的原因，据分析是由于业绩好的大企业引进年薪制的倾向较强。另据调查，2005年韩国国内企业的薪金上调率平均为5.5%，连续4年有所下滑。薪金上调率从2002年的7.6%下滑到2003年的7.5%，2004年又下滑到5.7%，连续4年出现下滑趋势。从企业规模来看，员工为100—299名的企业薪金上调率是5.8%，员工为300—499名的是5.0%，员工为500—999名的是5.2%，员工为1000名以上的是4.4%，越是大企业，上调率就越低。据调查者分析，这是由于大企业劳动者的薪金水平原本就已经很高，再加上社会对此的牵制也起到了一定作用。

59.“五烧房”：韩国国民的一揽子娱乐

韩国人爱吃烤肉，男性爱喝烧酒，男女都爱唱歌，这是很多人都知道的。到了韩国后,我也亲身感受到了这一点。但“五花肉+烧酒+练歌房”，被说成是“韩国国民的一揽子娱乐”，且出现了“五烧房”这一新名词，我倒是头一回听说，这是从《朝鲜日报》2005年12月5日周末报道组的一篇文章中看到的。该报还透露了每年韩国烧酒和五花肉的消费量。文章说，五花肉、烧酒、练歌房是韩国国民有名的一揽子娱乐，又名“五烧房”。那么，韩国人一年消费多少五花肉呢？Meat商务咨询中心所长李伟衡（音译）说：“韩国人一年五花肉的消费量大约在21.9万吨（2004年估量），这相当于吃进14.6万辆索纳塔轿车。五花肉人均消费量是4.56千克，以200克一份算，每人一年消费22.8份五花肉，这相当于每人每月吃两次五花肉。”五花肉的具体消费从一份2000韩元到昂贵的牛里脊肉价位相差很多，除了绿茶、葡萄酒喂料的基本烤法，还有细切薄片的烤法。火锅式吃法、五花肉小火锅、细剁后外脆内嫩的炸烤法，以及药膳五花肉等,花样繁多。而且烤盘的样式很多，如有24K镀金烤盘、斜面砚台烤盘、隐隐清香的竹木烤盘、铁锹烤盘、马蹄铁烤盘等。烧酒的消费量如何呢？韩国国民每年每人喝掉61.1瓶烧酒（2003年统计），这相当于每人平均6天喝掉1瓶。过去10年的烧酒消费量从20.69亿瓶（1998年）到23.72亿瓶（2002年）、27.71亿瓶（2003年）、30.37亿瓶（2004年）,逐年递增。练歌房的消费状态呢？练歌房1991年首次出现在釜山，目前韩国有3.5万家练歌房。这些练歌房虽然大致相仿，但是现在雅致的酒吧样式、舞台式等练歌房越来越靠出色的装潢设计在竞争。练歌房设备的功能日趋新颖和丰富，目前主要分为可以迅速更新新歌的“TJ媒体”设备模式和伴奏忠实于原曲、跟唱很方便的（株）金英设备模式。该文章最后说，“五烧房”不仅价格相对低廉，而且无拘无束。五花肉就酒再到练歌房，最惬意莫过于随心所欲、无拘无束。在“五烧房”摆谱作态本身让人发笑。在这里只需要杯盏倾酒，开怀放歌，忘却这一夜，从明早重新开始。以我个人在韩国两年的体验，上述说法一点也不夸张，韩国教授及学生的周末活动，离不开“五烧房”。平时请人吃饭或聚餐，大多也离不开“五烧房”，当然高规格的宴请另当别论。

60.韩大学毕业生收入与学习成绩、所学专业及毕业学校有关

在韩国，大学毕业生就业和就业后的工资，与大学所在地、专业、大学学分、托业（TOEIC，一种英语水平考试）分数等有直接关系。这是韩国职业能力开发院（简称“职能院”）通过对2000名2001届的4年制大学毕业生进行一对一面试和统计分析得出的调查结果。据韩国《东亚日报》2005年12月5日的报道，“大学成绩在B学分以上，托业分数在800分以上的首都地区大学毕业生”有利于就职。但值得注意的是，与普通人的认识不同，研究生毕业的就业质量却低于大学毕业生。调查结果显示，在正规职位就业率上，首都地区大学毕业生与地方大学毕业生相比，大约高出9%，托业分数在800分以上的人与不到700分的人相比，大约高出10%。另外，大学成绩在C学分以下的毕业生只有69.9%得到正规职位，而获得A

学分或是B学分的毕业生80%以上就业到了正规职位，根据学分的不同，就业差距也比较大。A学分和B学分毕业生的就业比率只差0.2%。高考成绩对薪金影响也很大。据调查，成绩在上位30%的毕业生与下位30%的毕业生相比，月均收入大约多出61万韩元。英语托业分数在800分以上的与不到700分的人相比，月均收入大约多出18万韩元。从专业上看，收入多少依次是工学系（217万韩元）、社会系（215万韩元）、教育系（198万韩元）、自然系（194万韩元）、人文系（187万韩元）、艺体系（166万韩元）。大学毕业之后升入其他大学或研究生院继续接受教育的毕业生的薪金和就业成果，与普通大学毕业生相比并不好。研究生院毕业生的月均收入比大学毕业生约少22万韩元。另外，研究生院毕业生就业到兼职的比率为11.3%，约是大学毕业生的2倍,未就业率也高于大学毕业生（12.2%），为16.8%。

61.韩媒体呼吁：赴中国留学不要浪费宝贵的时间和外汇

韩国媒体近来有多篇文章报道韩国留学生在中国的学费和住宿费过高(与中国本国学生相比)的情况，且引用一些学生对此不满意的话：“我们不是摇钱树。”但与此同时，媒体也披露一些韩国留学生在中国学习中存在的问题，呼吁到中国留学的韩国学生“不要浪费宝贵的时间和外汇”。并指出，中国一些著名的大学，正准备提高入学的门槛，以保证学生质量。《朝鲜日报》2005年12月5日的文章指出，在中国学习的178个国家的11.08万名留学生中，39%（4.36万名）是韩国留学生。仅上海就有4600名韩国留学生，其中复旦大学有正规在校生800名、语言进修生500名。文章说，此前，除北京大学、清华大学之外的大部分中国大学，只要提交高中成绩证明和基础水平的汉语资格证，就允许韩国留学生入学。但是这样入学的韩国留学生的一年学费是2000—2500美元，相当于中国学生的3—4倍，住宿费也是中国学生的7—8倍。各大学为引进韩国留学生，还引发了建设新宿舍的热潮。但是复旦大学和上海交通大学等中国大学从今年开始，对韩国留学生进行了英语、数学、文理综合知识等科目的入学考试。因为很多韩国留学生跟不上课程，而且还经常缺课，破坏了学校学习氛围。据说，还出现了单独设立韩国留学生班和单独进行考试的情况。文章认为，想在中国大学学习的年轻人数量增加是一件好事情。但严重的问题是，如果没有明确的留学动机和目标就进入中国大学，会产生大量这也不行、那也不行的落伍者。中国名校是中国国内人才聚集的地方，而韩国学生因为聚集在一起过着无节制的生活，所以一半左右的韩国学生都不能毕业。这些学生正在浪费昂贵的外汇和珍贵的年轻时光。为了提高年轻人对中国的关心，而且为避免他们在中国的生活失败，应该注意通过负责任的留学中介机构提供可信的留学信息。

62.大韩航空公司飞行员总罢工，损失巨大

2005年12月8日零时起，大韩航空飞行员举行总罢工，据相关媒体报道，罢工第一天起，该公司就有53%的航线停飞，不仅给乘客带来极大不便，公司每天的损失也达253亿韩元。包括中国新华社在内的世界不少大的媒体，都刊载了从韩联社得到的这一消息。大韩航空飞行员工会当天通过《罢工宣言》，直至公司提出合理

的薪金上调方案，否则将不会停止罢工。这次罢工带来的责任，全部应由公司方面承担。8日，该工会罢工导致包括货物运送航线在内的总共387条航线中，共204条航线(占据53%)停飞。据初步统计，在154条国际旅客航线中有30条航线、202条国内旅客航线中有150条航线将停飞。大韩航空公司平均每天输送62000多名旅客(国际线30000余名、国内线32000余名)，并且还承担48%的货物运送任务。据公司方面推测，这次罢工每天会延误44000多名旅客的旅行日程及价值2000亿韩元的货物运送，结果会造成253亿韩元的日损失额。据韩国《东亚日报》《朝鲜日报》等报道，12月7日下午，大韩航空飞行员工会宣布将于8日零时开始全面罢工后，大部分飞机驾驶员来到了静坐示威现场仁川某研究院，因此，首尔江西区空港洞大韩航空总公司飞行准备室显得异常冷清。7日，大韩航空公司方面和飞行员工会就下一年的《上调薪水案》等主要争论提案展开了协商，但是未能达成共识。飞行员工会要求下一年上调8%的年薪，但是公司方面提出了上调3%的提案。在此之前，飞行员工会于6日进行了罢工投票，1344名工会成员中1126人参加，最后以79.9%的赞成票决定采取罢工活动。韩国建设交通部长官秋秉直表明了强硬态度，他表示："考虑到罢工对国民经济和生活造成的严重影响，我们会积极考虑发动紧急调停权等强力的特别对策。"在韩国，如果启动紧急调停权，罢工应立即停止，此后继续进行的罢工将属于非法罢工。

63.韩国社会中的同居现象

2003年韩国全国大学生中国语演讲大赛中，釜山外国语大学的一个选手的演讲内容是关于大学生同居现象问题，题目是“同居有感”，顿时引起会场气氛活跃。该生认为，社会上一时间同居成为流行，原因可能有以下几个方面。第一，和一个相爱的人住在一起觉得很幸福。一起吃饭，一起做家务，一起上班或者上学，一起睡觉等等，使人觉得很温馨，很满足。第二，是出于经济的考虑。情侣要吃饭、喝茶、喝咖啡、看电影等，是需要很多开销的。两人一起生活，有个家，似乎是个好办法，对于某些人来说做爱的时候也不用去很昂贵的酒店了，表面看来可谓一举多得。但据同居的大学生们说，开始他们是出于节省经济的目的开始同居的，但是从早上到晚上一直对着一个人，与父母、朋友在一起的时间越来越少，觉得越来越没有意思。台上演讲，台下哗然，当时无法知道学生们对演讲的话题持何种态度。以后的日子里多次想与中语中文系的同学探讨该问题，但作为一个比较传统的教师，我又很难启齿。后据了解，韩国大学生同居者有日益增加的趋势，地方大学中尤其如此。后见中国《环球时报》驻韩国特约记者的一篇文章，对韩国同居现象多有介绍和分析。该文章说，选择同居者大多是双方都有工作的人，试婚是其同居主要动机。大学生选择同居，有的是为了寻求刺激，有的是为了节约费用。同居的大学生常常在室内安装两条电话线，各有各的电话号码，以免家长打电话时被发现。从沈林的文章中得知，韩国一作家在接受采访时说：“现在韩国最热门的话题就是同居。”《同居新时代》就是一个电影名。一些畅销的影视作品如《爱情是什么》里，有的青年人标榜同居的爱情观。在韩国收视率达33.7%的电视剧《屋塔房小猫》（中译名为《阁楼男女》，春节期间曾在中国中央电视台热播），在韩国掀起关于婚前同居的争论。据调查，韩国67%的人选择同居是“因相爱而生活在一起”，他们认为同居可取的最大理由分别为“可以为正式结婚作好充分的心理准备”（占25%）、“有助于日后正式结婚后夫妻幸福和谐”（占24%），以及“发现双方不合适容易分手”（占24%）。同居者增多，弱化了韩国人对社会和家庭的责任感，也降低了人口增长率，且会导致离婚率增加，这都引了起韩国社会的关注。当然，从总体来说，韩国传统的家庭伦理观念还有深厚的基础，这是遏制同居现象蔓延的重要因素。

64.参加“当代中国问题”国际学术研讨会

2005年3月17日上午，助教送来一封邀请信。上云：定于3月19日在釜山大学召开“当代中国问题”的学术研讨会。主办者是釜山大学国家及地区研究中心，与中国人民大学当代中国研究中心（该中心是中国人民大学与中国社会科学院合办）合办。20日（星期六）一大早我赶到釜山大学。8点半签到，9点钟开会。中国人民大学来了6名专家教授，韩国方面几乎在釜山的各大学研究中国当代政治经济的专家教授都出席了。参加会议的还有中国在釜山各大学的部分客座教授、韩国的大学生、中国的留学生（以研究生居多）。会前我结识了从中国社会科学院来的客座教授李女士及在釜山大学攻读博士学位的几位中国留学生。会上，先由釜山大学校长致辞，中国驻釜山总领事馆总领事刘玉凤女士接着致辞。她说，中、韩两国关系

◎ 出席学术会议的部分学者

◎ 中国人民大学与釜山大学签订交流协议

◎ 与刘玉凤总领事会上合影

发展得很好很快，中、韩两国贸易额由建交初期的几千万美元发展到2004年的800亿美元，2005年预计达到1000亿美元，提前两年完成卢武铉总统访华时双方制订的计划。文化交流也取得了很大进展，现在在华韩国留学生达4万人，中国在韩国的留学生也近万名，其中在釜山的有一千多人。接下来是釜山大学与中国人民大学签署交流协议。休息片刻后，学术研讨会开始。顺序是先由中国一位学者报告，由韩国学者作评论人评论并提出问题，与会的学者或学生提问题，最后由中方学者答辩。中方学者报告的专题分别为《当代中国哲学的重大课题》（报告人中国马克思主义哲学史学会会长庄福龄，评论人釜山外国语大学教授高英根），《“文化大革命”与当代社会》（报告人梁树发教授，评论人釜山大学李熙玉教授），《中国经济改革及其未来展望》（报告人中国科学社会主义学会副会长秦宣，评论人釜庆大学教授徐锡兴），《台湾问题与当代中国的和平统一》（报告人中国人民大学台港澳研究中心齐鹏飞教授，评论人釜山大学柳东垣教授），《中国当代法律文化概观》（中国人民大学党委副书记、教授王新清，评论人釜山大学教授李井杓），《关于改革开放新时期中国文化发展的几个宏观问题研究》

（报告人中国人民大学杨凤城教授，评论人韩国海洋大学教授金泰万）。地球真小，来的中国人民大学学者中，杨凤城先生竟然是我的女婿在中国人民大学读书时的班主任。异国他乡意外相见相识，格外亲切兴奋。上午会议休息期间，与刘总领事略作交谈，并邀请她合影，刘欣然应允。刘云：凡釜山各大学举行有关中国的活动，她必参加。我说，2003年韩国大学生汉语演讲大赛时，我曾见过她，因她有事，开幕式后即离去，没有机会交谈。

65.告别韩国

2005年12月中旬以后，学校进入期末考试阶段。我妻子吕美颐教授在台湾“中研院”做访问学者后，又参加了在香港的一个学术会议，12月11日来到釜山。非常感谢我就职的韩国庆星大学中语中文系的教授们，在吕美颐来到釜山的第二天晚上，便在一著名饭店举行了欢迎宴会。由于期末工作繁杂，加之要陪吾妻四处参观游览及购物，我的散记也至此结束。过了元旦不久，我突然接到在北京的母亲病危的消息，感谢我的韩国同人及校方职能部门，也要感谢我的学生们，他们帮我在不到一天的时间里办完各种比较复杂的手续，代购了机票，次日又送我们到金海机场，使我以最快的速度回到重病的母亲身旁。其深情厚谊，无以言表，谨在此再说一声：谢谢！

后记

本书出版，得到了郑州大学历史学院中国史重点学科在经费上的赞助，得到了历史学院院长韩国河教授、党委书记安国楼教授、中国史学科带头人王星光教授等多方面的支持。这一切，都是在我于2014年12月70岁办完退休手续后进行的，感到格外温暖。郑州大学副校长、历史学院世界史学科带头人张倩红教授，在本书整理出版的过程中，始终予以关注和鼓励。大象出版社《寻根》杂志主编郑强胜先生，为本书出版劳心费力，付出了艰辛的劳动。陈可猛博士、李道永博士、郑丹群博士、王玉玲博士等，也为本书的整理与出版，以不同形式，作出了奉献。谨此一并向上述同志及没有列出大名的同志表示衷心的谢意。本书各条目在写作过程中，大都是从韩国先发给吾妻吕美颐教授进行交流，作为第一读者，她曾经毫无保留地提出过很多有价值的意见和建议。结集出版过程中，她也贡献多多，理应在此申明。承蒙不弃，强胜先生欣然为本书作序，不胜感谢。

郑州大学历史学院教授、郑州大学近现代河南与中国研究中心研究员　郑永福

2015年4月10日于郑州